JN301885

渋谷博史【監修】
アメリカの財政と分権 5

# アメリカの医療保障と地域

## 櫻井 潤

日本経済評論社

# 目次

序章　本書の課題と意義 …………………………………………………… 1

  1.　問題意識と分析視角　　　　　　　　　　　　　　　　　　　　1
    （1）　アメリカの医療保障システムの枠組み　2
    （2）　システムの課題：医療費の抑制と十分で確実な医療保障　5
    （3）　1990年代後半以降のメディケアと医療扶助の再編　6
    （4）　分析視角：地域市場とコミュニティ組織と政府部門　7
  2.　本書の構成　　　　　　　　　　　　　　　　　　　　　　　　15
  3.　保険プランの多様性と地域市場：ワシントンD.C.の事例　　　　20
    （1）　多種多様なマネジドケアプランの開発　20
    （2）　手の届く保険料を実現するための工夫　30
    （3）　保険料の高騰と地域市場　36
  4.　地域市場を基盤とするメディケアと医療扶助の制度構造　　　　38
    （1）　メディケアと地域市場　38
    （2）　メディケイドと地域市場　48
    （3）　子ども医療保険加入支援制度と地域市場　52

第1章　メディケアのプライバタイゼーションと地域市場 ………… 59

  1.　2003年メディケア改革の背景　　　　　　　　　　　　　　　　60
    （1）　処方薬支出の膨張　60
    （2）　補足保障の加入率の減少　61
    （3）　補足保障の処方薬給付の削減と加入者の負担額の増加　62
    （4）　1997年法によるメディケア改革と地域市場の停滞　65

2.　2003年メディケア改革の論点　73
　　(1)　メディケアの「強化・改善・現代化」　73
　　(2)　メディケアと地域市場の活性化　76
　　(3)　地域市場の発展の成果とプライバタイゼーション　80
　3.　2003年法によるメディケア改革　80
　　(1)　民間プランへの加入を前提とする処方薬保障の追加　81
　　(2)　民間プランへの加入の促進　83
　4.　民間プランの加入率の高まりと信託基金財政　87
　　(1)　民間プランの普及と加入率の高まり　87
　　(2)　地域市場の活性化策とメディケアの信託基金財政　94
　5.　むすびにかえて　96

第2章　サンフランシスコ市／郡の地域市場とメディケア………　99
　1.　サンフランシスコのメディケア加入者と地域市場　99
　　(1)　11の行政区と人種の多様性　100
　　(2)　人種の多様性とメディケアの民間プラン　104
　　(3)　人種構成を反映した地域市場の占有状況　109
　2.　メディケア改革とアウトリーチの推進策　112
　　(1)　メディケアにおけるアウトリーチの重要性　112
　　(2)　連邦政府が直接に行うアウトリーチ活動とその問題点　115
　　(3)　州医療保険アウトリーチ支援制度　117
　3.　サンフランシスコのコミュニティ組織とメディケア市場　120
　　(1)　HICAPと高齢者の自立　121
　　(2)　HICAPにおける公民協働と財政支援　123
　　(3)　HICAPを通したアウトリーチ活動の有効性　124
　　(4)　HICAPを通したアウトリーチ活動の課題　133
　4.　むすびにかえて　136

第3章 ニューヨーク市の医療扶助の再編と地域市場……………… 139
  1. ニューヨーク州の医療保障の加入状況と医療扶助　140
  2. ニューヨーク州の医療扶助　146
    (1) 医療扶助における民間プランの積極的な活用　147
    (2) メディケイドとウェイバー制度　149
    (3) 子ども医療保険加入支援制度　157
  3. ニューヨーク市の医療扶助の再編と自立支援　163
    (1) 医療扶助の加入者数の増加　163
    (2) 地域市場の発展に即した医療扶助の再編と自立支援　170
  4. むすびにかえて　175

第4章 ニューヨーク市の医療扶助とコミュニティ組織………… 177
  1. ニューヨーク市の低所得者・貧困者と医療扶助　178
    (1) 医療扶助の申請を妨げる要因　178
    (2) 低所得者・貧困者の分布　179
    (3) 医療扶助の申請状況と地域差　182
    (4) マネジドケアプランと地域市場　186
  2. ニューヨーク市の医療扶助とアウトリーチ活動　191
    (1) 申請支援制度：コミュニティ組織に対する財政支援　194
    (2) アウトリーチ活動の内容　198
  3. ニューヨーク市の医療扶助の再編と申請支援制度　202
    (1) 申請支援制度の意義　202
    (2) 申請支援制度と医療財政　204
  4. むすびにかえて　208

第5章 医療保障システムにおける地域市場の規定性……………… 211
  1. 地域市場の発展に即したメディケアと医療扶助の再編　211

2. 雇用主提供医療保険と地域市場　　218
　　　（1）雇用主提供医療保険と地域市場の相互発展　218
　　　（2）雇用主提供医療保険の地域差　223
　　　（3）連邦政府職員医療給付制度：テキサス州の事例　228
　　　（4）ジョージア州の州政府職員医療給付プラン　233
　　3. 連邦政府の他の公的医療保障制度　　239
　　　（1）トライケア：ミシガン州デトロイト市の事例　239
　　　（2）退役軍人省保健医療制度：コロラド州デンバー市の事例　243
　　　（3）先住民医療サービス：アラスカ州アンカレッジ市の事例　244
　　4. メリーランド州の公的医療保障制度と割引・無償診療　　247
　　　（1）メリーランド州の公的医療保障制度　247
　　　（2）ボルティモア市の公的医療保障制度　253
　　　（3）ボルティモア市北部の割引診療とフリーケア　256
　　5.「はじめに地域市場ありき」：むすびにかえて　　259

終章　本書の結論と今後の課題……………………………………　261

　参考文献　265
　あとがき　276
　索引　281

# 図表一覧

【序章】

表 0-1 ワシントン D.C. で販売されている連邦政府職員医療給付制度の民間プラン（2011 年） 21

表 0-2 ワシントン D.C. で販売されている連邦政府職員医療給付制度の民間プランに関する医療機関（病院）のネットワーク（2011 年） 31

表 0-3 ワシントン D.C. で販売されている連邦政府職員医療給付制度の民間プランの給付内容と患者一部負担（2011 年） 33

表 0-4 定額控除と共同負担 34

表 0-5 ワシントン D.C. で販売されている連邦政府職員医療給付制度の民間プランに関する保険料の月額の推移 37

表 0-6 メディケア信託基金の財政状況と加入者数（2010 年） 41

表 0-7 メディギャップ保険の各プランの標準給付（2011 年） 48

表 0-8 独立型の子ども医療保険加入支援制度のモデルプラン 55

図 0-1 アメリカの医療保障システムの全体像（2009 年） 3

図 0-2 アメリカの医療保障システムにおける地域市場とコミュニティ組織と政府部門の相互関係 7

図 0-3 メディケア加入者の補足保障（2008 年） 47

【第 1 章】

表 1-1 メディケア加入者に関する補足保障の加入率の推移 61

表 1-2 メディケアの民間プランの加入者数と加入率の推移 88

表 1-3 メディケアの民間プランに関する加入率の地域差 92

表 1-4 メディケアのパート C プランに関する保険料の水準（2010 年） 94

図 1-1 国民医療支出と処方薬支出の対前年比増加率の推移 60

図 1-2 メディケア加入者の自己負担の構成（2003 年） 65

図 1-3 メディケア HI 信託基金の持続可能性(資金枯渇までの予測年数の推移) 66

図 1-4 メディケアにおけるパート C の加入率の推移 72

図 1-5 メディケアのパート D プランの標準給付（2010 年） 82

図 1-6 メディケア加入者の処方薬保障 90

図1-7　メディケア加入者の補足保障の加入率（2008年）　91

【第2章】

表2-1　カリフォルニア州とサンフランシスコ市／郡の使用言語別の人口構成（2010年）　100

表2-2　サンフランシスコ市／郡の行政区別の人口と人種の多様性（2010年）　103

表2-3　カリフォルニア州とサンフランシスコ市／郡のメディケア加入者数と民間プランの加入率（2010年1月）　105

表2-4　サンフランシスコ市／郡で販売されているメディケアの民間プラン（2011年）　106

表2-5　サンフランシスコ市／郡のメディケアの民間プランに関する保険会社やマネジドケア組織の市場シェア（2011年1月）　109

表2-6　サンフランシスコ市／郡のメディケアのパートDプランに関する低所得者保険料補助制度（2011年）　111

表2-7　州医療保険アウトリーチ支援制度の連邦補助金の予算額の推移　119

表2-8　医療保険相談支援制度のアウトリーチに関する実績（2007年7月～2008年6月）　125

表2-9　医療保険相談支援制度のアウトリーチに関する加入者の属性（2007年7月～2008年6月）　127

表2-10　医療保険相談支援制度のアウトリーチに関する相談内容と相談件数（2007年7月～2008年6月）　128

図2-1　サンフランシスコ市／郡の11の行政区　102

【第3章】

表3-1　全米とニューヨーク州の医療保障の加入状況（2004年）　141

表3-2　全米とニューヨーク州の18歳未満の子どもに関する医療保障の加入状況の推移　142

表3-3　ニューヨーク州政府が実施している主な公的医療保障制度（2004年）　148

表3-4　ニューヨーク州とニューヨーク市のメディケイド加入者数の推移　165

表3-5　ニューヨーク州とニューヨーク市のメディケイド支出額の推移　168

【第4章】

表4-1　ニューヨーク市の低所得者や貧困者の数とその構成（1999年）　182

表4-2　ニューヨーク市の医療扶助の有資格者数と申請状況（2003年10月）　183

表4-3　ニューヨーク市の医療扶助の有資格未加入者数が多いコミュニティ地区

(2003 年 10 月) 185
表 4-4 ニューヨーク州のマネジドケアプランの加入者数とその構成（2004 年 12 月) 188
表 4-5 ニューヨーク州のメディケイドの有資格者に関するプラン別の加入者数と加入率（2004 年 4 月) 190
表 4-6 申請支援制度を通した州補助金の配分額とその構成（2001 年度) 196
図 4-1 ニューヨーク市の子どもと成人に関するコミュニティ地区別の有資格未加入者数（2003 年 10 月) 180

【第 5 章】
表 5-1 国民医療支出の推移 213
表 5-2 医療保障の加入状況の推移 214
表 5-3 雇用主提供医療保険の企業規模（被用者数）別の加入率とその要因（2010 年) 224
表 5-4 雇用主提供医療保険の加入率の地域差とその要因（2010 年) 225
表 5-5 雇用主提供医療保険のプランの種類別の加入状況と地域差（2010 年) 225
表 5-6 各州の連邦政府職員医療給付制度の民間プラン数（2011 年) 230
表 5-7 テキサス州で販売されている連邦政府職員医療給付制度の民間プラン（2011 年) 232
表 5-8 ジョージア州の州政府職員医療プランの民間プラン（2011 年) 234
表 5-9 ジョージア州の州政府職員医療プランの加入者数とその構成（2011 年 4 月) 237
表 5-10 トライケアの各制度の内容（2011 年度) 240
表 5-11 アラスカ州の先住民医療サービスに関する医療サービス地域別の利用状況（2009 年度) 246
表 5-12 メリーランド州政府が実施している主な公的医療保障制度（2011 年) 248
表 5-13 メリーランド州のプライマリ・アダルト・ケアの民間プランを販売しているマネジドケア組織（2011 年) 250
表 5-14 メリーランド州の医療保険パートナーシップの民間プラン（2010 年 10 月) 252
表 5-15 ボルティモア・ブリッジ・プログラムの保険料と患者一部負担（2010 年) 254
表 5-16 メリーランド州ボルティモア市北部で割引診療またはフリーケアを提供している主な医療機関（2011 年) 256
図 5-1 消費者物価指数の対前年比増加率の推移 212

# 序章
# 本書の課題と意義

## 1. 問題意識と分析視角

　アメリカの医療保障は，アメリカ・モデルの経済社会の特徴を最も強く体現する分野である．すべての国民を対象とする国民皆保険（National Health Insurance）のシステムは存在せず，個々の国民が自分の力で医療保障を獲得するという自立と自助の原則が貫徹している．すなわち，現役世代の人々は市場経済で「稼ぐ」ことで得た自分の経済力で民間医療保険を購入し，傷病のリスクに備えるのである．それは，企業や政府などの雇用主によって被用者に付加給付として提供される雇用主提供医療保険（employer-sponsored health insurance）がシステムの主軸であることに明確に表れている．

　一方で，市場経済で十分な経済力を「稼ぐ」ことができない人々は政府部門から公的な医療保障を受けるが，それらの人々に対する公的医療保障制度も自立と自助の原則にできる限り整合的な形で設計され，実施されている．

　公的医療保障制度の主柱は，高齢者と一部の障害者を対象とする公的医療保険のメディケア（Medicare）と，貧困者向けの医療扶助であるメディケイド（Medicaid）と子ども医療保険加入支援制度（Children's Health Insurance Program; CHIP）である．メディケアは，市場経済で「稼ぐ」現役の労働者が社会保障税（Social Security Tax）という賃金税を納めることで，引退後の所得保障制度である社会保障年金（Social Security）の受給権とあわせて獲得した医療保障の受給権に基づいて，引退後の高齢者に医療給付を行う公

的医療保険である．すなわち，メディケアは単に高齢者が市場経済で十分な経済力を「稼ぐ」ことが困難であるという理由だけでなく，その高齢者が現役期に社会保障税を納めた記録を根拠として医療保障を行う制度である．医療扶助も，市場経済の中で「稼ぐ」機会や能力が不十分な人々を対象とする就労支援型の公的扶助の不可欠な一環として位置づけられる．それは，自立と自助の原則の下で医療保障を行うことで，市場経済に参加するプロセスを支援する制度である．

本書の課題は，このようなアメリカの医療保障システムの全体像とその本質を明らかにするための第一歩として，公的医療保障制度（メディケアと医療扶助）に関して1990年代以降に実施された改革と再編を，アメリカの様々な地域（カリフォルニア州サンフランシスコ市／郡，ニューヨーク州ニューヨーク市，メリーランド州ボルティモア市，ワシントンD.C.など）の具体的な現実に即して実証的に検討することである．

以下では，第1章から第5章までの5つの章で各地域の具体的な事例に即して実証研究を行うための前提作業として，アメリカの医療保障システムの構造と問題点，その問題の解決策が模索される際の重要な条件である地域市場（各地域の医療サービス市場と医療保険市場）の多様性，公的医療保障制度が地域市場の多様な諸条件を基盤として構築されていることを考察する．

## （1） アメリカの医療保障システムの枠組み

図0-1は，2009年時点におけるアメリカの医療保障システムの大枠を示したものである．

第1に，医療保障システムの主軸である雇用主提供医療保険には現役の労働者とその家族が加入しており，それらの加入者は国民の55.8%を占めている．雇用主提供医療保険は，民間企業や連邦・州・地方政府などの雇用主から被用者に提供される付加給付である．逆からみれば，被用者は「稼ぐ」ことで雇用主提供医療保険を獲得するのであり，それは政府による公的医療保障ではない．このような制度を主軸としていることがアメリカの医療保障

序章　本書の課題と意義　　3

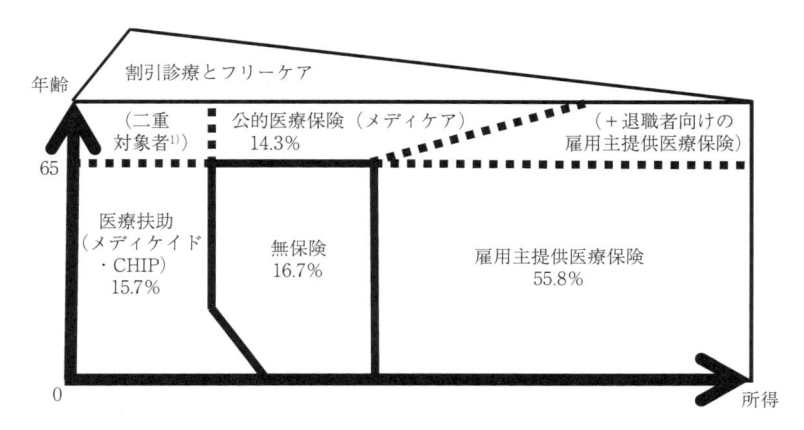

注：1)　メディケアとメディケイドの両方に加入している人々．
　　2)　図中の数字は，全国民に占める各制度の加入者数の割合である．ただし，1人が複数の制度に加入している場合があるので，各制度の加入率を足し合わせても100%にはならない．
　　3)　その他，個人で加入する民間医療保険，軍人関連の医療保障制度，医療保険への加入を支援することを目的とする公的医療保障制度などがある．本書の第5章を参照．
出所：U.S. Census Bureauのウェブサイト（http://www.census.gov/hhes/www/hlthins/data/historical/index.html）をもとに筆者作成．

**図 0-1**　アメリカの医療保障システムの全体像（2009年）

システムの特徴であり，同時にそれはアメリカの福祉国家の大きな特徴でもある[1]．ただし，第5章で述べるように，政府は租税優遇措置（減税効果という「租税支出（tax expenditures）」）や公的規制などを手段として雇用主提供医療保険を通した医療保障を支援し，誘導している．

　もっと重要なのは，雇用主と保険会社やマネジドケア組織（後に詳しく述べる）の間の交渉と契約に基づく医療保険プランの内容が，全米のそれぞれの地域の医療サービス市場や医療保険市場の実情や諸条件を前提として決定されることである．逆に，医療保障システムの主軸である雇用主提供医療保険の交渉と契約のプロセスが，各地域の医療サービス市場や医療保険市場の

---

1)　雇用主提供医療保険に加入していない被用者や自営業者は，個人単位で医療保険プランを購入することが可能であるが，その保険料はかなり高額であり，多くの人々にとって個人加入医療保険への加入は難しい．全国民に占める個人保険の加入者の割合は8.9%であり，雇用主提供医療保険の加入率よりもはるかに低く，結果として後述する無保険の問題が生じるのである．

構造を強く規定している．そのような地域市場の構造を前提として公的医療保障制度の設計と実際の運営が行われるのである．

　第2に，国民の30.6%は公的医療保障制度を通して医療保障を獲得しており，すべに述べたようにその主力はメディケアとメディケイドとCHIPである．メディケアは65歳以上の高齢者（一部の障害者を含む）を対象としており，全国民に占める加入者の割合は14.3%である．医療扶助（メディケイドとCHIP）はワーキングプア世帯と無職の貧困世帯の人々を対象とする公的医療保障制度であり，医療扶助の加入者は全国民の15.7%を占めている．

　第3に，雇用主提供医療保険を中心とする民間医療保険と公的医療保障制度のどちらからも保障されておらず，確実な医療保障を持たない無保険者が約5,000万人も存在しており，全国民に占める無保険者の割合は16.7%にも上る．無保険者や不十分な医療保障しか持たない者（underserved）が怪我を負ったり病を抱えたりした際には，地域病院や地域の診療所などで提供される割引診療（discount care）やフリーケア（free care）[2]を利用することもできるが，それらは確実な医療保障とはいえず，これらの人々は不確実な医療保障に依存しながら不安定な生活を送ることを余儀なくされている．

　このように，雇用主提供医療保険を主軸とするアメリカの医療保障システムは，それを支える様々な公的医療保障制度の実施を前提として維持されており，さらに地域レベルの割引診療やフリーケアが医療を受ける最終手段として存在している．逆からみると，公的医療保障制度と各地域の多様な割引診療やフリーケアの存在が，市場経済を重視して自立と自助を原則とする医療保障システムを可能にする不可欠な装置であるといえよう．

---

　2）　チャリティケア（charity care）は割引診療やフリーケアの総称としてしばしば用いられるが，それらの提供が公的制度として実施されている場合もあることなどをふまえて，本書ではこの用語を使用しない．

## (2) システムの課題：医療費の抑制と十分で確実な医療保障

このような医療保障システムの枠組みをふまえて，システムが直面している問題を検討する．オバマ大統領は，2009年9月9日の議会演説で，医療保障システムの問題について以下のように述べている．

> 第1に，我々は何百万人もの国民にそのような（無保険という）困難を強いている地球上で唯一の民主主義の先進国であり，唯一の豊かな国である．現時点で，いかなる（確実な医療）保障も持つことができないアメリカの国民の数は3,000万人を超える．…
>
> 医療保障システムを悩ませる問題は，無保険者の問題に留まらない．…いっそう多くのアメリカ人が，引っ越しや失業や転職の際に医療保険も失うことを心配している．ますます多くのアメリカ人が保険料を支払うと同時に，自らが病気になった場合に保険会社は（既往症などを理由に）補償を取り下げるか，あるいは治療費の全額を支払わないであろうことに結果として気づいている．それは日常茶飯事である．…
>
> 第2に，医療価格の上昇という問題がある．…これは，保険料が賃金の3倍の速度で増加してきた理由の1つである．数多くの雇用主が，特に小企業の雇用主が，保険に関するいっそう多額の支払いを被用者に強いたり，あるいは（雇用主提供医療）保険の提供を取りやめたりする．そもそも，数多くの野心的な起業家が事業を立ち上げるための初期費用を賄うことができないのも，自動車メーカーのような国際競争にさらされているアメリカの企業がきわめて不利な状況に置かれているのも，それが理由である．…
>
> 第3に，我々の医療保障システムは支えきれない負担を納税者に課している．医療価格がこのままの速度で上昇していけば，それはメディケアやメディケイドのような（公的医療保障）制度にもっと大きな圧力を加えることになる（括弧内の言葉は引用者による補足）[3]．

オバマ大統領が指摘しているように，医療保障システムの主な問題は，医療保障の安全性と安定性のいっそうの低下，医療価格の上昇とそれに伴う保険料の高騰，納税者が支えきれない租税負担の3点である．

### (3) 1990年代後半以降のメディケアと医療扶助の再編

これらの問題は1980年代にはすでに深刻化しており，問題の解決に向けて医療保障システムの改革が実施された．クリントン政権期には，国民皆保険の実現，医療費の抑制，メディケアとメディケイドの支出額の抑制を主な目標とする抜本改革が連邦レベルで検討されたが，クリントン政権によって1993年に議会に提出された医療保障法案（Health Security Act）や他の改革案はすべて不成立に終わった[4]．

一方で，特に1990年代以降には多くの企業の雇用主が雇用主提供医療保険に関する方針を変更し，主に非正規雇用やパートタイムの被用者に対して，医療保険の加入資格の厳格化，雇用主による保険料の拠出額の固定化，給付水準の引き下げなどを行った．その結果，雇用主提供医療保険に加入できない人々の数が増加するとともに現役労働者や退職者への医療給付の水準も引き下げられ，無保険者の数が増加したことに加えて，ワーキングプアや貧困者や高齢者に対する医療保障の不安定性と不確実性が高まった[5]．

こうした医療保障システムの問題の深刻化を背景として，1990年代後半以降には医療保障の充実と支出額の抑制を課題とするメディケアと医療扶助の改革が行われた．それにもかかわらず，医療価格の上昇と医療費の膨張というトレンドの下で，メディケアと医療扶助の支出額は増加し続けており，無保険者や不十分な医療保障しか持たない人々の数も増える一方である．

すなわち，21世紀初頭の現在でも問題は解決されず，むしろ深刻化して

---

3) ホワイトハウスのウェブサイト（http://www.whitehouse.gov/the_press_office/Remarks-by-the-President-to-a-Joint-Session-of-Congress-on-Health-Care/）．
4) 1993年医療保障法案とその他の改革案の審議過程や意義については Hacker（1997）; Skocpol（1997）; 天野（2009）を参照．
5) このような雇用主提供医療保険の改革については長谷川（2010a）を参照．

いるといえよう．本書の主題であるメディケアと医療扶助（メディケイドとCHIP）の改革は，このような原因と背景の下で行われた．本書は，医療費の抑制と十分で確実な医療保障の実現に向けた医療保障システムの再編について，地域市場の構造変化を前提とする公的医療保障制度の再編の過程を中心に実証的に検討するものである．

### (4) 分析視角：地域市場とコミュニティ組織と政府部門

本書は，アメリカの医療保障システムを地域市場（local markets）とコミュニティ組織（community organizations）と政府部門（public sector）の相互関係としてとらえ，1990年代後半以降のメディケアと医療扶助の再編の意義を，これらの構成要素の結びつきと役割分担に着目して検討する．図0-2は，アメリカの医療保障システムにおける地域市場とコミュニティ組織と政府部門の相互関係を概念的に示したものである．以下では，それぞれの構成要素が果たしている役割を述べるとともに，本書の主題である1990年代後半以降のメディケアと医療扶助の再編に関して論点の整理を行う．

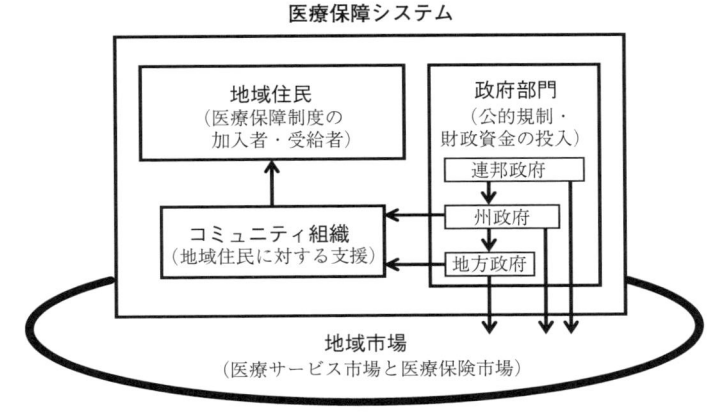

出所：筆者作成．

**図 0-2** アメリカの医療保障システムにおける地域市場とコミュニティ組織と政府部門の相互関係

地域市場は医療保障システムの基盤である．医療サービスの取引は，各地域の所得水準や地域住民の構成などの諸条件の下で構築される地域市場を単位として行われている．地域市場は，各地域の医療サービス市場と医療保険市場で構成される．

第1に，医療サービス市場は，医師の診療所や病院などの医療機関と地域住民の間で医療サービスが取引される場であり，医療サービスの消費者の大半は医療保険や医療扶助の加入者である．自宅から遠く離れた病院で高度な外科手術を受ける場合などの数少ない事例を除けば，人々は自らが住む地域の医療機関を利用しながら生活しており，医療の分野では地域性が色濃く反映される[6]．

コミュニティ組織は，様々な地域課題に取り組む組織または団体の総称であり[7]，医療機関の紹介や医療サービスの利用にかかわるトラブルへの対応などの様々な支援を行う[8]．州政府は，医療機関による医療サービスの提供に関して各種の公的規制を行う．州政府だけでなく，連邦政府や地方政府も公的医療保障制度の運営やコミュニティ組織への支援を通して医療サービス市場に財政資金を投入し，医療サービス市場の発展を強力に促している[9]．

---

6) 第5章で述べるように，医療機関による割引診療やフリーケアの提供も医療サービス市場で行われており，それらは医療保険や医療扶助を通した医療サービスの提供と密接に関係している．
7) Putnam (2000) は，社会関係資本 (social capital) を地域住民の生活や各種の公的制度における重要な要因としてとらえ，全米の各地域における社会関係資本の多様性や活動の内容に関して詳細な分析を行っている．コミュニティ組織を社会関係資本としてとらえることも可能であると思われるが，本書では地域課題に取り組む地元の組織または団体である点を特に重視するがゆえに，コミュニティ (Community) (に根ざした) 組織という名称を用いる．
8) 中浜 (2006) は，1990年代以降に州政府による地域保険市場への公的規制が強められたことについて，雇用主提供医療保険を中心とする民間医療保険の再編に即して詳細に検討している．
9) Swartz (2006) は，ニューヨーク州政府がヘルシー・ニューヨーク (Healthy NY) という公的医療保障制度において再保険者の役割を担っていることを事例として取り上げ，地域市場への財政資金の投入が政府の重要な役割であることを指摘している．Swartz (2006), pp. 12-3.

第2に，医療保険市場では，保険会社（マネジドケア組織を含む）が各地域の医療機関との契約に基づいて様々な種類の医療保険プランを開発し，それらを販売する一方で，地域住民はそれらの保険プランに加入することで医療保障を獲得している．保険会社は各地域の医療保険市場（地域保険市場）に店舗を構えて営業活動を行っており，保険会社の規模や営業活動の範囲は様々である．全米の広範囲の地域で事業を展開しているエトナ社（Aetna）やシグナ社（Cigna）などの保険会社は，それぞれの地域に支店や子会社を構え，その地域保険市場の実情に合わせて保険プランを販売する．単一の州またはその周辺の州を含めた地域でのみ営業活動を行う保険会社も存在しており，第2章と第4章でそれぞれ詳細に検討するカリフォルニア州サンフランシスコ市／郡のCCHP社（Chinese Community Health Plan）やニューヨーク州ニューヨーク市のHIP社（Health Insurance Plan of Greater New York）がその一例である．

　保険会社は医療保険の保険者の役割を担い，加入者に対する保険給付を行うとともに，自らと契約している医療機関に診療報酬を支払う．雇用主提供医療保険の保険プランは，雇用主である企業や政府などと保険会社の間で交わされた契約に基づいて開発され，それが被用者に提供されており，多くの雇用主提供医療保険では保険会社が保険者の業務を担っている．メディケアの保険者は連邦政府であるが，連邦政府はメディケアの多くの部分に関して保険者としての業務を保険会社に委託している．州政府も医療扶助の主軸であるメディケイドやCHIPの保険者の役割を保険会社に委託しており，むしろそれは州政府によって直接に保険者の役割が担われている場合よりも一般的である．医療保障制度の加入者である民間企業の被用者，政府職員，高齢者，貧困者とそれらの人々の家族は，それぞれの保険プランに関して保険会社と契約関係にある医療機関で医療サービスを利用し，保険給付を受ける．

　コミュニティ組織は，各種の医療保障制度に加入するための申請手続きの支援や，保険プランに関する情報の提供を通して加入者によるプランの選択を支援するなどの活動を行い，地域保険市場の売り手である保険会社と買い

手である地域住民を結びつける役割を果たしている．連邦・州・地方政府は，公的医療保障制度を通した財政資金の投入や公的規制を手段として地域保険市場の条件整備を行っている．

このように，医療サービス市場と医療保険市場は地域ごとに多様な諸条件の下で構築されており，地域特性を色濃く反映した地域市場が医療保障システムの基盤になっている．それゆえに，医療保障システムは地域性とそれに基づく多様性という性質を備えているのである[10]．

本書は，以上のような地域市場の枠組みに立脚し，メディケアと医療扶助の再編を以下のような論点に沿って検討する．

本書の全体を通して明らかにするように，1990年代後半以降のメディケアと医療扶助の再編は，1980年代以降のマネジドケア（managed care）の開発と普及という地域市場の構造変化に即して行われた．

---

[10]　地域市場の範囲や境界線についてはいくつかの把握の仕方が可能であるが，本書の意図が医療保険への加入状況や医療機関の利用状況の実態を各地域に住む人々の生活圏で具体的に把握することである点をふまえて，1つの州（state）の中の市（city）や郡（county）を地域市場の基本単位として扱う．中浜（2006）が指摘しているように，医療サービスや医療保険の販売に関する医療機関や保険会社への公的規制は主に州政府によって行われており，メディケイドやCHIPなどの多くの公的医療保障制度も州政府によって実施されていることから，それぞれの州を地域市場の単位としてとらえる視点は有益である．それに，第1章と第2章で検討するメディケアのパートCやパートDの民間プランのように，隣接する州も含め，複数の州で同一の保険プランが販売されていることをふまえて，地域市場の範囲が複数の州にまたがる場合もあることに注目することも重要である．これらの見解に対して本書は，第2章や第4章で詳しく述べるように，同じ州の中でも地域住民の人種構成や所得水準などが一様ではなく，それらの諸条件が市や郡ごとに異なることを特に重視する．それゆえに，本書では市や郡を地域市場の基本的な単位として検討を行う．それに加えて，ニューヨーク州ニューヨーク市やカリフォルニア州サンフランシスコ市／郡のような大都市について検討する際には，地域住民の数とその構成や所得水準などが，市や郡よりも小さな地域の単位である区（borough）や地区（district）ごとに異なることを念頭に置く必要がある．さらに，コミュニティ組織による支援活動が市や郡よりも小さな地域を単位として行われていることもふまえ，区や地区などのもっと小さな単位の地域における地域性と多様性にも焦点を当てて地域市場の実態を明らかにする．なおGinsburg and Lesser（2001）は，全米の12の市や郡を対象に地域市場の調査を行った貴重な文献である．

アメリカでは，医療価格の上昇と医療費の膨張に伴い医療保険プランの保険料が高騰していることを背景として，多くの国民が医療保険への加入を通して確実な医療保障を得られるようにするために，地域市場で販売される保険プランの保険料を多くの人々にとって「手が届く（affordable）金額」に抑えることが課題になっている．保険会社やマネジドケア組織（Managed Care Organizations）は，より多くの加入者を獲得するために，自らが販売する保険プランの保険料を引き下げるための数々の工夫を行ってきた．1980年代以降には，それらの工夫は主にマネジドケアという手段を用いて行われ，保険会社やマネジドケア組織は，マネジドケアの手段を積極的に取り入れた様々な種類のマネジドケアプランという保険商品を地域市場で開発してきた（マネジドケアプランの種類や内容については後述する）．

　マネジドケアを地域市場との関連で特徴づけるとすれば，それは地域の医療サービス市場と医療保険市場において，保険者が地域市場に参加する様々な主体との契約に基づいて，それらの主体を1つの集団として組織化するとともに医療サービスの提供と利用の両面に介入し，主に診療コストを削減の抑制や医療サービスの利用の制限を通して保険給付費を抑えようとする数々の試みとしてとらえることができる．保険者による医療サービスの提供と利用への介入は，医療機関のネットワークの形成，医療行為の適切性に関する審査，医療サービスの質の評価などの手段を通して行われる[11]．

　これらの介入は，保険会社やマネジドケア組織と各地域の医療機関の間の契約に基づいて行われる．マネジドケア組織は，マネジドケアを取り入れたマネジドケアプランを開発し，それを地域保険市場で販売する組織であり，現在では保険会社もマネジドケアプランを販売している．保険会社やマネジドケア組織によって様々な種類のマネジドケアプランが販売されるようになった結果，地域市場はいっそう多様化し，それぞれ異なる性質を持つ地域市場の構造変化がマネジドケアプランの開発と普及として進んでいる．

---

11）　マネジドケアにおける医療サービスの提供と利用への介入手段の詳細は Birenbaum（1997）; Patel and Rushefsky（2006）; Kongstvedt（2009）を参照．

メディケアと医療扶助の再編は，このような地域市場の構造変化を与件として，マネジドケアの活用を軸に進められた．

　第1に，連邦政府は地域市場の構造変化に即してメディケアのプライバタイゼーション（privatization）を行い，マネジドケアプランを中心とする民間保険プランの活用を通して制度を効率化し，メディケアの支出額の抑制を試みた．そのプライバタイゼーションは，単にメディケアの運営責任を連邦政府から民間部門に移すのではなく，連邦政府が保険者としての業務を保険会社やマネジドケア組織に委託し，それらの保険会社などにメディケア加入者への給付の責任を担わせるというものであった．

　しかも，マネジドケアプランの活用を軸とするメディケアの再編は，処方薬保障の創設という医療保障の充実を推進要因としながら行われた．すなわち，第1章で詳しく述べるように，メディケアの再編は連邦政府が保険者の役割を担うパートAとパートBに加えて，メディケア加入者にマネジドケアプランを中心とする民間プランへの加入の選択肢を提供するパートCを充実するとともに，マネジドケアプランへの加入を前提として処方薬保障を行うパートDを創設することで進められたのである．逆からみると，メディケアにおける医療保障の充実がマネジドケアの活用を通して行われたのであり，それは医療価格の上昇と医療費の膨張というトレンドの下で新たに薬剤費を保障するという公的医療保障制度の改善の過程でもあった．

　第2に，州政府（一部の地方政府を含む）によって実施される医療扶助も，マネジドケアの開発と普及という地域市場の発展の成果を積極的に取り入れる方向で再編された．

　州政府は，連邦補助金に付随する条件を満たせば，メディケイドやCHIPの制度内容を柔軟に設計し，実施できる（メディケイドとCHIPの制度内容の詳細は後述する）．その反面，これらの医療扶助は州財政の制約下で実施されるので，支出額をできるだけ抑えながら医療扶助を実施することは州政府にとって大きな課題である．州政府は医療扶助の支出額を抑制するために，給付の対象になる医療サービスの種類の削減，医療機関に支払う診療報

酬の引き下げ，加入者の負担額の引き上げなどを行う．

　メディケアの場合と同様に，1990年代以降には多くの州政府が医療扶助の支出額の抑制を目的として，保険会社やマネジドケア組織に保険者の業務を委託し，マネジドケアプランを通した給付が行われるようになった．

　しかも，医療扶助の再編もメディケアと同様に医療保障の充実と一体的に行われ，ワーキングプア世帯や貧困世帯の子どもと妊婦に関して資格要件の寛大化が行われるとともに，貧困者の自立という地域課題に即したマネジドケアプランの開発が地域市場を基盤として行われた[12]．その結果，医療扶助においてマネジドケアプランの加入者数が大きく増加したのである．このように，地域市場におけるマネジドケアを軸とする構造変化は，メディケアと医療扶助の再編において最も重要な要因であった．

　マネジドケアの活用を軸とするメディケアと医療扶助の再編において，コミュニティ組織によるアウトリーチ（outreach）活動は，地域市場の構造変化に即したメディケアと医療扶助の再編を実現するための不可欠な条件であった．アウトリーチとは手を差し伸べること（reach out）であり，医療の分野では，医療扶助や医療保険などの制度の周知，それらの制度に加入するための申請手続き，保険プランの選択，割引診療やフリーケアを利用できる医療機関の紹介などを通して地域住民による医療保障の獲得や医療サービスの利用を支援する取り組みを指す用語として用いられている（アウトリーチ活動の具体的な内容は第2章と第4章を参照）．

　第1に，メディケアのプライバタイゼーションを通してそれぞれの地域市場で販売される民間プランの数が飛躍的に増加し，高齢者にとっての保険プランの選択肢は拡大したが，同時に新たな問題が生じた．すなわち，多くの高齢者にとって，メディケアの複雑な制度や各プランの内容を正確に理解した上で自らにふさわしいプランを選び，なおかつ必要な手続きを行うことはかなり困難であり，メディケアの再編によってこのような問題への対応が重

---

12）1996年法による福祉改革については根岸（2006）を参照．

要な課題になったのである．かくして，高齢者によるマネジドケアプランへの加入を促すことを重要なねらいとして，メディケアにおけるコミュニティ組織の活用が行われることになった．

第2に，マネジドケアプランの活用を軸とする医療扶助の再編も，コミュニティ組織の活用を伴うものであった．第4章で詳しく述べるように，数多くの低所得者や貧困者は，言語的な制約，制度に関する知識が不十分であること，不法滞在が発覚することへの恐怖など，申請手続きを行う上での様々な困難を抱えており，全体として高齢者よりもアウトリーチのニーズが高い．メディケアと同様に，医療扶助の再編もコミュニティ組織によるアウトリーチ活動を条件として進められた．

このように，地域市場の構造変化に即したメディケアと医療扶助の再編を効率的かつ円滑に行うために，コミュニティ組織の活用が課題になった．すなわち，これらの再編はコミュニティ組織による支援活動を積極的に取り入れる方向で進められ，後述するように政府部門によるコミュニティ組織への財政支援を通してコミュニティ組織によるアウトリーチ活動が促された．

アメリカの医療保障システムについては数多くの研究が行われてきたが，1990年代後半以降のメディケアと医療扶助の再編を地域市場とコミュニティ組織と政府部門の相互関係として検討した研究はなく，システム全体を地域市場との関係に着目して実証的に検討したものも存在しない[13]．本書の目

---

13) 第1に，医療保障システムに関する研究の多くは，システムの動向や現状や政策過程を全米または連邦レベルで検討したものであり，地域市場というシステムの基盤に関する検討がほとんど行われておらず，地域の具体的な現実に即してシステムの意義や課題が示されていない．

Starr（1982），Laham（1993），Quadagno（2005）など，医療保障システムに関する多くの研究は，システムにおいて医療機関や保険会社やマネジドケア組織が持つ利害や主導権または決定権に注目し，全米医師会（American Medical Association; AMA）や全米病院協会（American Hospital Association; AHA）をはじめとする様々な医療団体や保険会社の団体が強い政治力を発揮して，国民皆保険の実現を阻んできたと述べている．医療機関や保険会社やマネジドケア組織は地域市場の構成要素であり，地域市場において大きな存在感と多大な影響力を持っているからこそ，連邦レベルでの政策過程でも強い政治力を発揮できるのである．それゆえに，医療保障シ

序章　本書の課題と意義

的は，地域市場というシステムの最も重要な規定要因に着目して検討を行い，1990年代後半以降のメディケアと医療扶助の再編の意義を明らかにすると

> ステムやマネジドケアの検討は地域市場の実態に即して検討すべきであり，そうすることではじめてシステムやマネジドケアの意義や課題が明らかになるであろう．なお天野（2006）は，アメリカでは高度な医学の担い手である科学者や医師などの専門家集団を重視した政策が歴史的に実施されてきたという重要な事実を指摘している．政府と企業と個人の間の関係に着目して医療保障の政策過程を詳細に検討した天野（2009）も参照．
> 　一方で，アメリカの福祉国家の特質や医療保障システムにおける政府部門の役割に関する研究は，保険料や医療費に関する租税優遇措置を通した租税支出や公的医療保障制度などを手段として，雇用主提供医療保険を中心とする民間主体のシステムを支えることが政府部門の役割であると述べている．これらの研究は，システムの基盤である地域市場との関係に焦点を当てて政府部門の役割を統一的に明らかにしたものではない．政府部門は，公的規制や租税優遇措置や公的医療保障制度を通して地域市場の条件整備を行うことで医療保障システムを支えており，その役割については地域市場の実態に即して検討すべきである．医療保障システムにかかわる租税優遇措置についてはHoward（1997, 2007）; Gottschalk（2000）を参照．Swartz（2006）は，政府が再保険（reinsurance）の保険者の役割を担うことで無保険問題を解決すべきであると主張している．Hacker（2002）はアメリカの福祉国家の特質について，企業年金や雇用主提供医療保険を中心とする民間福祉と公的制度に『分断された福祉国家（The Divided Welfare State）』として検討している．雇用主提供医療保険については長谷川（2010a）が詳しい．
> 　第2に，Ginsburg and Lesser ed.（2001）と，ヘンリー・J.カイザー・ファミリー財団（Henry J. Kaiser Family Foundation）やコモンウェルス・ファンド（Commonwealth Fund）などによる数多くの研究論文や報告書のような，メディケアや医療扶助の実施状況を特定の地域市場の実態に即して検討した調査や研究はいずれも個別的で断片的であり，それらの地域調査や地域研究の結果とメディケアや医療扶助という医療保障制度の関係が必ずしも明確ではなく，医療保障システム全体との関係も明らかにされていない．地域市場は単に地域ごとに性質が異なるだけでなく，メディケアや医療扶助をはじめとする医療保障制度の基盤として各地域に存在している．それゆえに，単なる事例調査や事例研究を超えて，地域市場との関係に即してシステムの実態を明らかにすべきである．
> 　第3に，Dutton et al.（2000）など，医療問題や医療保障にかかわる個別のコミュニティ組織による活動についてはいくつかの調査や研究が行われているが，それらの活動をメディケアや医療扶助をはじめとする医療保障制度の意義との関連に焦点を当てて検討したものはなく，医療保障システムにおけるコミュニティ組織の役割に関する本格的な検討も行われていない．本書は，地域市場の構造変化に即したメディケアと医療扶助の再編におけるコミュニティ組織の活用とそれにかかわる公的支援の具体的な検討を通して，医療保障システムにおけるコミュニティ組織の役割を明らかにする初めての試みであるといえよう．

ともに，地域市場に強く規定された医療保障システムの特質をいっそう具体的に明らかにするための分析視角を提示することである．

## 2. 本書の構成

各章の概要と意義は以下の通りである．

第1章「メディケアのプライバタイゼーションと地域市場」は，2003年メディケア処方薬改善現代化法（Medicare Prescription Drug, Improvement, Modernization Act of 2003; MMA）によるメディケアの改革を検討することで，その改革の主眼が地域市場の発展に即したメディケアのプライバタイゼーションであったことを明らかにしている．メディケアのプライバタイゼーションは，単に公的制度を民間部門に委託するのではなく，制度の創設当初よりもいっそう多様な発展を遂げた地域市場に整合的な形へとメディケアを再編するという積極的な意味を持っていた．プライバタイゼーションを推進するための具体的な手段は，1980年代以降に地域市場で続々と開発され，1990年代半ば頃にはほぼすべての地域市場で主力商品になった多様なマネジドケアプランの活用であった．処方薬保障を行うために創設されたパートDも，マネジドケア型の民間プランへの加入を前提とするものであり，医療保障の充実がプライバタイゼーションを一挙に実現するための手段として用いられた．このようなメディケアの再編の結果，地域市場における民間プランの販売数が大きく増加し，民間プランの加入率は飛躍的に高まったが，それらは地域市場に投入される財政資金の大幅な増額を条件として実現したことが示される．

第2章「サンフランシスコ市／郡の地域市場とメディケア」は，メディケアのプライバタイゼーションがコミュニティ組織の活用を伴いながら進められたことについて，コミュニティ組織による支援活動が特に活発に行われているカリフォルニア州サンフランシスコ市／郡を事例として検討している．メディケアのプライバタイゼーションを進める上で，連邦政府は州医療保険

アウトリーチ支援制度（State Health Insurance Program; SHIP）を通して各地域のコミュニティ組織に交付される連邦補助金を増額し，コミュニティ組織によるアウトリーチ活動を積極的に促した．メディケア加入者へのアウトリーチは，地域市場で販売される様々な種類の民間プランへの加入を促すための重要な条件であった．

サンフランシスコ市／郡は，数多くのコミュニティ組織によるアウトリーチ活動への公的支援が特に積極的に行われてきた先進地域であり，サンフランシスコ市／郡の医療保険相談支援制度（Health Insurance Counseling and Assistance Program; HICAP）は SHIP のモデルになった先駆的な制度である．サンフランシスコ市／郡の HICAP の実績が示しているように，メディケアにおけるコミュニティ組織の活用が政府部門による財政支援を通して行われた結果，地域市場の活性化が実現し，メディケアのプライバタイゼーションが促されたのである．

第3章「ニューヨーク市の医療扶助の再編と地域市場」は，1990年代以降にニューヨーク州ニューヨーク市で行われた医療扶助の再編が，貧困者の自立という地域課題に即して地域市場で開発されたマネジドケアプランの活用を軸とするものであったことを明らかにしている．ニューヨーク市は「人種のるつぼ」の大都市であるがゆえに，各種の医療扶助も人種の多様性や数多くの不法滞在者の存在をふまえて設計され，それらは自立支援政策の一環として実施された．特に，ニューヨーク州政府が独自に実施していたチャイルドヘルスプラス（Child Health Plus）は，連邦レベルでの自立支援政策の一環として位置づけられる CHIP（当時は State Children's Health Insurance Program; SCHIP）のモデルケースとして注目された．

もっと重要なのは，ニューヨーク州の医療扶助が地域市場で販売されている民間プランへの加入を前提として実施されたことである．中でもニューヨーク市政府は，他の州に先駆けて独自に実施してきた医療扶助の実績やノウハウを活かし，他の地域よりも有利かつ円滑に医療扶助の再編を進めることができた．ニューヨーク市の事例が示しているように，医療扶助の再編も地

域市場の発展に即して行われたのである．

　第4章「ニューヨーク市の医療扶助とコミュニティ組織」は，ニューヨーク市の医療扶助の再編が様々なコミュニティ組織によるアウトリーチ活動とそれらに対する積極的な公的支援を条件として実現したことを明らかにしている．ニューヨーク市の低所得者や貧困者が医療扶助に関して抱えている困難は，言語的な制約，制度の理解不足，不法滞在の発覚を恐れるがゆえの消極的な態度など，多岐にわたる．これらの困難が存在しているがゆえに，医療扶助の資格要件を満たしているにもかかわらず，申請手続きを通して加入していない人々が数多く存在していた．地域社会に密着した活動を行うコミュニティ組織は，医療扶助の有資格者が抱えている困難に効果的かつ効率的に対応することを期待され，医療扶助におけるコミュニティ組織の活用が積極的に行われることになった．

　ニューヨーク州の申請支援制度（Facilitated Enrollment）は，低所得者や貧困者を対象にアウトリーチ活動を行うコミュニティ組織に財政支援を行い，医療扶助の申請や民間プランへの加入を促すことを目的としている．申請支援制度はニューヨーク市のハーレム地区の周辺で行われていたパイロット・プログラムの実績に基づいて創設されたものであり，同時にそれは全米の各地域のコミュニティ組織に財政支援を行う連邦制度のモデルとして大いに参考にされた．ニューヨーク市の事例が示すように，アウトリーチの推進は地域市場に軸足を置いた医療扶助の再編に不可欠な条件であった．

　これらの4つの章で明らかになったことをふまえて，第5章「医療保障システムにおける地域市場の規定性」は，1990年代後半以降のメディケアと医療扶助の再編の意義を地域市場の構造変化という最も重要な要因に着目して明らかにした上で，それらの検討を通して実証的かつ具体的に抽出した地域市場の規定性が医療保障システムの全体を特徴づける最も重要な要因であることに視野を広げるために，システムを構成する他の医療保障制度についても同様の分析視角に基づいて実証的にアプローチしている．

　メディケアと医療扶助の再編は地域市場の構造変化に即して行われ，マネ

ジドケアとコミュニティ組織の活用がその具体的な内容であった．地域市場の構造変化は，1980年代以降に医療保障システムの主軸である雇用主提供医療保険の改革によって生じたものであり，それがメディケアと医療扶助を中心とする公的医療保障制度の再編を促す最も重要な要因になった．

第1に，雇用主提供医療保険の誕生と発展は地域市場と不可分の関係にあり，両者の相互発展がシステム全体の変化と発展を先導してきた．それゆえに，雇用主提供医療保険はシステムの主軸なのであり，他のすべての医療保障制度に多大な影響を及ぼしている．このような雇用主提供医療保険と地域市場の関係が21世紀初頭の現在も存続していることを，連邦政府職員医療給付制度（Federal Employee's Health Benefits Program; FEHBP）のテキサス州における運用の事例と，ジョージア州の州政府職員医療給付プラン（State Health Benefits Plan; SHBP）の事例に即して明らかにしている．

第2に，メディケアやメディケイドやCHIPと同様に，他のすべての公的医療保障制度と割引診療やフリーケアも，地域市場を基盤として実施されている．これらが地域市場を土台として機能していることを条件として，雇用主提供医療保険を主軸とする医療保障システムが成り立っているのである．これらの制度について，ミシガン州デトロイト市，コロラド州デンバー市，アラスカ州アンカレッジ自治市，メリーランド州ボルティモア市の具体的な現実に即して明らかにしている．

終章「本書の結論と今後の課題」では，1990年代後半以降に行われたメディケアと医療扶助の再編の意義を地域市場とコミュニティ組織と政府部門の相互関係に着目して整理した上で，今後の研究課題を示したい．オバマ政権の下で成立した2010年患者保護アフォーダブルケア法（Patient Protection and Affordable Care Act of 2010; PPACA）の意義や改革の実現可能性も，それが既存の地域市場とコミュニティ組織と政府部門の相互関係に及ぼす影響を最も重要な論点として検討されるであろう．

以下の第3節と第4節では，第1章から第5章までの5つの章における具

体的な事例の検討に必要な基礎知識として，アメリカの地域市場で販売されている医療保険プランの種類や主な保険プランの性質を具体的に考察するとともに，メディケアと医療扶助の制度構造を説明しておきたい．

## 3. 保険プランの多様性と地域市場：ワシントン D.C. の事例

以下では，マネジドケアプランを中心とする保険プランの種類と各プランの内容について，他の州よりも地理的な範囲が限定されており，それゆえに各プランにおける医療機関のネットワークを比較することが相対的に容易なワシントン D.C. の地域市場の事例に即して検討する．具体的なプランの内容を検討するために，ワシントン D.C. に住む連邦政府の職員に対して，雇用主である連邦政府から提供されている連邦政府職員医療給付制度（FEHBP）の民間プランを取り上げる（FEHBP の詳細は第 5 章を参照）．

### (1) 多種多様なマネジドケアプランの開発

表 0-1 は，ワシントン D.C. の地域市場で販売されている FEHBP の保険プランである．この連邦職員は 19 種類（複数のオプションの存在もふまえると 25 種類）のプランの中からいずれか 1 つを選んで加入することが可能である．代表的なプランとして，BC/BS サービスプラン（Blue Cross and Blue Shield Service Benefit Plan），エトナ OA プラン（Aetna Open Access），エトナ HF プラン（Aetna Health Fund）を検討する[14]．

#### 出来高払制プランにおけるマネジドケアの導入

BC/BS サービスプランは出来高払制（Fee For Service; FFS）プランとし

---

14) 各プランの詳細については，BC/BS サービスプラン（http://www.opm.gov/insure/health/planinfo/2011/brochures/71-005.pdf）；エトナ OA プラン（http://www.opm.gov/insure/health/planinfo/2011/brochures/73-052.pdf）；エトナ HF プラン（http://www.opm.gov/insure/health/planinfo/2011/brochures/73-828.pdf）のウェブサイトを参照．

**表 0-1** ワシントン D.C. で販売されている連邦政府職員医療給付制度の民間プラン（2011 年）

(ドル)

| | プランの名称 | オプション | 種類 | 月額保険料 本人 | 月額保険料 本人と家族 |
|---|---|---|---|---|---|
| 全米型（14）* | APWU Health Plan | High / CDHP | FFS / CDHP | 477.08 / 336.70 | 1078.72 / 757.47 |
| | Blue Cross and Blue Shield Service Benefit Plan (Basic) | Basic | FFS | 453.48 | 1061.97 |
| | Blue Cross and Blue Shield Service Benefit Plan (Standard) | Standard | FFS | 578.61 | 1306.89 |
| | Compass Rose Health Plan* | High | FFS | 510.49 | 1184.93 |
| | Foreign Service Benefit Plan* | High | FFS | 493.96 | 1181.46 |
| | GEHA Benefit Plan | High / Standard | FFS / FFS | 567.62 / 346.62 | 1290.97 / 788.28 |
| | GEHA High Deductible Health Plan | HDHP | HDHP/FFS | 380.81 | 869.79 |
| | Mail Handlers Benefit Plan | Standard | FFS | 611.20 | 1398.76 |
| | Mail Handlers Benefit Plan Consumer Option | HDHP | HDHP/FFS | 394.77 | 894.51 |
| | Mail Handlers Benefit Plan Value | Value | FFS | 285.91 | 681.63 |
| | NALC | High | FFS | 552.07 | 1202.61 |
| | Panama Canal Area Benefit Plan* | High | FFS | 409.24 | 854.21 |
| | Rural Carrier Benefit Plan* | High | FFS | 565.83 | 1155.79 |
| | SAMBA | High / Standard | FFS / FFS | 661.68 / 501.78 | 1558.25 / 1145.95 |
| 地域限定型（5） | Aetna HealthFund | CDHP / HDHP | CDHP/PPO / HDHP/PPO | 500.48 / 341.38 | 1175.42 / 747.63 |
| | Aetna Open Access | High / Basic | HMO / HMO | 739.59 / 472.94 | 1656.61 / 1106.84 |
| | CareFirst BlueChoice | High | HMO | 542.45 | 1220.31 |
| | Kaiser Foundation Health Plan Mid-Atrantic States | High / Standard | HMO / HMO | 526.52 / 330.55 | 1211.02 / 760.20 |
| | M.D. IPA | High | HMO | 523.64 | 1207.48 |

注：*特定の者のみが加入できるプランを含む。
出所：U.S. Office of Personnel Management のウェブサイト（http://www.opm.gov/insure/health/planinfo/2011/states/dc.asp）より作成。

て，ケアファースト BC/BS 社（CareFirst BlueCross BlueShield）によって販売されている．ケアファースト BC/BS 社は，メリーランド州とワシントン D.C. とヴァージニア州北部の病院団体によって設立された複数のブルー

クロス（Blue Cross）と，同じ地域の医師団体によって設立された複数のブルーシールド（Blue Shield）という組織を母体として設立されたNPOであり，これらの地域で保険プランを販売している（ブルークロスとブルーシールドについては第5章で詳しく述べる）[15]．

FFSプランは，医療機関に出来高払制（FFS）に基づいて診療報酬を支払うプランであり，保険会社はプランを販売する地域の医療機関との間で各サービスの診療報酬の金額を交渉し，契約を結ぶ．診療報酬の金額は，それぞれの地域市場の一般的，慣習的，合理的な料金（Usual, Customary, and Reasonable; UCR）を基準に設定され，各地域の医療機関の主導権が強い．保険会社は医療行為それ自体や診療上の方針に関して医療機関に介入することはほとんどなく，その介入度は後述するマネジドケアプランよりも弱い．

FFSプランでは，加入者にとって保険給付を受けられる医療機関の選択肢が他のプランよりも豊富である反面，多くのFFSプランの保険料はマネジドケアプランに比べて高額である．FFSの下では，医療機関が加入者に医療サービスを提供した分だけ保険会社に請求される診療報酬の金額が増えていく．後述するように，保険会社やマネジドケア組織はマネジドケアプランにおいて，医療サービスの提供量を減らすことで保険給付を抑制し，保険料の金額をできるだけ安価な水準に維持しようとしている．それに対して，FFSの下では保険給付を抑制する制度的な工夫が相対的に乏しく，それゆえにFFSプランの保険料の金額はマネジドケアプランよりも高額になりがちである．

ただし，後に詳しく述べるように，BC/BSサービスプランはマネジドケアを取り入れた保険プランであり，現在ではマネジドケアの性質を一切持たないFFSプランはほとんど存在しない．それゆえに，BC/BSサービスプランは厳密にはマネジドケアプランである．ケアファーストBC/BS社は，できるだけ多くの加入者を獲得するために，保険料が他の種類のプランより

---

15) 詳細はケアファーストBC/BS社のウェブサイト（https://member.carefirst.com/wps/portal/Company/Aboutus）を参照．

も高額になりがちな自らのプランにマネジドケアを導入することで保険給付費を抑え，多くの人々にとって手が届く金額の保険料を実現しようとしているのである．

### HMOプランとPPOプランとPOSプラン

エトナOAプランはエトナ社（Aetna）によって販売されているHMO（Health Maintenance Organization）プランである．エトナ社は全米最大手の保険会社の1つであり，加入者数の規模でみると，多くの地域市場で大きな市場シェアを獲得している．

HMOプランを含め，マネジドケアプランがFFSプランに代わって地域市場の主力商品になったのは1990年代以降である．1970年代末頃から医療費が急速に増加し，FFSプランの保険料が大きく増えたことなどを背景として，それぞれの地域市場でHMOプランが次々と開発され，それらがFFSプランよりも安価な保険料で販売されるようになった．1980年代から1990年代にかけて，以前はFFSプランに加入していた多くの人々がHMOプランに加入し，1990年代半ばには大半の加入者がHMOプランを中心とするマネジドケアプランに加入していた．1990年代後半以降には他の種類のマネジドケアプランも積極的に販売されるようになった結果，現在では様々な種類のマネジドケアプランがそれぞれの地域市場で販売されており，プランごとの区別はいっそう曖昧になっている．以下では，主な種類のマネジドケアプランであるHMOプランとPPO（Preferred Provider Organization）プランとPOS（Point Of Service）プランの大まかな特徴について，エトナOAプランなどの具体的な内容を交えて考察する．

第1に，HMOプランはFFSプランに対抗して相対的に安価な保険料を実現することを強く意識して開発されたマネジドケアプランであり，多くの場合，HMOプランの保険料は他の種類のプランよりも安価である．保険会社やマネジドケア組織は，他の種類のプランよりも安価な保険料を維持するために診療コストや保険給付費をできるだけ抑制しなくてはならず，そのた

めにHMOプランでは様々なマネジドケアの手段が導入されている．

　保険会社やマネジドケア組織はHMOプランの開発に際して，各地域の特定の医療機関との契約を通して医療機関のネットワークを形成し，診療コストや保険給付費の抑制を目指している．後に具体的に述べるように，エトナOAプランの加入者はネットワークに含まれる医療機関を通してのみ保険給付を受けることが可能であり，それ以外の医療機関を利用した場合には保険給付は行われず，加入者が料金の全額を支払わなければならない．それゆえに，加入者は自らが住む地域に存在する医療機関の中から，主にHMOプランのネットワークに含まれる医療機関を選択して利用する．一方で，それらの医療機関は他の医療機関よりも有利にそれらの加入者を顧客として獲得できる．その代わり，医療機関はHMOプランを販売する保険会社やマネジドケア組織との間で診療報酬の金額について交渉する際に，各地域の慣行価格よりもいくらか割引された金額を受け入れる．

　多くのHMOプランでは，診療コストの削減や保険給付費の抑制などを目的に，人頭払い制（capitation）をはじめとする定額払い制の診療報酬が採用されている．定額払い制の下では，保険会社やマネジドケア組織は，加入者1人につき一定額の診療報酬を1年間の契約期間の開始時に医療機関に対して支払う．その金額は，それぞれの地域市場における医療サービスの利用状況や各サービスの料金などをふまえて，保険会社やマネジドケア組織と医療機関の間の交渉を通して設定される．大半の場合は，地域市場における各サービスの慣行料金を積み上げた金額よりも少ない金額として設定される．FFSの場合とは異なり，定額払い制の診療報酬の金額は加入者への医療サービスの提供量とは直接の関係を持たないので，医療機関は医療サービスの診療コストが診療報酬の金額を超えることで赤字が生じることのないように注意しなければならない．このように，定額払い制の主なねらいは，医療機関に診療コストを引き下げるインセンティブを強く意識させることで，加入者に提供される医療サービスを適切な量にまで削減し，結果として医療費を抑制することである[16]．

序章　本書の課題と意義

　他にも，HMOプランには診療コストや保険給付費の抑制を通して保険料を引き下げることを目的に，様々なマネジドケアの手段が導入されている．

　多くのHMOプランの加入者は，ネットワークに所属している医師の中からプライマリケア医師（Primary Care Physician）を指定し，他の医療機関を利用する際には事前にプライマリケア医師による承諾を得なければならない．エトナOAプランの場合，加入者はプライマリケア医師の指定を義務づけられているものの，プライマリケア医師による事前の承諾なしに他の医療機関を利用できる[17]．

　さらに，HMOプランの給付内容は総じて包括的であり，入院医療や医師の診療などの基礎的な医療サービスだけでなく，予防サービスも含まれてい

---

16) ただし，他のマネジドケアの手段と同様に，定額払い制が期待通りの医療費の抑制効果を持っているという明確な証拠はまだ示されておらず，地域市場における定額払い制の運用の実態については不明瞭な側面が多い．定額払い制の導入が診療コストや医療費に及ぼす影響など，地域市場におけるマネジドケアプランの実態については，今後の研究を通して明らかにしていきたい．

17) HMOプランは医師との契約関係に応じて，①スタッフ型，②グループ型，③ネットワーク型，④独立開業医団体（Independent Practice Association; IPA）型，⑤混合型の5種類に分類されており，それぞれの地域市場で販売されているHMOプランの種類や構成は大きく異なる．たとえば，西部や西南中央部の地域市場で特に大きな市場シェアを持つHMOのカイザー・パーマネンテ社（Kaiser Permanente）は，カイザー・パーマネンテ社に直接に雇用されている医師や自らが所有する医療機関を通してスタッフ型のHMOプランを開発し，それを他のマネジドケア組織に先駆けて販売してきた実績を持っている（カイザー・パーマネンテ社のHMOプランについては第2章で検討する）．詳細はカイザー・パーマネンテ社のウェブサイト（https://members.kaiserpermanente.org/kpweb/aboutus.do）を参照．グループ型は単一の医師の地域団体との契約に基づくHMOプランであるのに対して，ネットワーク型は複数の医師団体と契約を結ぶことでネットワークを形成している．IPA型のHMOプランを販売するマネジドケア組織はIPAという開業医の法人組織と契約し，IPAに所属する医師は自らの診療所で加入者に医療サービスを提供する．混合型は様々な型の特徴を組み合わせたHMOプランであり，その内容は地域市場の諸条件や医療機関の編成などをふまえてかなり柔軟に設計されている．エトナOSプランは，ネットワーク型をベースとする混合型のHMOプランである．HMOプランの分類やそれぞれの種類のHMOプランの内容について，詳しくはBirenbaum (1997); Patel and Rushefsky (2006); Kongstvedt (2009) を参照．なお安部 (2011) は，カイザー・パーマネンテ社の歴史的な発展の過程を検討している．

る．HMO プランの給付内容で予防ケアが重視されているのは，医療費を抑制するために，定期健診や予防ケアの利用を促すことで加入者に健康的な生活を奨励し，高額な医療サービスの利用を抑えようとしているからである[18]．

第2に，PPO プランは，1980年代以降に HMO プランの加入者数が急増したことを背景に，主に保険会社がマネジドケア組織に対抗し，地域保険市場で市場シェアを奪い返すことを目的に開発されたマネジドケアプランである．PPO プランの加入者数は1980年代末頃から1990年代にかけて大きく増加し，現在では PPO プランの加入者数が全プランの中で最も多い．

PPO プランの特徴は，保険給付費を抑制して安価な保険料を実現するために，PPO という医療機関の団体を活用していることである．ケアファースト BC/BS 社は BC/BS サービスプランに関して，保険給付費を抑制するための手段として特定の PPO との間で契約を結んでいる．それゆえに，すでに述べたように BC/BS サービスプランは FFS プランとして販売されているものの，実質的には PPO プランであるといえよう．加入者が PPO に加盟している医療機関を利用した場合，他の医療機関の利用時よりも優遇された保険給付を受けられる（詳細は後述する）．加入者は保険給付の優遇を通して PPO の医療機関を優先的に利用するよう誘導されており，それらの医療機関は他の医療機関よりも有利に顧客を確保しやすくなる．その代わり，PPO は保険会社やマネジドケア組織との診療報酬の交渉において，各地域の FFS に基づく慣行料金よりもいくらか割り引かれた金額に合意する．ケ

---

[18] なお，後述するようにエトナ OA プランの給付内容はワシントン D.C. の地域市場で販売されている他のプランに比べてかなり充実しており，結果として保険料の金額が FFS プランなどよりも高い．給付内容がベーシック型よりも充実しているハイ型のエトナ OA プランの保険料は，スタンダード型の BC/BS サービスプランの保険料よりも160.98ドルも高く，さらにはこのプランのベーシック型の保険料を286.11ドルも上回っている．ベーシック型のエトナ OA プランの保険料も，同プランのハイ型よりも安価であるとはいえ，ベーシック型の BC/BS サービスプランよりも19.46ドル高い．これらの事例に示されるように，HMO プランの利点の1つは FFS プランなどよりも保険料が安価である点にあるとはいえ，給付内容の充実度が相対的に高いプランの保険料の金額は相対的に高い傾向にある．

アファースト BC/BS 社は割引額で PPO と診療報酬の契約を結ぶとともに，加入者に対して PPO のネットワークの利用を促すことで保険給付費を抑制し，保険料を引き下げようとしている．

多くの PPO プランでは，医療サービスの利用に関して加入者に課される制約が HMO プランの場合よりも少なく，それが HMO プランと比較した場合の PPO プランの利点である．たとえば，多くの PPO プランでは，加入者はプライマリケア医師による事前の承諾なしに他の医療機関を利用できる．特に重要なのは，BC/BS サービスプランのように，PPO プランの加入者は PPO に加盟していない医療機関を利用した際にも，それが保険会社やマネジドケア組織と契約関係にある医療機関であれば保険給付を受けられることである．PPO プランは，医療機関の選択の幅を HMO プランよりも広く設定すると同時に，FFS プランよりも安価な保険料を提示することで，多くの地域保険市場で数多くの加入者を獲得してきたのである．

第 3 に，POS プランは HMO プランと PPO プランの両方の性質を兼ね備えたマネジドケアプランであり，HMO プランよりも医療機関の選択肢の幅が広い上に FFS プランに比べて保険料が安価であることから，1990 年代末から 2000 年代にかけて PPO プランに次いで加入者数が増加している．POS プランは主に保険会社によって販売されていたが，最近では各地域のブルークロスやブルーシールドも POS プランの販売に力を入れている．

次に，地域市場におけるマネジドケアプランの普及を前提に開発され，幅広い層の人々にとって医療保険プランの有力な選択肢として存在感を強めている消費者主導型医療プラン（Consumer-Directed Health Plan; CDHP）について検討する．

### 消費者主導型医療プランとマネジドケア

エトナ社によって販売されているエトナ HF プランは消費者主導型医療プランであり，加入者は高額定額控除型医療プラン（High Deductible Health Plan; HDHP）という保険プランに加入するとともに，医療費の支払

いを行うための個人口座を利用する．後述するように，エトナ HF プランは個人口座の種類に応じて CDHP 型と HDHP 型の 2 種類で構成されている．CDHP の加入者数は 2000 年代に入って急速に増加している．

その名称が示しているように，CDHP では医療サービスの消費者が自己責任に基づいて医療機関の選択や医療費の支払いなどを行うことが特に重視されており，それは HDHP や個人口座の性質に反映されている．

第 1 に，HDHP の特徴は，他の種類のプランに比べて定額控除（後述）がかなり高額に設定されていることであり，加入者は定額控除の全額を支払った後に保険給付を受けられる．単身者の場合，HDHP 型のエトナ HF プランの定額控除は 1,500 ドル（ネットワーク外については 2,500 ドル）である．CDHP 型の個人口座は医療口座（Medical Fund）と歯科医療口座（Dental Fund）の 2 種類であり，医療口座の定額控除は 1,000 ドルであるのに対して，歯科医療口座のそれは 300 ドルに設定されている．

FFS プランと類似した HDHP の利点として，加入者は各地域のほぼすべての医療機関を通して保険給付を受けることが可能であり，エトナ HF プランの加入者も豊富な医療機関の選択肢を提供されている．ただし，定額控除が高額であるがゆえに，加入者は定額控除と同じ金額までは医療サービスの料金の全額を支払うことになる[19]．

さらに，HDHP はマネジドケアプランの急速な普及とそれに伴う地域市場の再編を前提に開発されたものであり，多くのプランではマネジドケアが導入されている．エトナ HF プランは PPO との契約に基づいて設計されており，エトナ社は PPO プランの場合と同様の仕組みを通して保険給付費を抑制し，保険料を引き下げようとしている．PPO に加盟している医療機関を利用した場合，ほぼすべての医療サービスに関して料金の 90% 分が給付され，加入者はその 10% 分を共同負担として支払う（詳細は後述する）．

第 2 に，HDHP の加入者は，将来の医療費の支出に備えた貯蓄や医療費

---

19) 加入者がネットワークに含まれない医療機関を利用した場合，保険給付は行われず，それに関する料金の支払いは定額控除の支払いとしては認められない．

の支払いなどに関して個人口座を利用する．個人口座は，エトナ HF プランの CDHP 型のようにそれぞれの保険会社によって独自に用意される場合もあるが，多くの場合はエトナ HF プランの HDHP 型のように，加入者の雇用主が所有する健康償還口座（Health Reimbursement Account; HRA）または加入者本人が所有する健康貯蓄口座（Health Savings Account; HSA）が使用される．HRA や HSA の利用者は個人口座の資金に関して，連邦の内国歳入庁（Internal Revenue Service; IRS）によって定められた租税優遇措置を受けられる[20]．これらの個人口座は，2003 年メディケア処方薬改善現代化法（MMA）による HSA の創設をきっかけに急速に普及していった[21]．

HDHP 型のエトナ HF プランでは，エトナ社はそれぞれの加入者の個人口座に年間 750 ドルの資金を繰り入れるが，加入者も年間 2,300 ドルまでの自己資金の繰り入れが可能である．加入者は医療サービスを利用した際に，個人口座から資金を引き出して定額控除や共同負担などの患者一部負担の支払いに充てる．余剰資金は翌年に繰り越されるが，HSA の所有者はエトナ HF プランを脱退して他のプランに加入した場合にも口座の資金を引き継げるのに対して，HRA の利用者は脱退時に残額を放棄しなければならない．

CDHP の保険料はそれぞれの地域保険市場で販売されているすべてのプランの中で最も安価である場合が多く，それは特に低所得層にとって大きな魅力である．エトナ HF プランの HDHP 型の保険料は単身者が加入する場合で月額 341.38 ドルであり，BC/BS サービスプランやエトナ OA プランよりもかなり安い．その金額は，ハイ型のエトナ OA プランの半値以下であり，他の種類のプランと比べてもかなり安価である．

---

20) HRA の利用者は，保険会社やマネジドケア組織または加入者によって個人口座に繰り入れられる資金と，医療費の支払いに充てるために口座から引き出される資金に関して，連邦所得税の課税の免除を受けられる．HSA では，個人口座の資金の運用利息も非課税の扱いになる．

21) HRA と HSA は連邦の財務省（Department of Treasury）による規制の下にあり，HRA はさらに各州の保険法や被用者退職所得保障法（Employee Retirement Income Security Act; ERISA）や連邦の労働省（Department of Labor）などによる規制の適用を受ける場合がある．

CDHP は幅広い層の人々にとって魅力的な医療保障としてとらえられており，多くの地域保険市場で加入者数が着実に増加している．個人口座への資金の繰り入れや積立金の利用に関して租税優遇措置を受けられることが，ミドルクラスや高所得者を中心とする幅広い所得層の加入者の獲得につながっている．それに，加入者は医療サービスを利用せずに個人口座からの引き出しを行わないことで残額を翌年に繰り越し，医療費の支出に備える資金を増やすことができる．それゆえに，CDHP は相対的に健康である場合が多い若年層に有利な医療保障という評価も可能である．これらの利点よりも重要なのは，CDHP の保険料が地域保険市場で販売されている他の種類のプランよりもかなり安く，それが数多くの低所得者を引きつけていることである．アメリカの医療保障システムの課題は，手の届く価格で医療保障を獲得できるようにすることであり，CDHP は地域市場を基盤としてその課題に取り組もうとする試みであると評価できる[22]．

　以上のように，医療費の膨張傾向が続く中で，各種のマネジドケアプランが開発され，1980 年代から 1990 年代にかけて地域保険市場の主力が FFS プランからマネジドケアプランや CDHP にシフトした結果，現在では地域の医療サービス市場と医療保険市場の関係がいっそう複雑になっている．各地域の医療機関は，ブルークロスやブルーシールドをはじめ，複数の保険会社やマネジドケア組織と契約している場合がほとんどである．マネジドケアプランを販売するそれぞれの保険会社やマネジドケア組織の種類や規模などもかなり異なり，HMO プランだけでなく PPO プランや POS プランを販売している HMO や，HMO プランを販売している保険会社のほか，各地域の多くのブルークロスやブルーシールドも各種のマネジドケアプランや CDHP を販売している．

---

22) CDHP については Congressional Budget Office（2006）を参照．なお Hertzlinger（1997, 2003, 2007）は，医療サービスの消費者である個人を中心とする医療保障システムへの再編を行い，市場における競争を活発化させることで医療の効率化を実現し，医療費の抑制と無保険の問題を解決すべきであると主張している．

これらの保険プランはそれぞれ異なる地域市場で開発されたものであるがゆえに，同じ保険会社またはマネジドケア組織が販売している同じ種類のプランであっても地域ごとに内容が異なり，各プランの加入状況も地域ごとに異なる（第5章では，雇用主提供医療保険の各プランの加入状況や保険料や患者一部負担が地域ごとに異なることについて検討する）。

表0-2　ワシントンD.C.で販売されている連邦政府職員医療給付制度の民間プランに関する医療機関（病院）のネットワーク（2011年）

| プランの名称 | Blue Cross and Blue Shield Service Benefit Plan | Aetna Open Access | Aetna HealthFund |
|---|---|---|---|
| オプション | Basic/Stanbard | Basic/High | HDHP |
| 種類 | FFS（PPO活用） | HMO | HDHP（PPO活用） |
| Children's National Medical Center | ○ | ○ | ○ |
| George Washington University Hospital | ○ | ○ | ○ |
| Georgetown University Hospital | ○ | ○ | ○ |
| Hospital for Sick Children | ＊ | ○ | ○ |
| Howard University Hospital | ○ | ○ | ○ |
| HSC Pediatric Center | ○ | | |
| National Rehabilitation Hospital | ○ | ○ | ○ |
| Providence Hospital | ○ | ○ | ○ |
| Sibley Memorial Hospital | ○ | ○ | |
| Specialty Hospital of Washington-Hadley, LLC | ＊ | | ○ |
| Specialty Hospital of Washington-Hadley, LLC Long Term Acute Care | ＊ | ○ | ○ |
| The Specialty Hospital of Washington Long Term Acute Care | ＊ | | ○ |
| United Hospital Center | ＊ | ○ | ○ |
| Washington DC VAMC | ＊ | ○ | ○ |
| Washington Hospital Center | ○ | | |

注：＊これらの病院の大半は，PPOには加盟していないものの，このプランに関して保険会社と契約を結んでいる。
出所：ブルークロス・ブルーシールド協会（BlueCross BlueShield Association）のウェブサイト（http://provider.bcbs.com/search.php?allresults=1&affiliations=0）；エトナ社（Aetna）のウェブサイト（http://www.aetna.com/docfind/home.do?site_id=fehbp&langpref=en&this_page=enter_welcome.jsp）より作成。

## (2) 手の届く保険料を実現するための工夫

次に，各プランの加入者が利用可能な医療機関のネットワークや各プランの給付内容を比較することで，保険会社やマネジドケア組織が各プランに導入している様々なマネジドケアの手段や工夫について具体的に検討する．

第1に，表0-2は，ワシントンD.C.近郊に存在する15件の主要な病院のうち，各プランの加入者が利用可能な病院をまとめたものである．

BC/BSサービスプランの加入者は，他のプランの加入者よりも多くの医療機関の選択肢を提供されており，15件のすべての病院で保険給付を受けられる．それらのうち9件はPPOに加盟している病院であり，これらの病院のいずれかを利用した加入者は，他の病院を利用した場合よりも優遇された保険給付を受けられる（表0-3を参照）．

エトナOAプランでは，加入者にとっての医療機関の選択肢がBC/BSサービスプランの場合よりも狭く，加入者はネットワークに含まれる12件の病院を通して医療サービスを利用した場合にのみ保険給付を受けられる．加入者がネットワークに含まれない3件の病院を利用した場合には，保険給付は認められず，すでに述べたように加入者が料金の全額を負担する．

それに対して，HDHP型のエトナHFプランの加入者は「HSC Pediatric Center」を除く14件の病院の利用に関して保険給付を受けることが可能であり，BC/BSサービスプランと同程度に医療機関の選択肢が豊富である．

第2に，表0-3は，各プランの給付内容や患者一部負担（out of pocket）の規定について比較したものである．

患者一部負担とは，加入者に提供された保険給付の対象に含まれる医療費のうち加入者によって支払われる部分であり，定額控除（deductible）と共同負担（co-insuranceまたはco-payment）に大別される．定額控除は，医療サービスの料金のうち，保険給付が開始される前に加入者が負担しなければならない部分である．共同負担は，医療サービスの料金から定額控除を除いた金額の一定金額または一定割合の金額の支払いを加入者に求めるものであ

表 0-3 ワシントン D.C. で販売されている連邦政府職員医療給付制度の民間プランの給付内容と患者一部負担（2011 年）[1]

(ドル・%・給付の有無)

| プランの名称 | Blue Cross and Blue Shield Service Benefit Plan | | | | Aetna Open Access | | Aetna Health-Fund | |
|---|---|---|---|---|---|---|---|---|
| オプション | Standard | | Basic | | High | Basic | HDHP | |
| 種類 | FFS (PPO 活用) | | FFS (PPO 活用) | | HMO | HMO | HDHP (PPO 活用) | |
| 医療機関のネットワーク | in | out | in | out | in | in | in | out[2] |
| 患者一部負担 | | | | | | | | |
| 定額控除（年額） | 350[5] | 350[5] | 0 | 0 | 20[6] | 20[6] | 1,500 | 2,500 |
| 主な予防ケア | 0 | 35% | 0 | 全額 | 0 | 0 | 0 | 0/30% |
| 眼科の定期健診 | 15% | 35% | 30% | 全額 | 30 | 35 | 0 | 0/30% |
| プライマリケア医師の診察 | 20 | 35% | 25 | 全額 | 15 | 20 | 10% | 30% |
| 専門医の診察 | 30 | 35% | 35 | 全額 | 30 | 35 | 10% | 30% |
| 入院（1 回当たり） | 250 | 350＋35% | 150〜750 | 全額 | 150〜450 | 10% | 10% | 30% |
| 主な外来手術（日帰り） | 15% | 35% | 150〜300 | 全額 | 175 | 10% | 10% | 30% |
| 救急医療 | 0〜30/15% | 0〜35/35% | 25〜125 | 全額 | 15〜100 | 20〜100 | 10% | 10% |
| 主な処方薬（90 日分）[3] | | | | | | | | |
| ジェネリック薬 | 15/20% | 全額 | 30 | 全額 | 15 | 30 | 30 | 30% |
| ブランド薬 | 70〜95/30%〜45% | 全額 | 120〜150/50% | 全額 | 105 | 105 | 105 | 30% |
| フォーミュラリー[4]に含まれないもの | 全額 | 全額 | 全額 | 全額 | 195 | 195 | 180 | 30% |
| 眼鏡やコンタクトレンズの割引や給付 | N/A | N/A | N/A | N/A | 有 | 有 | 有 | 有 |
| 歯科医療の給付（予防ケアを除く） | 有 | 有 | 有 | 有 | 有 | 有 | 無 | 無 |
| 患者一部負担の年間上限 | 5,000 | 7,000 | 5,000 | — | 3,000 | 4,000 | 4,000 | 5,000 |

注：1) いずれも単身で保険プランに加入している場合．
　　2) ネットワークに含まれない医療機関を利用した場合，それぞれの医療機関から追加料金を請求される場合がある．
　　3) いずれのプランにおいても，最長で 90 日分までの処方薬に関して給付が行われる．
　　4) 保険給付の対象になる薬剤や患者一部負担の金額をまとめたリストであり，保険プランごとに設定されている．
　　5) 病院への入院や外来手術や救急治療室の利用などに適用され，医師の診察を含む他の医療サービスには定額控除が設定されていない．
　　6) 一部の予防ケアや歯科医療にのみ適用される．
出所：U.S. Office of Personnel Management のウェブサイト（http://www.opm.gov/insure/health/planinfo/2011/states/dc.asp）；ブルークロス・ブルーシールド協会（BlueCross BlueShield Association）のウェブサイト（http://www.fepblue.org/benefitplans/2011-sbp/bcbs-2011-RI71-005.pdf）；エトナ社（Aetna）のウェブサイト（http://custom.aetna.com/fehbp/pdf/2011MktgBrochure.pdf）より作成．

**表 0-4　定額控除と共同負担**

【A】医療サービスの料金が1,000ドル，定額控除が300ドル，共同負担（定額）が100ドルの場合

| 項目 | 金額（ドル） | 金銭の流れ |
|---|---|---|
| 医療サービスの料金 | 1,000 | |
| 定額控除（保険給付の対象外） | 300 | 加入者→医療機関 |
| 保険給付の対象になる金額 | 700 | |
| 共同負担（定額） | 100 | 加入者→医療機関 |
| 保険給付 | 600 | 保険会社→医療機関 |

【B】医療サービスの料金が1,000ドル，定額控除が300ドル，共同負担（定率）が20％の場合

| 項目 | 金額（ドル） | 金銭の流れ |
|---|---|---|
| 医療サービスの料金 | 1,000 | |
| 定額控除（保険給付の対象外） | 300 | 加入者→医療機関 |
| 保険給付の対象になる金額 | 700 | |
| 共同負担（定率20％） | 140 | 加入者→医療機関 |
| 保険給付 | 560 | 保険会社→医療機関 |

出所：筆者作成．

る．表 0-4 に示されるように，医療サービスの料金が 1,000 ドルで定額控除が 300 ドルの場合，加入者は 300 ドルの定額控除を支払い，残りの 700 ドルが保険給付の対象になる．共同負担が定額の 100 ドルであったとすると，加入者は 100 ドルの共同負担を支払い，600 ドルの給付を受けることになる．同じ例で共同負担が定率の 20％ であったとすると，加入者は 700 ドルの 20％ に相当する 140 ドルを支払い，560 ドルの給付が受けられる．

BC/BS サービスプランの給付内容は，PPO に加盟している医療機関（in）を利用したほうが，それ以外の医療機関（out）を通して医療サービスを利用した場合よりも優遇される[23]．スタンダード型の加入者がネットワークに加盟しているプライマリケア医師の診察を受けた場合，加入者に課され

---

[23]　すでに述べたように，ケアファースト BC/BS 社は BC/BS サービスプランに関して，ネットワークに含まれないほぼすべての医療機関とも各サービスの料金や診療報酬などに関して契約を結んでいる．ただし，資料の制約ゆえに各地域のすべての医療機関と契約を結んでいるかどうかは現時点で明らかになっておらず，地域市場にいっそう踏み込んだ検討は今後の課題としたい．

る共同負担の金額は20ドルである．一方で，同じ加入者がネットワーク外のプライマリケア医師の診察を受けた際には，料金の35％に相当する金額の共同負担が加入者に課される．ほとんどの場合，共同負担の金額は20ドルよりも大きくなることが予想されることから，PPOのネットワークの医療機関を利用したほうが加入者にとっての負担額が少なくなると考えられる．ベーシック型における給付内容の違いはもっと大きく，加入者がPPOのネットワーク外の医療機関を利用した場合には，歯科医療などを除くほぼすべての医療サービスに関して保険給付を受けることができず，加入者は料金の全額を支払わなければならない．それゆえに，ベーシック型のBC/BSサービスプランは，保険会社やマネジドケア組織から医療機関に支払われる診療報酬がFFSに基づいて行われる点を除けば，実質的にはHMOプランの性格を色濃く持つPPOプランであると評価できる．

　BC/BSサービスプランのベーシック型とスタンダード型の給付内容を比較すると，スタンダード型の給付内容は総じてベーシック型よりも充実しており，患者一部負担の規定も相対的に寛大である．PPOに加盟しているプライマリケア医師の診察を受けた場合，ベーシック型の加入者は25ドルの共同負担を支払う一方で，スタンダード型の加入者に課される共同負担は20ドルであり，ベーシック型に比べて5ドル少ない[24]．

　ただし，スタンダード型の加入者は350ドルの定額控除を支払った後に保険給付を受けられるのに対して，ベーシック型では定額控除が設定されていない．それゆえに，あまり多くの医療サービスを必要としない加入者などはスタンダード型よりもベーシック型に加入したほうが患者一部負担の支払額

---

24)　入院医療に関する患者一部負担の規定はやや複雑であり，ベーシック型の加入者がネットワークに含まれる病院に入院した場合，1日間の入院ごとに150ドルの共同負担が発生し，加入者は1回の入院につき最大で750ドルの共同負担を支払わなくてはならない．それに対して，スタンダード型の加入者は，入院日数にかかわらず1回の入院につき250ドルの定額の共同負担を支払うことになっており，このような規定は入院期間が2日間以上に及ぶ場合にはベーシック型の規定よりも寛大であるといえよう．

を減らせる可能性がある．人々は様々なプランの保険料や給付内容などを比べながら，自らにとって条件が良いと思われるプランに加入するのである．

エトナOAプランの加入者は，ネットワークの医療機関を利用した場合にのみ保険給付を受けられる．その点はBC/BSサービスプランよりも加入者にとって厳しい給付内容であるとはいえ，エトナOAプランの給付内容は，他のプランよりも保険料が高額である代わりにかなり充実している．定額控除はハイ型とベーシック型のいずれにおいても20ドルであり，予防ケアについては共同負担が設定されていないほか，プライマリケア医師の診察や1回の入院に関して加入者に課される共同負担の金額なども，BC/BSサービスプランにおける金額よりも少ない．ハイ型における各サービスの患者一部負担の金額はベーシック型よりも総じて少なく，ハイ型の給付内容が手厚く設定されていることがわかる．

HDHP型のエトナHFプランの加入者は，PPOのネットワークの医療機関の利用について1,500ドル，それ以外の利用に関しては2,500ドルの定額控除を支払った後に保険給付を受けられる．加入者は定額控除の全額を支払った後にも，各サービスについて規定で定められた共同負担を支払わなくてはならない．加入者は，ネットワークの医療機関を利用したほうが定額控除や共同負担の支払額を少なくできる[25]．

### (3) 保険料の高騰と地域市場

多くの人々にとって手が届く金額の保険料を実現するために，地域市場においてマネジドケアの導入を軸とする様々な工夫が行われているにもかかわらず，各プランの保険料は年を追うごとに増加している．

---

25) さらに，BC/BSサービスプランやエトナOAプラン（ベーシック型のネットワーク外を除く）と同様に，これらの患者一部負担の支払額には上限が設定されている．加入者がネットワークの内と外の両方について支払った共同負担の金額がそれぞれ4,000ドルと5,000ドルに達した時点から，プランに関するエトナ社との契約期間が満了する日まで，共同負担の支払いが免除される．

**表 0-5** ワシントン D.C. で販売されている連邦政府職員医療給付制度の民間プランに関する保険料の月額の推移*

(ドル)

| プランの名称 | Blue Cross and Blue Shield Service Benefit Plan | | Aetna Open Access | | Aetna HealthFund |
|---|---|---|---|---|---|
| オプション | Standard | Basic | High | Basic | HDHP |
| 種類 | FFS（PPO 活用） | FFS（PPO 活用） | HMO | HMO | HDHP（PPO 活用） |
| 2010 年 | 538.24 | 403.04 | 642.05 | 420.68 | 299.02 |
| 2011 年 | 578.61 | 453.48 | 739.59 | 472.94 | 341.38 |
| 増加額 | 40.37 | 50.44 | 97.54 | 52.26 | 42.36 |

注：*いずれも単身でプランに加入している場合．
出所：U.S. Office of Personnel Management のウェブサイト (http://www.opm.gov/insure/health/rates/nonpostalhmo2011.pdf) より作成．

　表 0-5 に示されるように，2010 年から 2011 年にかけて，すべてのプランの保険料は 40 ドル以上も増加した．特に，ハイ型のエトナ OA プランの保険料は，2010 年には 642.05 ドルであったが 2011 年には 739.59 ドルになり，1 年間で 97.54 ドルも増加した．HDHP 型のエトナ HF プランの保険料はこれらのプランの中で最も安価であり続けているが，1 年間で 299.02 ドルから 341.38 ドルへと 42.36 ドルも増えており，他のプランと同様に，多くの人々にとって手が届く金額からますます遠ざかっている．保険料の引き上げと同時に給付内容の削減も行われ，医療保障の充実度も後退しつつある[26]．

　以上のように，地域市場におけるマネジドケアの導入は，このような保険料の増加傾向を背景として積極的に行われており，マネジドケアの導入を軸に保険プランの多様化が進んでいる．マネジドケアが持つとされる医療費の抑制効果については様々な見解が存在しており，サービスの質を下げずに医

---

26) 2010 年から 2011 年にかけて，BC/BS サービスプランの定額控除の年額は 300 ドルから 350 ドルに 50 ドルも引き上げられ，ネットワークに含まれる医療機関において入院医療を利用した際の共同負担も 1 日当たり 200 ドルから 250 ドルに引き上げられたほか，30 日分までのブランド薬に関する共同負担の金額も 65 ドル以上から 70 ドル以上に増加するなどの改定が行われた．他のプランでも，いくつかの医療サービスに関して患者一部負担の引き上げが行われ，保険料の引き上げが給付内容の充実を伴うどころか，逆に給付内容の削減とともに行われている．

療費の抑制を実現できるのか，あるいは逆に医療費を増加させる要因になりうるものであるのかなど，検討すべき論点が数多く残されている．とはいえ，本書の問題意識にとって重要なのは，マネジドケアが医療費の膨張と不確実で不十分な医療保障というアメリカの医療保障システムの2つの問題に対して，地域市場を軸として解決しようとする試みであるという事実である．

本書は，1990年代以降のメディケアと医療扶助の再編がマネジドケアの開発と普及という地域市場の構造変化に即して行われたことについて具体的に検討することで，地域市場におけるマネジドケアの具体的な姿やその意義を明らかにしている．

## 4. 地域市場を基盤とするメディケアと医療扶助の制度構造

本節では，第1章から第5章までの具体的な事例を用いた実証研究のもう1つの前提作業として，2010年度におけるアメリカの公的医療保障制度の主柱であるメディケアとメディケイドとCHIPの制度について詳細に示しておきたい．

### (1) メディケアと地域市場[27]

メディケアの特徴

メディケアは全米で最大規模の医療保険であり，地域市場を基盤とする公的医療保険制度である．メディケアは連邦政府の保健福祉省（Department of Health and Human Services）のメディケア・メディケイド・サービス・セ

---

27) メディケアの制度の内容については，主に以下の資料に基づいている．U.S. Department of Health and Human Services, Centers for Medicare and Medicaid Services (2011a, 2011b, 2011c); U.S. Social Security Administration (2011); U.S. Department of Health and Human Services, Centers for Medicare and Medicaid Servicesのウェブサイト（https://www.cms.gov/home/medicare.asp）．

ンター (Centers for Medicare and Medicaid Services; CMS) によって運営されているが,各地域の医療機関や保険会社などの利害を損なわないように多くの工夫が行われている.すなわち,メディケアは雇用主提供医療保険と並行して発展した地域市場を土台として創設された公的医療保険制度であり,その性質は他の先進諸国の公的医療保険制度とは大きく異なる.メディケアは,1965年社会保障法修正法 (Social Security Amendments of 1965) によってメディケイドと同時に創設され,1966年7月から実施されている[28].

メディケアは4つの部門で構成されている.メディケアの主軸は,入院費用などを保障するパートAと,医師の診療費などを保障するパートBであり,パートAとパートBは合わせてオリジナルメディケア (Original Medicare) と呼ばれている.パートCはオリジナルメディケアの加入者に対して,オリジナルメディケアの代わりに民間保険プランに加入することを認める部門である.それらの民間プランは,地域保険市場で保険会社やマネジドケア組織によって販売されている.パートDは,地域保険市場で販売される民間プランへの加入を前提に処方薬費の保障を行う部門である.

### 全米一律の資格要件

メディケアの各部門の資格要件は全米で一律であり,パートAの加入資格を得ていることがそれ以外の部門に加入するための条件になっている.

メディケアのパートAの資格要件は社会保障年金と呼ばれる老齢遺族障害年金 (Old-Age, Survivors, and Disability Insurance; OASDI)[29] と連動しており,社会保障年金と同様に,パートAの受給権は現役時代における連邦の社会保障税という賃金税の納付記録に基づいている.すなわち,パートAの受給権は社会保障税を40拠出期間 (quarter of coverage, 1拠出期間は四

---

28) メディケアの成立過程については Marmor (2000); Somers and Somers (1967); Starr (1982) を参照.
29) アメリカの年金システムについては本シリーズの第7巻『アメリカの年金システム』(吉田健三著) (近刊) を参照.

半期)にわたって納めることで得られ,受給権を得た者が 65 歳に到達した時点でメディケアを通して給付を受けることが可能になる[30].

社会保障税の納付義務は被用者と雇用主に課せられ,両者がそれぞれ被用者の稼得所得の 1.45% 分を 40 拠出期間(10 年間)以上の期間にわたって納めることで,被用者がメディケアのパート A の受給権を獲得する.自営業者には 2.9% の税率が適用され,自営業者は同額の稼得所得を得ている被用者の 2 倍の金額を納めなければならない.社会保障年金にかかわる社会保障税の課税ベースは年間稼得所得の 10.68 万ドルまでに制限されている一方で,メディケアに関して課税ベースの上限はなく,すべての稼得所得に 2.9% の税率を乗じた金額を雇用主と被用者が半分ずつ納める[31].

このように,パート A の受給権は社会保障税という連邦税を一定期間にわたって納付した実績と結びついており,実際にはほぼすべての労働者に対して受給権が自動的に付与される仕組みである.それに対して,パート B とパート D は任意加入の制度であり,パート C への加入もオリジナルメディケアの加入者に与えられるオプションであり,加入者は地域保険市場で販売されているいくつかのパート C の民間プランの中から 1 つを選んで加入する.パート B の加入資格はパート A に加入した時点で付与され,パート B の保険料を支払うことで加入できる.ほぼすべてのパート A の加入者は

---

30) 拠出期間が 40 拠出期間に満たない者は,不足している期間に応じてパート A 保険料を支払うことでパート A の保障を受けられる.ただし,この場合のパート A 保険料の支払いは任意である.他にも,社会保障年金の障害給付(Social Security Disability)または鉄道職員が障害を理由に退職した後に受け取る障害現金給付(Railroad Retirement disability cash benefit)を 24 ヵ月間にわたって受給した者や,ほぼすべての末期腎不全(End Stage Renal Disease; ESRD)の障害者,連邦・州・地方政府の職員など,所定の資格要件を満たすことで社会保障年金の受給権を得た人々にもパート A の受給権が付与される.受給権を持つ障害者の一部は,65 歳に到達する以前からメディケアの給付を受けられる.
31) このように,社会保障税は社会保障年金やメディケアのパート A の給付費に充てられる目的税であるだけでなく,社会保障年金やメディケアの受給権と直接に結びついており,社会保険料としての側面も併せ持つ租税であると評価できる.2010 年度の社会保障年金に関する社会保障税の税率は 12.4% であり,メディケアに関する税率とあわせると,社会保障税の税率は 15.3% である.

パートBに加入しており，オリジナルメディケアはアメリカの高齢者にとっての基礎的な医療保障である．パートDの加入資格はパートAまたはパートBのいずれかに加入している者に付与されており，パートCと同様に地域保険市場で販売されているいずれかのパートDの民間プランに加入することになる．

### 給付内容や財源と地域市場

表0-6に示されるように，各地域におけるメディケアの収入と支出は，連邦政府の2種類の信託基金（Trust Fund）を通して行われている．アメリカの信託基金は，社会保障年金やメディケアなどの特定の分野にかかわる収入や支出を管理する連邦政府の会計であり，日本の特別会計に相当するものである．パートAの収入と支出はHI信託基金（Hospital Insurance Trust Fund）で管理されているのに対して，パートBとパートDについてはSMI信託基金（Supplementary Medical Insurance Trust Fund）のパートB勘定とパートD勘定でそれぞれ管理されている．パートCについては，パートCの民間プランの加入者によって利用された各サービスの給付費の構成に応じて，HI信託基金とSMI信託基金のパートB勘定から，民間プランを販売する保険会社やマネジドケア組織に対して保険料が分担して支払われる．2010年度には，HI信託基金とSMI信託基金のパートB勘定から支出された金額の約4分の1がパートCに関する保険料の支払いに充てられており，それはメディケアの支出総額の22.2%を占めている．

第1に，メディケアの給付内容や患者一部負担の規定は部門ごとに異なる．

パートAは，入院医療，専門看護施設（Skilled Nursing Facility），在宅医療，ホスピスケアに関して給付を行う部門であり，各サービスの給付費はそれぞれHI信託基金の支出総額の54.9%，10.9%，2.8%，5.6%である．入院医療の給付費はすべての医療サービスの中で最大の費目であり，メディケアの支出総額の32.1%を占めている．それぞれの医療サービスに関して定額控除が適用され，入院日数や利用回数に応じて加入者の負担額が増えるよ

表 0-6　メディケア信託基金の財政状況と加入者数（2010 年）

(10 億ドル，%)

|  |  | HI 信託基金<br>(パート A) | SMI 信託基金 | | 合計<br>(全体) |
|---|---|---|---|---|---|
|  |  |  | パート B 勘定 | パート D 勘定 |  |
| 収入 | 加入者からの保険料 | 3.3 | 52.0 | 6.5 | 61.8 |
|  | 賃金税（社会保障税） | 182.0 | — | — | 182.0 |
|  | 社会保障年金給付への所得課税 | 13.8 | — | — | 13.8 |
|  | 連邦基金からの繰り入れ | 0.1 | 153.5 | 51.1 | 204.7 |
|  | 州政府の基金からの繰り入れ | — | — | 4.0 | 4.0 |
|  | 利子収入 | 13.8 | 3.1 | 0.0* | 16.9 |
|  | その他 | 2.7 | 0.2 | — | 2.9 |
|  | 収入合計 | 215.6 | 208.8 | 61.7 | 486.0 |
| 構成比 | 加入者からの保険料 | 1.5 | 24.9 | 10.5 | 12.7 |
|  | 賃金税（社会保障税） | 84.4 | — | — | 37.4 |
|  | 社会保障年金給付への所得課税 | 6.4 | — | — | 2.8 |
|  | 連邦基金からの繰り入れ | 0.0 | 73.5 | 82.8 | 42.1 |
|  | 州政府の基金からの繰り入れ | — | — | 6.5 | 0.8 |
|  | 利子収入 | 6.4 | 1.5 | 0.0* | 3.5 |
|  | その他 | 1.3 | 0.1 | — | 0.6 |
|  | 収入合計 | 100.0 | 100.0 | 100.0 | 100.0 |
| 支出 | 給付費 | 244.5 | 209.7 | 61.7 | 515.8 |
|  | 　入院／病院外来 | 136.1 | 31.9 | — | 168.0 |
|  | 　専門看護施設 | 26.9 | — | — | 26.9 |
|  | 　在宅医療 | 7.0 | 12.1 | — | 19.1 |
|  | 　医師の診療など | — | 64.5 | — | 64.5 |
|  | 　民間プランへの支払い(パート C) | 60.7 | 55.2 | — | 115.9 |
|  | 　処方薬（パート D） | — | — | 61.7 | 61.7 |
|  | 　その他 | 13.8 | 46.1 | — | 59.9 |
|  | 行政費 | 3.5 | 3.2 | 0.4 | 7.0 |
|  | 支出合計 | 247.9 | 212.9 | 62.0 | 522.8 |
| 構成比 | 給付費 | 98.6 | 98.5 | 99.5 | 98.7 |
|  | 　入院／病院外来 | 54.9 | 15.0 | — | 32.1 |
|  | 　専門看護施設 | 10.9 | — | — | 5.1 |
|  | 　在宅医療 | 2.8 | 5.7 | — | 3.7 |
|  | 　医師の診療など | — | 30.3 | — | 12.3 |
|  | 　民間プランへの支払い(パート C) | 24.5 | 25.9 | — | 22.2 |
|  | 　処方薬（パート D） | — | — | 99.5 | 11.8 |
|  | 　その他 | 5.6 | 21.7 | — | 11.5 |
|  | 行政費 | 1.4 | 1.5 | 0.6 | 1.3 |
|  | 支出合計 | 100.0 | 100.0 | 100.0 | 100.0 |
| 期末資産 |  | 271.9 | 71.4 | 0.7 | 344.0 |
| 加入者数（百万人） |  | 47.1 | 43.8 | 34.5 | 47.5 |
| 　高齢者 |  | 39.2 | 36.7 | N/A | 39.6 |
| 　障害者 |  | 7.9 | 7.1 | N/A | 7.9 |
| 加入者1人当たり給付額（ドル） |  | 5,187 | 4,786 | 1,789 | 11,762 |

注：*5,000 万ドル未満を 0 とした．
出所：Boards of Trustees, Federal Hospital Insurance and Federal Supplementary Medical Insurance Trust Funds (2011) より作成．

うに設定されている[32]．

　パート B の給付の対象となる主な医療サービスは，医師の診療，病院での外来診療，在宅医療であり，それぞれの給付費はパート B の支出額の30.3％，15.0％，5.7％ を占めている．パート B の加入者は年間の定額控除として 162 ドルを支払った後に，各サービスの料金の 20％ 分を共同負担として支払うことで給付を受けられる．

　オリジナルメディケアとは異なり，パート C の給付内容や患者一部負担は民間プランごとに設定されており，それぞれの地域保険市場で異なる種類や内容の民間プランが販売されていることから，地域間の多様性が存在する．パート C のプランでは，オリジナルメディケアで保障されているすべての医療サービスの給付が義務づけられている．ただし，オリジナルメディケアの内容を上回る追加給付については柔軟な設計が可能であり，追加給付はパート C のプランへの加入を選択した場合の利点である．実際に，多くの保険会社やマネジドケア組織が自らのプランを通して眼科医療や予防ケアなどの追加給付を行っている[33]．パート C のプランは，パート D の処方薬費の保障を伴わない MA（Medicare Advantage）プランと，パート D の保障を組み込んだ MA-PD（Medicare Advantage-Prescription Drug）プランの 2 種

---

[32]　入院費用の定額控除は 1 回の入院につき 1,132 ドルであり，加入者は定額控除を支払うことで 60 日目までの入院費用の給付を受けられるが，61 日目から 90 日目までの入院についてはさらに 1 日につき定額控除の 25％ に相当する 283 ドルの共同負担を支払わなければならない．91 日目以降の入院費用については，それぞれの加入者に対して生涯にわたって 60 日間に限り認められている生涯予備給付（lifetime reserve）を適用することで給付を受けられる．生涯予備給付として入院費用の給付を受ける場合，加入者は 1 日につき定額控除の 50％ に相当する 566 ドルの共同負担を支払うことになり，60 日間の生涯予備給付を使い切った場合には加入者は費用の全額を支払わなければならない．専門看護施設については 100 日目までの入所に関して給付が行われ，20 日目までの入所費用の全額が給付されるのに対して，21 日目から 100 日目までの期間については 1 日当たり 141.50 ドルの共同負担が発生する．

[33]　連邦政府から保険会社やマネジドケア組織に対して支払われる保険料とは別に，プランによっては加入者から徴収される保険料が独自に設定されている場合もあり，それらのプランの加入者は所定の保険料を保険会社またはマネジドケア組織に支払わなくてはならない．

類である．

　パートＤは地域保険市場で販売される民間プランへの加入を前提として処方薬費の保障を行う部門であり，給付内容，給付の対象になる薬剤の種類，患者一部負担の規定はプランごとに異なる．パートＤのプランは，処方薬保障のみを行う処方薬単体プラン（Prescription Drug Plan; PDP）と MA-PDプランの2種類である．オリジナルメディケアとは異なり，パートＤは各プランの給付内容や患者一部負担の規定などがそれぞれ異なることを前提として設計されており，しかもパートＣよりもいっそう柔軟な設計が可能である（パートＣとパートＤのプランについては第1章と第2章を参照）[34]．

　第2に，メディケアの財源構成も部門ごとに異なる．

　パートＡの財源の84.4％は社会保障税で占められており，残りが社会保障年金の給付額に対して課税される連邦所得税の税収や，財務省の非市場性国債への投資による利子収入などで構成されている．このように，パートＡの加入者の給付費の大部分が社会保障税で賄われており，それは社会保

---

[34] 他の先進諸国の公的医療保障制度に比べると，メディケアを通して保障される医療サービスの範囲は狭く，しかもメディケアの給付だけでは医療費の全額を賄うことができないことから，多くの加入者は多額の患者一部負担を支払わなければならない．U.S. Social Security Administration（2011）などが示しているように，メディケアの全部門を通してみると，医療費に占める加入者の負担額の割合は約20％であり，それは他の先進諸国と大きく変わらない．しかし，アメリカの医療費の単価は先進諸国の中でも飛び抜けて高く，さらにはメディケアで保障されていない医療サービスを利用した場合には本人がその医療費の全額を支払わなければならないので，加入者の負担額はかなり高額になるのである．特に，医療費の単価が相対的に高い地域では，加入者の負担額も相対的に高くなる．

　とはいえ，アメリカの医療保障システムの中では，メディケアの給付水準は決して極端に低いわけではなく，メディケアは多くの高齢者や障害者にとって重要な医療保障である．ヘンリー・J.カイザー・ファミリー財団（Henry J. Kaiser Family Foundation）が2007年の実績に基づいて行った調査によると，メディケアの給付水準は，大企業の被用者に提供されている雇用主提供医療保険の典型的なPPOプランや連邦政府職員医療給付制度（FEHBP）の標準的な保険プランのそれよりもやや低かった．Henry J. Kaiser Family Foundation（2008），pp. 3-8. 視点を変えると，この調査結果は，メディケアの給付水準がこれらの好条件の雇用主提供医療保険に次いで高いことを示しているといえよう．

障年金と同じである．地域市場との関連でいえば，退職世代よりも給与所得の水準が相対的に高い現役世代と民間企業などから徴収された賃金税がパートAの財源の大部分を構成しており，その資金が地域市場に投入されることで，高齢者の高額な入院費などの保障が行われているのである．

パートBの財源の73.5％は連邦政府の一般基金（General Fund）から繰り入れられる財政資金であり，残りのほぼすべての24.9％が加入者から徴収される月額115.40ドルのパートB保険料である[35]．パートB保険料は，加入者のうち高齢者の平均支出額の25％を賄える金額に設定される．すなわち，支出額が増えると保険料の金額も増加するが，その3倍の規模で連邦基金からの繰入額が膨張するのである．パートBでは，連邦基金から財政資金が投入されることで保険料の急速な増加が抑えられており，多額の財政資金が地域市場に投入されることでパートBの医療保障が実現している．

パートDの支出額は，連邦政府の一般基金から繰り入れられる財政資金，州政府の財政資金，パートD保険料（標準給付と同等のプランの月額の平均は約30ドル[36]），利子収入で賄われており，パートDの財源全体に占める割合はそれぞれ82.8％，6.5％，10.5％，0.1％未満である．連邦政府によ

---

35) ただし，加入資格の獲得時にパートBに加入せずに後になってから加入した者は，遅延加入にかかわる割増金（late enrollment penalty）として，加入が1年遅れるごとに保険料の10％分に相当する11.5ドルを毎月の保険料に上乗せして支払う．雇用主提供医療保険などの認定可能な医療保障（creditable coverage）を得ていた場合や海外ボランティアに参加していた場合には，それらの加入や参加の期間が割増金の算定期間から差し引かれる．さらに，年間所得が8.5万ドルを超える加入者は，月額46.10ドルから253.70ドルまでの所得に応じた調整額も支払わなければならない．ただし，保険料の増額分は，加入者の社会保障年金の給付額に関して物価変動をふまえて行われる生計費調整（Cost-Of-Living Adjustment; COLA）の調整額を超えてはならない．

36) 実際にはこの基準額とは異なる金額の保険料がそれぞれの民間プランで別々に設定されている．つまり，パートDはプランごとにそれぞれ異なる保険料が設定されることを前提としており，各プランの保険料は基準額に，各プランの給付内容と標準給付の違いに基づく調整額を加減することで設定される．各プランの加入者は，地域保険市場でパートDプランを販売する保険会社やマネジドケア組織などに保険料を直接に支払う．

って設定されている標準給付を保障するパートDの連邦標準プランの保険料は，標準給付を行うための費用の25.5％を賄える金額に設定される．パートBと同様に，パートDでも財政資金の投入によって保険料の急速な膨張が抑えられている．しかも，州政府の財源も含めた財政資金の財源全体に占める割合はパートBよりも15.8ポイントも高い．このように，パートDを通した処方薬保障は，地域保険市場で販売される各プランの保険料のいっそう大きな割合を財政資金によって賄うことで実現しているのである[37]．

### メディケアの補足保障と地域市場

大半のメディケア加入者はオリジナルメディケアの他にも医療保障を獲得しており，それらは総称して補足保障（supplemental coverage）と呼ばれる．補足保障は，メディケア加入者が医療サービスの利用時に支払うべき患者一部負担の金額を給付しており，中にはメディケアの給付内容には含まれない医療サービスの費用を給付するものもある[38]．パートCを除けば，これらはあくまでメディケアの外側に存在する医療保障であり，大半のメディケア加入者は補足保障を通してメディケアによる保障を補っている．むしろ，メディケアを通した保障内容や保障水準が雇用主提供医療保険などよりも低いのは，雇用主提供医療保険を中心として，これらの地域市場を基盤とする医療保障制度が先にあり，メディケアの創設がそれらの制度の役割を否定しないように慎重に設計されたからである．

---

37) なお，パートBと同様に，加入資格を獲得してから62日間以内にいずれかのプランに加入しなかった場合には，加入資格を得てから実際に加入するまでの期間に応じて，遅延加入の割増金が加入者に課される．割増金の月額は，1年間の遅延期間につき連邦標準プランの保険料の1％分に相当する0.32ドルである．ただし，パートDの加入資格を獲得する前に雇用主提供医療保険などの認定可能な処方薬保障（creditable prescription coverage）を得ていた場合，その加入期間は割増金の算定期間から差し引かれる．さらに，年間所得が8.5万ドルを超える加入者は，所得に応じて月額12.00ドルから69.10ドルの保険料の調整額を追加で支払わなければならない．

38) メディケアの給付は補足保障よりも優先され，その次に補足保障を通した給付が行われる．ただし，メディケア加入者が現役の被用者である場合には補足保障を通した給付が優先される．

序章　本書の課題と意義

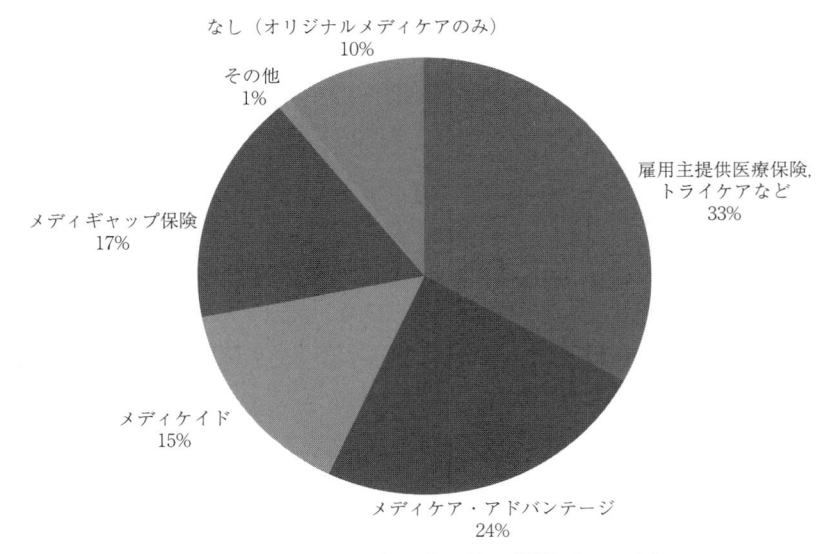

図 0-3　メディケア加入者の補足保障（2008 年）

凡例：
- なし（オリジナルメディケアのみ） 10%
- その他 1%
- メディギャップ保険 17%
- メディケイド 15%
- メディケア・アドバンテージ 24%
- 雇用主提供医療保険、トライケアなど 33%

　図 0-3 は，2008 年におけるメディケア加入者の補足保障の加入状況をまとめたものであり，メディケア加入者の 90% が何らかの補足保障を得ている．

　メディケア加入者の主な補足保障は，雇用主提供医療保険，メディケイド，メディギャップ保険（medigap insurance），メディケア・アドバンテージ（パート C）である．メディケア加入者の 33% が雇用主提供医療保険に加入しており，これらはかつての雇用主から退職者に提供される福利給付である[39]．次に，メディケア加入者の 15% は各州のメディケイドの加入者でもあり，メディケアとメディケイドの両方によって保障されている者は二重対象者（dual eligible）と呼ばれる．さらに，雇用主提供医療保険とメディケ

---

[39]　2010 年には，被用者数が 200 人以上の企業の 28% が退職者に雇用主提供医療保険を提供しており，最近では加入率が減少傾向にある．Henry J. Kaiser Family Foundation and Health Research & Educational Trust（2010），p. 163.

表 0-7　メディギャップ保険の各プランの標準給付（2011 年）

| | A | B | C | D | F[4)] | G | K[5)] | L[5)] | M | N |
|---|---|---|---|---|---|---|---|---|---|---|
| パート A の共同負担と入院費保障[1)] | ○ | ○ | ○ | ○ | ○ | ○ | ○ | ○ | ○ | ○ |
| パート B の共同負担 | ○ | ○ | ○ | ○ | ○ | ○ | 50% | 75% | ○ | ○[6)] |
| 輸血費保障[2)] | ○ | ○ | ○ | ○ | ○ | ○ | 50% | 75% | ○ | ○ |
| パート A のホスピス・ケアの共同負担 | ○ | ○ | ○ | ○ | ○ | ○ | 50% | 75% | ○ | ○ |
| 専門看護施設のサービスの共同負担 | | | ○ | ○ | ○ | ○ | 50% | 75% | ○ | ○ |
| パート A の定額控除 | | ○ | ○ | ○ | ○ | ○ | 50% | 75% | 50% | ○ |
| パート B の定額控除 | | | ○ | | ○ | | | | | |
| パート B の追加請求額の保障 | | | | | ○ | ○ | | | | |
| 海外旅行時の救急医療費の保障[3)] | | | ○ | ○ | ○ | ○ | | | ○ | ○ |

注：1)　メディケアで保障される日数を過ぎた後の 365 日分までの入院費が保障される．
　　2)　3 パイント分までの輸血費が保障される．
　　3)　プランごとに保障額の上限が設定される．
　　4)　F プランには高額定額控除型プランもあり，このプランの加入者は定額控除（2011 年には 2,000 ドル）を支払った後にメディギャップ保険を通して給付を受けられる．
　　5)　K プランの加入者が支払う患者一部負担の年間上限は 4,640 ドルであり，L プランについては 2,320 ドルである．加入者がパート B の定額控除を支払い，なおかつこれらの上限まで患者一部負担を支払った場合，その後に利用したサービスの代金の全額がメディギャップ保険を通して支給付される．
　　6)　N プランの加入者はパート B の共同負担の全額を給付される．ただし，いくつかの規定に該当する医師などのオフィスの訪問に関する 20 ドルまでの共同負担と，入院に至らなかった救急治療室の利用に関する 50 ドルまでの共同負担を除く．
出所：U.S. Department of Health and Human Services, Centers for Medicare and Medicaid Services（2011a）より作成．

イドのどちらからも保障されていない者は，地域保険市場で販売されているメディギャップ保険という個人保険のプランを購入するか，オリジナルメディケアに代えてパート C の民間プランに加入する．表 0-7 に示されるように，メディギャップ保険のプランは連邦基準に基づいて 10 種類に標準化されており，これら以外のプランの販売が禁止されている．それぞれの州政府も，州内の地域保険市場で販売されるメディギャップ保険のプランに関して各種の規制を行っている[40)]．メディギャップ保険の加入率は全体の 17% であり，最近では加入率が減少傾向にあるのに対して，パート C プランの加入率は 24% であり，補足保障としての役割が次第に大きくなっている（第

---

40)　メディギャップ保険に関する公的規制については中浜（2007）を参照．

1章を参照)．残りの10%の人々は補足保障を持たず，メディケアを通して医療サービスを利用した場合には患者一部負担の全額を支払わなければならない．

### (2) メディケイドと地域市場[41]

メディケイドは，連邦政府のCMSによって定められた最低基準や規定をふまえて州政府によって実施される医療扶助であり，メディケアと同様に地域市場を基盤としている．メディケイドは，1965年社会保障法修正法によってメディケアとともに創設された．州政府はメディケイドの実施を義務づけられていないが，現在ではすべての州とワシントンD.C.で実施されている．

州政府は，連邦政府によって定められた最低基準を満たしていれば，メディケイドの資格要件，給付内容，保険料または加入料，患者一部負担，医療機関に支払う診療報酬などを地域の諸条件をふまえて柔軟に設定できる．

第1に，連邦補助金の交付を受けるためには，州政府は以下のカテゴリーに含まれるすべての人々に受給資格を付与しなければならず，それらの人々はカテゴリカリー貧困グループ（categorically needy groups）という．それは，各州で実施されている現金扶助制度の貧困家族一時扶助（Temporary Assistance for Needy Families; TANF）の前身である要扶養子ども家族援助（Aids to Families with Dependent Children; AFDC）の1996年7月16日時点での所得要件と資産要件を満たす世帯で子どもを扶養している世帯，所得がFPLの133%以下である世帯の6歳未満の子どもと妊婦，メディケイドの加入者の女性が出産した1歳未満の子ども，障害者などを対象とする補足的

---

41) メディケイドの制度の内容については，主に以下の資料に基づいている．U.S. Department of Health and Human Services, Centers for Medicare and Medicaid Services（2011b）; U.S. Social Security Administration（2011）; U.S. Department of Health and Human Services, Centers for Medicare and Medicaid Servicesのウェブサイト（https://www.cms.gov/home/medicaid.asp）．

保障所得（Supplemental Security Income; SSI）のほぼすべての受給者[42]，養子または里子の養育扶助制度の受給者，就労や年金の受給による所得の増加に伴い現金扶助や SSI の受給資格を失った者（一定期間のみ受給資格が付与される），所得が FPL の 100% 以下である世帯の 19 歳未満の子どもなどである．

これらに加えて，州政府はカテゴリカリー関連グループ（categorically related groups）に該当する人々に受給資格を付与することで，これらの人々への給付についても連邦補助金を受け取ることが可能であり，それは州政府の裁量に委ねられている．カテゴリカリー関連グループに該当する人々は，所得が FPL の 133% よりも多く 185% 以下の世帯で扶養されている 1 歳未満の子どもと妊婦，1996 年 7 月 16 日時点での AFDC の所得要件や資産要件よりもいくらか寛大な要件を満たす 21 歳未満の子ども，所得が SSI の給付額の 300% 以下である施設入所者や在宅地域を基盤とするウェイバー制度（Home and Community-Based Services waiver programs）の加入者（ウェイバー制度については後述する），各州の CHIP で任意に受給資格を付与されている低所得世帯の子どもなどである．

ただし，メディケイドの受給資格を得るためには本人による申請が前提になっており，資格要件を満たす者であっても申請手続きを済ませない限りは受給資格が認められない．それゆえに，後述する CHIP も含め，医療扶助では有資格者に対するアウトリーチが特に重要である（詳細は第 4 章を参照）．

第 2 に，給付内容についても連邦補助金の交付を受けるための条件があり，州政府は入院医療，医師の診療，21 歳以上の者に対するナーシングホーム（Nursing Home）の入所などを給付内容に含めなければならない[43]．

---

[42] 一部の州政府はメディケイドの資格要件を過去の SSI のそれよりも厳しく設定しており，これらの SSI 受給者はカテゴリカリー貧困グループに該当しない．

[43] さらに州政府は，リハビリテーション，理学療法，ホスピスケア，慢性的な障害を抱える者に対する在宅・地域に基づくケアなどを給付内容に含めることで，これらの給付費も連邦補助金の交付を受けて賄うことができる．ただし，州政府はこれらの医

第3に，州政府はメディケイドの加入者から保険料[44]や患者一部負担を徴収できるが，それらは少額（数ドル程度）でなくてはならない．

　第4に，州政府はウェイバー制度（waiver program）を活用することで，連邦法の規定に縛られずにいっそう柔軟に設計された制度を独自に実施することができる．すでに述べたように，連邦政府は州政府による現金扶助や医療扶助などの実施に関して連邦補助金を交付すると同時に，いくつかの規定を州政府に課している．ウェイバー制度とは，連邦政府がこれらの規定を州政府に課す権利を放棄し，その上で州政府によって実施される実験的な制度である．すなわち，州政府は各種の制度をいっそう柔軟に実施するために，連邦政府による権利の放棄（waiver）を申請し，保健福祉省の長官による承認を受けた後に独自のウェイバー制度を実施するのである[45]．メディケイドに関する主なウェイバー制度は，州政府がメディケイドの業務を各地域の保険会社やマネジドケア組織に委託し，それらの保険会社などが加入者に対して保険給付を行う制度などである．多くの場合，このようなウェイバー制度の下では加入者はメディケイドの民間プランへの加入を義務づけられ，州政府は地域保険市場で民間プランを販売する保険会社などに対して保険料を支払う．資格要件や給付内容などに加えて，州政府は自らの財政状況や地域市場の諸条件などをふまえて，保険料や診療報酬やそれらの支払い方法をかなり柔軟に設定できる（第3章と第4章では，ニューヨーク州ニューヨーク市のメディケイドに関するウェイバー制度について詳しく検討する）．

---

　　療サービスについて入院期間や給付の日数などを柔軟に設定することが可能であり，それらの内容も州ごとに大きく異なる．
44）　メディケイドは必ずしも保険の形態で実施されているわけではないが，アメリカではメディケイドはしばしばメディケアと同様に保険とみなされているので，ここでは保険料とした．
45）　ウェイバーが承認される際には2つの基準がある．第1の基準は費用中立性であり，これはウェイバー制度を実施することで，それを実施しない場合に比べて連邦政府の負担が変化しないことである．第2の基準は厳格な評価であり，これはウェイバー制度の成果に関する調査を独立機関に依頼することである．ウェイバー制度については根岸（2006），94-104頁を参照．

メディケイドの主な財源は州政府の自主財源[46]と連邦政府のマッチング補助金（matching grant）であり，連邦補助金は各州の連邦医療補助率（Federal Medical Assistance Percentage; FMAP）に基づいて交付される．以下の算定式の通り，FMAPは各州の所得水準をもとに算出される．

$$\text{FMAP}(\%) = \left\{1.00 - 0.45 \times \left(\frac{\text{州の1人当たり個人所得}}{\text{全米の1人当たり個人所得}}\right)\right\} \times 100$$

※1人当たり個人所得は過去3年間の平均額である．

所得水準が相対的に高いA州のFMAPが50%とすると，A州の州政府が自主財源を用いて1ドルを支出するのに応じて，1ドルの連邦補助金が州政府に交付される．逆に，州政府の支出額が1ドル減少した場合，連邦補助金の交付額は1ドル減額される．一方で，所得水準が他の州よりも低いB州のFMAPが75%であったとしよう．この場合，B州の州政府は自主財源を用いて1ドルを支出するごとに3ドルの連邦補助金を受け取ることが可能であり，逆に支出額を1ドル減らした場合には3ドルの連邦補助金が減額される．

この例からもわかるように，所得水準が相対的に低い州のFMAPは他の州よりも高くなり，逆に所得水準が高い州のそれは相対的に低くなるように設計されている．連邦補助金の交付額に上限はなく，州政府の支出額に応じて連邦補助金が交付される．ただし，FMAPの下限と上限はそれぞれ50%と83%に設定されている．2008年度には，FMAPはニューヨーク州など13州の50%からミシシッピ州の76.29%まで，26.29ポイントの差が存在する．所得水準が全米平均と同じ州のFMAPは55%であることから，所得水準が相対的に高い州のFMAPは50%以上55%未満の範囲で，所得水準が相対的に低い州のFMAPは55%よりも高く83%までの範囲で設定されている．

---

[46] ただし，州政府の自主財源には連邦資金が含まれている場合もあり，メディケイドに関する政府間財政関係は厳密にはかなり複雑である．

## (3) 子ども医療保険加入支援制度と地域市場[47]

　子ども医療保険加入支援制度（CHIP）は，低所得世帯と貧困世帯の子ども（一部の成人も含む）を対象に，連邦政府の規定や最低基準とメディケイドの制度構造をふまえて州政府によって実施される医療扶助であり，各州のメディケイドや地域市場を基盤とする公的医療保障制度である．CHIP はメディケイドと同じく医療扶助であるが，その名称が示す通り，民間医療保険への加入を促すことで低所得者に医療保障を提供する制度である点が特徴である．CHIP は1997年均衡予算法（Balanced Budget Act of 1997; BBA）によって創設された．メディケイドと同様に，州政府は CHIP の実施を義務づけられていないが，現在ではすべての州とワシントン D.C. で実施されている．制度が創設された当初の名称は州子ども医療保険加入支援制度（SCHIP）であったが，2009年 CHIP 再承認法（Children's Health Insurance Program Reauthorization Act of 2009; CHIPRA）によって名称が CHIP に改められた．1997年 BBA では SCHIP は1998年度から2007年度までの時限立法とされていたが，4回にわたって時限立法による実施期限の延長が行われた後に，この2009年法によって実施期限が2013年9月31日まで延長された．

　州政府は地域市場や地域の諸条件をふまえて CHIP の制度をメディケイドよりもいっそう柔軟に設計することが可能であり，CHIP はメディケイドの子どもに関する所得要件を寛大にすることで実施される統合型，メディケイドとは別の制度を創設して保障を行う独立型，両者の併用型の3通りの方法で実施される．統合型の CHIP の給付内容はメディケイドと同じものでなくてはならず，制度の他の部分にもメディケイドと同様の規定が適用されなくてはならない．それに対して，独立型の CHIP を実施する州は，連邦

---

47) CHIP の制度の内容については，主に以下の資料に基づいている．Congressional Budget Office (2007); U.S. Social Security Administration (2011); U.S. Department of Health and Human Services, Centers for Medicare and Medicaid Services のウェブサイト（https://www.cms.gov/home/chip.asp）．

政府によって定められた資格要件や給付内容や患者一部負担などに関する最低基準を満たしていれば，制度の内容を統合型よりも柔軟に設計できる．すなわち，州政府はメディケイドの規定に縛られずに，保険料，給付内容，患者一部負担，民間プランを販売する保険会社やマネジドケア組織に対して州政府が支払う保険料に関して独自の規定を定めたり，加入者が一定数に達した時点で新たな加入者の資格認定を停止したりすることなどが可能である．民間プランへの加入を前提にメディケイドを実施している州や独立型のCHIPを実施している州では，加入者は地域保険市場で提供されるCHIPの民間プランに加入し，それぞれの民間プランを通して給付を受ける．

CHIPに関する連邦基準は以下の通りである．

第1に，所得がFPLの300%以下である世帯の18歳以下の子どもに受給資格を付与することを条件に，CHIPの連邦補助金が州政府に交付される[48]．

第2に，給付内容に関する規定はCHIPの実施方法によって異なるが，CHIPの給付内容は総じて包括的であり，いずれもメディケイドや地域保険市場において市場シェアが大きい保険プランの給付内容に基づいて設定される．統合型のCHIPの給付内容はメディケイドと同じ内容でなければならない．それに対して，独立型のCHIPの給付内容は表0-8に示されるプランのいずれかに基づいて設定されており，地域市場の性質に基づいて給付内容の設計が行われることが大きな特徴である．ただし，歯科医療の給付は，子どもが加入するすべてのプランの給付内容に含まれなければならない．

第3に，州政府はCHIPの加入者に保険料の支払いや患者一部負担を課

---

[48] 2009年CHIP再承認法（CHIPRA）によって，CHIPの資格要件はいくつかの点で変更された．まず，ジョージ・W. ブッシュ政権期に州政府は入国後の滞在期間が5年に満たない合法移民の子どもと妊婦に対してCHIPの受給資格を付与することを禁止されていたが，それらの人々への受給資格の付与が認められた．さらに，州政府はウェイバー制度を実施せずに妊婦にCHIPの受給資格を付与できるようになった．一方で，妊婦を除く成人の資格要件の設定基準が以前よりも厳格になったほか，子どもの親に対して受給資格を新たに認めることが禁止された．

**表 0-8　独立型の子ども医療保険加入支援制度のモデルプラン**

| |
|---|
| 【1】ベンチマーク・プラン<br>（①～③のいずれかのプラン）<br>　①ブルークロスやブルーシールドが販売している連邦政府職員医療給付制度（FEHBP）の標準的な PPO プラン<br>　②それぞれの州における州政府職員医療給付制度（SHBP）のプラン<br>　③それぞれの州で加入者数が最も多い HMO プラン（メディケイドの加入者を除く） |
| 【2】ベンチマーク相当プラン<br>（①～③のすべての条件を満たしているもの）<br>　①「基礎サービス」[1]の費用を保障していること<br>　②総保険数理価値[2]がいずれかのベンチマーク・プランと同じかそれよりも大きいこと<br>　③「追加サービス」[3]に含まれるそれぞれの医療サービスについて，保険数理価値がベンチマーク・プランの保険数理価値の 75％以上であること |
| 【3】州政府の自主財源を用いた既存プラン[4] |
| 【4】連邦政府の保健福祉省の長官に認可されたプラン |

注：1）　入院医療，病院外来，医師の診療，生化学・レントゲン検査，予防ケア．
　　2）　この場合の総保険数理価値（aggregate actuarial value）とは，加入者が受けた医療サービスに対して支払われる医療費の総額のうち，医療保険を通して給付された医療費の割合である．
　　3）　処方薬，精神保健，眼科医療，耳科医療．
　　4）　CHIP が創設される以前から独自の医療扶助を実施していたニューヨーク州とフロリダ州とペンシルヴェニア州のプラン．
出所：Congressional Budget Office（2007）より作成．

すことができる．給付内容などと同様に，統合型の場合には保険料や患者一部負担はメディケイドと同じ規定に沿って行われなければならず，メディケイドで保険料や患者一部負担が徴収されている場合には，CHIP の加入者もそれらを支払う[49]．それに対して，独立型の CHIP ではメディケイドの規定にほとんど縛られずに保険料や患者一部負担を設定できる[50]．ただし，いずれの場合も予防ケアに患者一部負担を課すことが禁止されている．

---

49）　ただし，所得が FPL の 100％ 未満である世帯の加入者から保険料を徴収することはできず，処方薬や救急時の利用を除く病院でのサービスにのみ少額の患者一部負担を課すことができる．さらに，所得が FPL の 100％ から 150％ 以下である世帯の加入者からも保険料を徴収できず，共同負担は各サービスの料金の 10％ 以下に制限されている．そして，所得が FPL の 150％ を超える世帯の加入者からは保険料を徴収できるが，定率の共同負担は 20％ 以下でなくてはならない．

メディケイドと同様に，CHIP の主な財源も州政府の自主財源と連邦政府のマッチング補助金であるが，州政府への連邦補助金の配分方法がいくつかの点でメディケイドの場合とは異なる．

第 1 に，州政府による CHIP の実施に先立って，それぞれの州政府に交付される連邦補助金の総額が連邦法であらかじめ定められている[51]．

第 2 に，州政府に対する連邦補助金の交付額も年度ごとに定められており，その交付額は，州政府による支出額のみを基準とするメディケイドの連邦補助金の算定方法とは異なり，各州の医療価格の水準と医療扶助のニーズに基づいて決定される[52]．医療価格と医療ニーズの水準が相対的に高い州の州政府が相対的に多額の連邦補助金を獲得することが可能であり，連邦補助金は，地域の諸条件や地域市場の多様性をふまえて CHIP の実施を促す役割を果たしている．なお，ある州の支出額が当初の計画を上回って膨張したとして

---

50) ただし，加入者から徴収する保険料と患者一部負担の金額は加入者の年間所得の 5% を超えてはならない．所得が FPL150% 未満の世帯の子どもについて，保険料の金額がメディケイドの上限を超えてはならず，患者一部負担も少額でなくてはならない．所得が FPL の 150% を超える世帯の加入者からは保険料の徴収が可能であり，定率の共同負担は 20% 以下であれば設定できる．

51) 1997 年 BBA によって CHIP（当時は SCHIP）が創設された際には，1998 年度から 2007 年度までの CHIP の連邦補助金として 397 億ドルの財源が確保されるとともに，連邦補助金の総額が年度ごとに設定された．その後，2005 年赤字削減法（Deficit Reduction Act of 2005; DRA）などによって連邦補助金の追加支出が行われ，さらに 2007 年メディケア・メディケイド・SCHIP 延長法（Medicare, Medicaid, and SCHIP Extension Act of 2007; MMSEA）によって，2008 年度と 2009 年度にそれぞれ 50 億ドルの連邦補助金の支出が決定された．そして，2009 年 CHIP 再承認法（CHIPRA）による CHIP の再承認に伴い，2009 年度から 2013 年度の前半までに交付される 328 億ドルの連邦補助金と各年度の支出額が設定された．同時に，MMSEA によって定められた 2009 年度の連邦補助金の総額が増額された．2009 年 CHIP 再承認法（CHIPRA）については 2009 年 9 月 16 日付の Federal Register, Vol. 74, No. 178 を参照．

52) 1998 年度から 2008 年度までの期間には，州政府への交付額は各州の医療価格の水準（医療サービス業の被用者 1 人当たりの年間賃金）と医療扶助のニーズ（低所得世帯の子どもや無保険の子どもの数）に基づいていた．その後，CHIP の算定方法は段階的に変更されたが，医療価格と医療ニーズの地域差に基づいて定額の連邦補助金を交付するという特徴は現在でも存続している．

も，後述する連邦補助金の再配分を除いて，連邦補助金の交付額は増額されない．

第3に，州政府はCHIPの支出額に割増連邦医療補助率（enhanced Federal Medical Assistance Percentage; eFMAP）を乗じた金額を，連邦補助金を用いて支出することが可能であり，残りの支出額は州政府の財源で賄われる．以下の算定式の通り，各州のeFMAPはFMAPよりも高く設定される．

$$\text{eFMAP}(\%) = \text{FMAP} + (100 - \text{FMAP}) \times 0.3$$

ただし，eFMAPの下限と上限はそれぞれ65%と85%に定められている．2008年度には，各州のeFMAPはカリフォルニア州やニューヨーク州など13州の65%からミシシッピ州の83.4%までの範囲に位置しており，18.4ポイントもの差が存在する．

第4に，州政府は交付された年度から翌年度までの2年間で連邦補助金を支出しなければならず，期間内に支出されなかった連邦補助金の支出枠は，期間内にすべての連邦補助金を使い切った州政府へと次年度に再配分される．それぞれの州政府に対する再配分の金額は，年度ごとに異なる方法で算出される．州政府は再配分された連邦補助金をその年度内にのみ支出することが可能であり，年度内に使われなかった資金は連邦政府に返納される[53]．

以上のような連邦補助金の配分方法が州財政に及ぼす影響は，各州におけるCHIPの実施方法，CHIPとメディケイドの関係，そして何よりも地域市場の性質によって異なる．統合型のCHIPを実施している州は，再配分

---

53) ただし，連邦補助金は州政府による支出が行われた後に，四半期ごとに州政府からの請求に応じて交付されるので，返納が行われる場合にも州政府からの連邦政府への資金の移動は発生しない．CHIPの連邦補助金について，詳しくはCongressional Budget Office (2007); 2009年9月16日付のFederal Register, Vol. 74, No. 178; Henry J. Kaiser Family Foundation, Kaiser Commission on Medicaid and the Uninsured/Georgetown University Center for Children and Families, Health Policy Institute (2009); 中浜 (2009) を参照．

も含めて CHIP の連邦補助金を使い果たした後にも，メディケイドの連邦補助金を用いて同じ者に医療保障を行うことが可能である．その場合に州政府が受け取る連邦補助金の補助率は FMAP と同じであり，eFMAP よりも補助率が下がる．とはいえ，統合型の CHIP にはこのような利点が存在する．それに対して，独立型の CHIP はメディケイドとは別建ての制度であるがゆえに，州政府はメディケイドの連邦補助金を用いて医療保障を継続することができない．その代わり，州政府は独立型の CHIP において，加入者数の上限の設定や加入者から徴収する保険料の引き上げなど，支出の膨張を防ぐための数々の手段を実行できる．しかも，独立型の CHIP を実施する州政府は加入者をメディケイドに移すという選択も可能であり，州政府は独立型を採用することで統合型よりも柔軟な財政運営を行うことが可能である[54]．州政府は，統合型と独立型のそれぞれの利点をふまえて，それらが地域市場の活用にうまく結びつくように CHIP を運営しようとしているのである．

　以上のそれぞれの地域市場における多様な医療保険プランのあり方や，それを前提とする公的医療保障の制度設計の内容をふまえて，メディケアと医療扶助の再編に関して地域の具体的な現実に即して検討を行う．

---

54)　Congressional Budget Office (2007), p. viii.

# 第1章
# メディケアのプライバタイゼーションと地域市場

　本章の課題は，2003年処方薬改善現代化法（Medicare Prescription Drug, Improvement, Modernization Act of 2003; MMA）によるメディケアの改革を，地域市場の構造変化に即したプライバタイゼーションの推進策としてとらえ，その条件と意義を明らかにすることである．MMAによるメディケア改革の目的は単なる処方薬給付の追加ではなく，地域市場の活性化を通して，各地域の保険会社やマネジドケア組織によって販売されるマネジドケアプランへの加入を促すことであった．連邦政府は，地域市場で販売される民間プランへの加入を促すことでマネジドケアの仕組みをメディケアに導入し，無駄な給付の削減や効率化を通してメディケア支出の抑制を実現しようとした．このようなメディケアのプライバタイゼーションはメディケアの信託基金財政の動向と表裏一体の関係にあり，それは財政支出額の膨張を伴いながら実施された．

　本章では，2003年MMAによるメディケア改革に至るまでの経緯を整理し，MMAの審議過程で示された論点と改革の内容を確認した上で，メディケア改革が地域市場に及ぼした影響をメディケアの信託基金の財政状況との関係に着目して考察する．このような考察を通して，MMAによる改革の主眼がメディケアのプライバタイゼーションであり，多額の財政資金を地域市場に投入することがその重要な条件であったことを明らかにする．

## 1. 2003年メディケア改革の背景

1990年代後半以降に処方薬支出が膨張し，それと並行してメディケア加入者の補足保障における処方薬給付が削減されたことを背景として，メディケアにおける処方薬給付の追加が課題になった．はじめに，メディケアに処方薬給付が追加されるに至るまでの経緯を考察する．

### (1) 処方薬支出の膨張

1990年代後半から2000年代初頭にかけて，処方薬支出は国民医療支出の増加速度を上回る勢いで膨張した．図1-1に示されるように，国民医療支出の対前年度比増加率は1990年以降に次第に小さくなり，処方薬支出のそれも1990年の26.3%をピークに1993年には11.8%にまで減少した．国民医療支出の増加幅は1997年以降に再び拡大しはじめたが，それが1990年代初

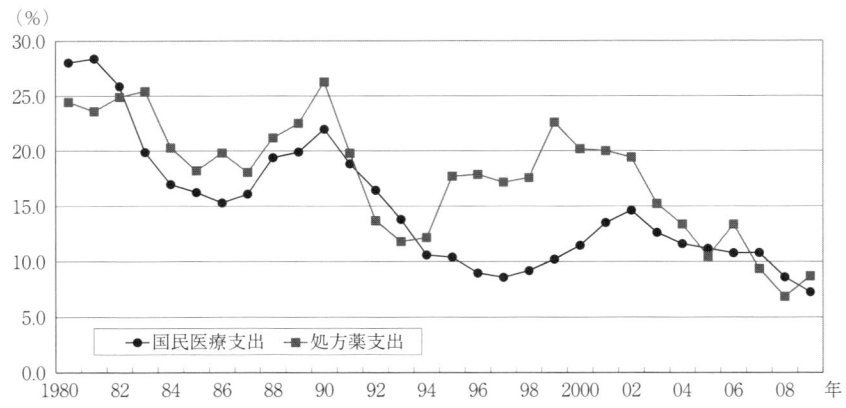

注：*消費者物価指数（医療）を用いた実質額．1982年から1984年の加重平均を100とした．
出所：U.S. Department of Health and Human Services. Centers for Medicare and Medicaid Services のウェブサイト（http://www.cms.gov/nationalhealthexpenddata/02/nationalhealthaccountshistorical.asp）；U.S. Bureau of Labor Statistics のウェブサイト（http://data.bls.gov/pdq/SurveyPutputServlet）より作成．

図1-1　国民医療支出と処方薬支出の対前年比増加率の推移

頭の水準にまで戻ることはなく，2000年代のピークである2002年の増加率も14.6％にとどまった．一方で，処方薬支出は1994年以降に国民医療支出を大きく上回る速度で増加し，特に1995年から2002年の期間には，その増加率は国民医療支出のそれよりも6.5ポイント以上も大きかった．2002年の処方薬支出の増加率も，国民医療支出のそれを4.8ポイントも上回っていた．

### (2) 補足保障の加入率の減少

処方薬支出の膨張と並行して，メディケア加入者の補足保障の加入率は減少していった．表1-1は，1996年から2003年までの期間のメディケア加入者に占める補足保障の加入者数の割合の推移を整理したものである．

第1に，メディケア加入者の補足保障の要である雇用主提供医療保険の加入率は，1996年には35.2％であったが2000年には32.9％にまで2.3ポイント減少した．その後も加入率が大きく増えることはなく，2003年の加入率は33.3％になり，それは1996年の加入率よりも1.9ポイント低かった．

第2に，メディギャップ保険の加入率も減少し，その減少幅は雇用主提供

**表1-1　メディケア加入者に関する補足保障の加入率の推移**

(千人，％)

| | | 1996 | 1997 | 1998 | 1999 | 2000 | 2001 | 2002 | 2003 |
|---|---|---|---|---|---|---|---|---|---|
| 人数 | 雇用主提供医療保険 | 13,029 | 12,847 | 12,794 | 12,818 | 12,643 | 12,908 | 13,262 | 13,351 |
| | メディギャップ保険 | 10,206 | 9,295 | 8,759 | 8,551 | 8,575 | 9,067 | 9,085 | 9,294 |
| | メディケアのパートC | 4,133 | 5,165 | 5,970 | 6,830 | 6,906 | 6,098 | 5,248 | 4,984 |
| | メディケイド | 4,660 | 5,032 | 5,206 | 4,807 | 4,989 | 5,345 | 5,589 | 6,124 |
| | その他 | 476 | 526 | 598 | 618 | 610 | 662 | 735 | 696 |
| | なし（オリジナルメディケアのみ） | 4,509 | 4,392 | 4,308 | 4,411 | 4,669 | 4,863 | 5,661 | 5,676 |
| | 合計 | 37,013 | 37,257 | 37,633 | 38,035 | 38,390 | 38,943 | 39,576 | 40,125 |
| 構成比 | 雇用主提供医療保険 | 35.2 | 34.5 | 34.0 | 33.7 | 32.9 | 33.1 | 33.5 | 33.3 |
| | メディギャップ保険 | 27.6 | 24.9 | 23.3 | 22.5 | 22.3 | 23.3 | 23.0 | 23.2 |
| | メディケアのパートC | 11.2 | 13.9 | 15.9 | 18.0 | 18.0 | 15.7 | 13.3 | 12.4 |
| | メディケイド | 12.6 | 13.5 | 13.8 | 12.6 | 13.0 | 13.7 | 14.1 | 15.3 |
| | その他 | 1.3 | 1.4 | 1.6 | 1.6 | 1.6 | 1.7 | 1.9 | 1.7 |
| | なし（オリジナルメディケアのみ） | 12.2 | 11.8 | 11.4 | 11.6 | 12.2 | 12.5 | 14.3 | 14.1 |
| | 合計 | 100.0 | 100.0 | 100.0 | 100.0 | 100.0 | 100.0 | 100.0 | 100.0 |

出所：U.S. Deaprtment of Health and Human Services, Centers for Medicare and Mediaid Services, *Medicare Beneficiary Survey, various issues* より作成．

医療保険のそれよりも大きかった．その加入率は，1996年には27.6%であったが2003年には23.2%になり，この期間に4.4ポイントも減少した．

　第3に，雇用主提供医療保険やメディギャップ保険とは逆に，メディケア加入者のうちメディケイドにも加入している二重対象者（dual eligible）の割合は増加する傾向にあったが，それは雇用主提供医療保険やメディギャップ保険の加入率の減少分を補うほどのものではなかった．メディケア加入者に関するメディケイドの加入率は1996年から2003年の期間に12.6%から15.3%へと2.7ポイント増えたが，雇用主提供医療保険とメディギャップ保険の加入率はあわせて6.3ポイントも減少し，その減少幅はメディケイドの加入率の増加幅を3.6ポイント分も上回った．

　第4に，メディケアのパートCの加入率は1996年から2003年にかけて11.2%から12.4%へと1.2ポイント増えたが，その変動は他の補足保障よりも激しく，かなり不安定な動向であった．その加入率は1996年から1999年にかけて6.8ポイントも増加したが，1999年と2000年の18.0%をピークに減少し，2003年には12.4%にまで減少した．後述するように，こうしたパートCの加入率の急速な減少は，1997年均衡予算法（Balanced Budget Act of 1997; BBA）によるメディケア改革と大きく関連していた．

　第5に，これらの結果，いずれの補足保障にも加入せず，オリジナルメディケアの保障しか得ていない者の数は次第に増加していった．メディケア加入者のうち，いずれの補足保障も持たない者の割合は，1996年には12.2%であったが2003年には14.1%になり，この期間に1.9ポイント増えた．

### (3)　補足保障の処方薬給付の削減と加入者の負担額の増加

　補足保障の加入率が減少したことに加えて，補足保障を通した処方薬給付も削減される傾向にあった．以下に述べるように，処方薬給付の削減は大部分の補足保障で行われた（メディケアのパートCについては後に詳述）．

　第1に，医療費の膨張とグローバリゼーションを背景に，企業の国際競争力の確保を目的とする企業保障の再編が進むにつれて，多くの雇用主が退職

者医療給付に関する自らの負担を退職者にシフトさせるようになり[1]，特にそれは退職者による処方薬費の負担額の増加としてあらわれた．雇用主から退職者への負担のシフトは，保険料のいっそう大きな割合を退職者に課すことに加えて，患者一部負担の要件を厳格化するという手段を通しても行われた．すなわち，退職者は給付を受ける際に，以前よりも多額の定額控除や共同負担の支払いを求められるようになったのである．

　処方薬支出の膨張が続く中で，退職者に処方薬保障を行う雇用主の割合は次第に減少し，それも退職者による処方薬費の負担額を増加させた．Stuart et al. (2003) によると，雇用主から処方薬保障を受けている 65 歳から 69 歳の退職者の割合は，1996 年には 40% であったが 2000 年には 35% になり，この 5 年間で 5 ポイントも減少した[2]．またヘンリー・J. カイザー・ファミリー財団（Henry J. Kaiser Family Foundation）は，被用者数 200 人以上の企業の雇用主を対象に，退職者向けの雇用主提供医療保険に関するアンケート調査を 2001 年に実施した．その調査によると，雇用主の 32% が加入者による処方薬費の自己負担の金額を引き上げたと回答しており，さらに雇用主の 51% がそうした引き上げを計画していると答えている[3]．

　第 2 に，メディギャップ保険の加入率は保険料の急増に伴い減少していったが，そもそもメディギャップ保険を通した処方薬費の保障はあまり充実した内容ではなかった．序章で述べたように，現在ではメディギャップ保険で処方薬保障を行うことが禁止されているが，当時は H プランと I プランと J プランが処方薬保障を行っていた．それらのプランの加入者が処方薬給付を受けるためには，年間 250 ドルの定額控除と 50% の共同負担を支払わなければならなかった．しかも，年間の給付額には上限が設定されており，H プランと I プランの給付の上限は年間 1,250 ドルであり，J プランのそれも

---

1) 長谷川（2010a）は，ゼネラルモーターズ（General Motors）社の定額給退職者に提供されていた退職者医療給付の削減について詳細に検討しており，それが他の企業における給付の削減を促す要因になったことを示唆している．
2) Stuart et al. (2003), pp. w3.336-w3.338.
3) Henry J. Kaiser Family Foundation (2002), pp. 10-1.

年間3,000ドルであった．つまり，HプランやIプランよりも上限が高く設定されているJプランの加入者でさえ，最高額の3,000ドルの給付を受けるためには，6,250ドルの処方薬費の52%に相当する3,250ドルを負担しなければならなかったのである[4]．保険料の負担額の増加とともに，このような高額の自己負担はメディケア加入者にとって厳しい条件であったといえよう．

実際にこれらのプランの加入者も少なく，地域保険市場で販売されていたプランの数も処方薬保障を伴わないプランに比べてかなり少なかった．会計検査院（General Accounting Office）[5]が1999年の実績に基づいて実施した調査によると，メディギャップ保険の加入者のうち，処方薬保障を伴ういずれかのプランに加入していた者の割合は8%しかいなかった．ニューヨーク州の地域保険市場で販売されていたJプランは1種類だけであり，ロードアイランド州ではHとIとJのいずれのプランも1種類しか販売されていなかった．デラウェア州ではHプランが1種類も販売されておらず，ヴァーモント州ではIプランが販売されていなかった[6]．

第3に，各州のメディケイドは処方薬給付を行っているが，その受給資格は低所得者や貧困者などの一部の人々にしか認められておらず，しかも処方薬支出の膨張と州財政の逼迫を背景に，いくつかの州でメディケイドの処方薬給付を削減する動きが現れた．多くの州政府は自主財源を用いて州薬剤扶助制度（State Pharmacy Assistance Program; SPAP）も独自に実施していたが，それらの対象も一部の者に限られており，給付水準も低所得層や貧困層の多くの高齢者にとって不十分であった．さらに，州政府の財政状況が逼迫するにつれて薬剤扶助制度の給付の削減が検討されはじめるなど，薬剤扶助制度による処方薬保障も不安定であった[7]．

多くの補足保障で処方薬給付が削減された結果，処方薬費はメディケア加

---

4) Boccuti and Moon (2003), pp. 1-4.
5) 現在ではGeneral Accountability Officeに名称が変更されている．
6) U.S. General Accounting Office (2001a), pp. 7-12.
7) Safran et al. (2002). 州薬剤扶助制度についてはU.S. General Accounting Office (2000b); National Health Policy Forum (2004) を参照．

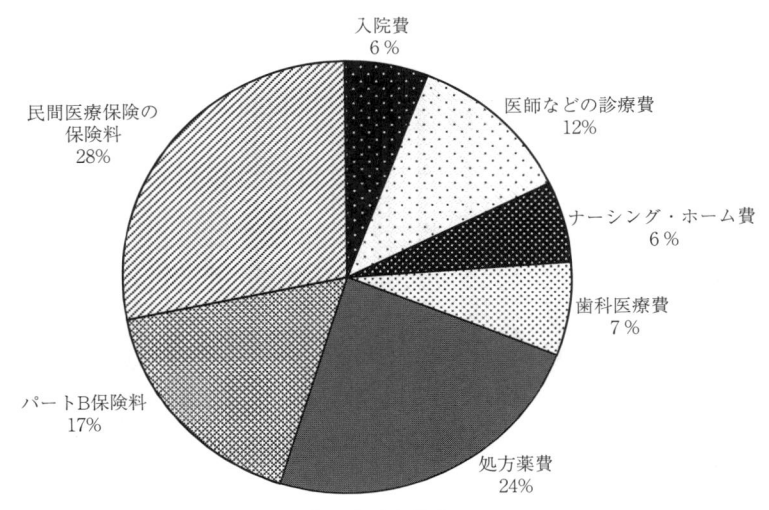

第1章 メディケアのプライバタイゼーションと地域市場　　65

入院費 6%
医師などの診療費 12%
ナーシング・ホーム費 6%
歯科医療費 7%
処方薬費 24%
パートB保険料 17%
民間医療保険の保険料 28%

出所：AARP Public Policy Institute (2004) より作成.

図1-2　メディケア加入者の自己負担の構成 (2003年)

入者による自己負担のますます大きな割合を占めるようになった．図1-2 に示されるように，2003年にはメディケア加入者の自己負担の24%が処方薬費に充当され，処方薬費は保険料の支払いを除く医療サービスの自己負担としては最大の費目であった．メディケア加入者1人当たりの自己負担の平均額は3,455ドルであり，そのうち約830ドルが処方薬に費やされていた[8]．

### (4) 1997年法によるメディケア改革と地域市場の停滞

補足保障の中でも，メディケア加入者のうちパートCプランに加入している者の割合の減少や，各プランにおける保障水準の引き下げは特に激しい形で現れた．

後に詳しく述べるように，パートCの加入率は1999年をピークに減少したが，それはメディケアの信託基金の財政危機や，1997年均衡予算法

---

8) AARP Public Policy Institute (2004), p. 1.

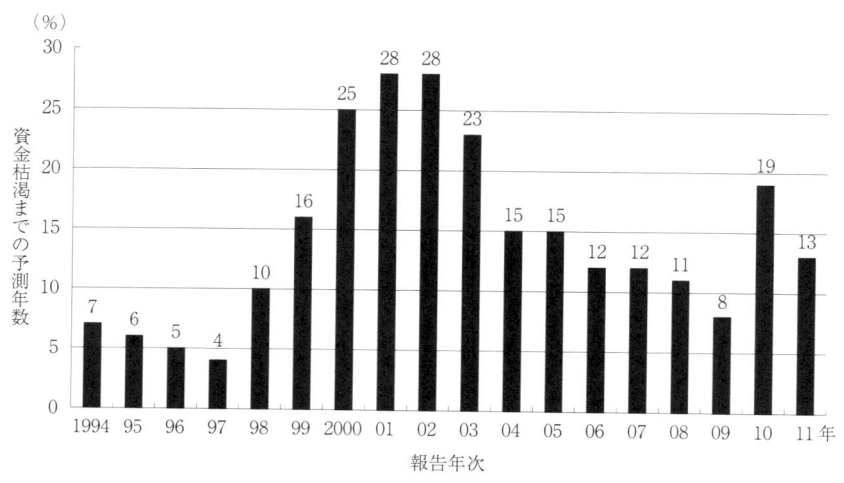

図 1-3　メディケア HI 信託基金の持続可能性（資金枯渇までの予測年数の推移）

出所：Boards of Trustees, Federal Hospital Insurance and Federal Supplementary Medical Insurance Trust Funds, *Annual Report of the Boards of the Trustees of the Federal Hospital Insurance and Federal Supplementary Medical Insurance Trust Funds*, various issues より作成．

（BBA）に基づくメディケアの財政再建策と密接に関係していた．図 1-3 は，メディケアの HI 信託基金の資金が枯渇するまでの予測年数について，信託基金の理事会（Boards of Trustees）が年次報告書で示してきた試算の結果を整理したものである．1994 年から 1997 年にかけて HI 信託基金の財政状況は悪化し，その資金が枯渇するまでの予測年数は 1 年ごとに 1 年ずつ短期化していった．1997 年の報告書では，HI 信託基金の資金が 4 年後の 2001 年に枯渇するという見通しが示され，メディケアの財政再建を早急に実現する必要性が指摘された[9]．それを受けて，1997 年に BBA が制定され，HI 信託基金の財政再建策が段階的に実施されることになった．

BBA によるメディケアの改革は多岐にわたる内容であったが，HI 信託基金の財政再建策として特に重要なのは，パート C という新たな部門の創

---

9)　Board of Trustees (1998).

設と，パートCのマネジドケア型の民間プランを販売する保険会社やマネジドケア組織に連邦政府が支払う保険料の実質的な引き下げであった．

第1に，BBAが制定される以前には，「メディケアHMO（Medicare HMO）」という制度がメディケアの加入者に対して民間プランに加入する選択肢を提供していたが，BBAによって加入者に民間プランへの加入をいっそう促すことを目的に，パートCという新たな部門が創設された．それは「メディケア・プラス・チョイス（Medicare＋Choice）」という名称で1998年から実施された．

それに伴い，保険会社やマネジドケア組織は，メディケアHMOで認められていたHMOプランやPOSプランなどに加えて，PPOプラン，PSO（Provider Sponsored Organizations）プラン，民間出来高払制（Private Fee-For Services; PFFS）プランなどの新たな種類のマネジドケアプランをメディケアの民間プランとして販売することを認可され，加入者がこれらのマネジドケアプランに加入できるようになった．PSOプランは，医師や病院などの医療提供組織の連合体が保険会社などを介さずに連邦のメディケア・メディケイド・サービス・センター（Centers for Medicare and Medicaid Services; CMS）と直接に契約を交わし，医療機関によって運営される保険プランである．一方でPFFSプランは，出来高払制（FFS）に基づく医療機関への診療報酬の支払いと，医療機関のネットワーク化をはじめとするマネジドケアの手法を併用するプランである．民間プランの多様化を通して，保険会社やマネジドケア組織が各地域のパートC市場に参入し，魅力的な内容と豊富な種類のマネジドケアプランが販売されることで，メディケア加入者の民間プランへの加入も促されることが期待された．

第2に，連邦政府から保険会社やマネジドケア組織に支払われるパートCの保険料の算定方法が変更され，保険料の実質的な引き下げが行われた．そもそも，メディケアにおける民間プランの活用は，地域保険市場で厳しい競争にさらされている保険会社やマネジドケア組織がマネジドケアプランを通して，連邦政府よりも効率的に医療給付を行うことができるという認識に基

づいていた．すなわち，保険会社などが自らの効率性を発揮して費用節約的に給付を行うとともに，他の保険会社などよりも多くの加入者を自らのマネジドケアプランに加入させるために，オリジナルメディケアでは行われていない追加給付を行うことが期待されたのである．パート C の創設のねらいは，より多くの加入者をマネジドケアプランに加入させることで効率性を高め，その結果としてメディケア支出の抑制を実現することであった．

BBA による改革が行われる以前の 1997 年までは，メディケア HMO の民間プランに関する保険料は，それぞれの市や郡におけるオリジナルメディケアの支出額をもとに算出される調整後 1 人当たり平均費用（Adjusted Average Per Capita Costs; AAPCC）から 5% 分を差し引いた金額（AAPCC の 95%）として設定されていた．すなわち，各地域の AAPCC は，各地域におけるオリジナルメディケアの加入者 1 人当たり平均支出額の見積額に，年齢や性別などに基づくリスク調整の係数を乗じることで算出された．その上で，各地域におけるメディケア HMO の保険料は，AAPCC から 5% 分を差し引いた金額として設定された．すなわち，保険会社やマネジドケア組織はマネジドケアプランを通して，オリジナルメディケアよりも効率的に給付を行うことが可能であるという認識の下で，メディケア HMO の保険料の水準はオリジナルメディケアの平均費用よりも低く設定されたのである．このような仕組みを通して，連邦政府の支出額の抑制が目指されていた．

しかし，保険会社やマネジドケア組織に対して実際に支払われていた保険料の金額は，オリジナルメディケアの加入者 1 人当たり平均支出額を上回り，メディケアの効率化をねらいとするメディケア HMO に問題が生じていることが指摘された．すなわち，保険会社やマネジドケア組織は，相対的に傷病のリスクが高い者を排除しようとする危険選択（risk selection）を厳格に適用し，または相対的に健康な者のみを加入させようとするクリーム・スキミング（cream skimming）を行っており，結果として連邦政府は，それらの保険会社やマネジドケア組織に，実際の給付費に対して過大な保険料を支払っている可能性が指摘されたのである[10]．

それに加えて，メディケア HMO の保険料の算定方法にも問題が指摘された．メディケア HMO の保険料は各地域のオリジナルメディケアの支出額に基づいて算出されていたので，それぞれの地域でオリジナルメディケアの支出額が増加していくにつれて保険料の金額も増えていった．マネジドケアプランの活用を通してメディケアの効率化を実現し，連邦政府の支出額を抑制するために，保険料の算定方法の変更も課題になった．

　BBA による改革の結果，パート C に関する保険料は以下のような算定方法に基づいて設定されることになった．1998 年以降には，各地域のパート C の保険料は，①最低限の金額（floor payment rate），②前年の保険料に最低限の増加幅の 2% 分を加算した金額（minimum update rate），③地域ごとに設定される金額と支出額の全米平均をもとに設定される金額の両方をふまえて調整された金額（blended rate）のうち，最も高い金額として設定されることになった．それと同時に，加入者の健康状態が新たなリスク調整の要因として加えられることで，危険選択の厳格な適用の緩和またはクリーム・スキミングの防止が図られた．

　最も重要なのは，各地域のパート C の保険料とオリジナルメディケアの支出額の関係が弱められ，それが保険料の実質的な引き下げをもたらすことである．確かに，保険料の最低額（1998 年には 367 ドル）が設定されたこと，少なくとも前年の保険料よりも 2% 分も高い金額（前年の保険料の 102%）が保障されたこと，支出額の全米平均をもとに保険料が設定される側面が強まったことは，改革が行われる以前に保険料の水準が相対的に低かった多くの非都市部にとっては保険料の引き上げにつながる．一方で，主に都市部ではオリジナルメディケアの支出額が非都市部よりも高く，しかも毎年の支出額の増加幅も相対的に大きかった．それゆえに，都市部のメディケ

---

10） Smith（1997），p. 2. Christensen（1998）は，メディケア HMO の民間プランを販売する保険会社やマネジドケア組織に対して支払われた保険料が，オリジナルメディケアの平均支出額よりも 6% 分から 8% 分も高かった可能性について言及している．Christensen（1998），p. 225.

ア HMO の保険料は非都市部よりも高く設定され，その金額は急速に増加した．BBA による改革は，オリジナルメディケアの支出額の膨張がパートCの保険料の増加に直接に結びつくような従来の算定方法を変更し，オリジナルメディケアの支出額とは別に保険料を設定する新たな方式をそれに導入するものであった．そのねらいは，都市部を中心とする地域の保険料を実質的に引き下げることであったといえよう[11]．

これらの改革によって，加入者が選択できるパートCのマネジドケアプランの種類を増やして民間プランへの加入を促すとともに，パートC保険料の実質的な引き下げを行うことで，メディケアの効率化が実現し，連邦政府によるメディケア支出が抑制されることが期待されたのである．

BBA による改革の結果，1998 年以降には支出額の増加速度が大幅に抑制され，メディケアの HI 信託基金の財政再建という政策目標が達成された．図 3-3 に示されるように，1998 年以降には HI 信託基金の資金が枯渇するまでの予測年数が延長し，それは 2001 年と 2002 年には 28 年にまで達した．このような財政状況の好転は，議会予算局（Congressional Budget Office; CBO）による当初の予測[12]を大幅に上回るものであった．

しかし，それと同時に，パートCの実施に関して新たな問題が生じた．その問題とは，BBA による改革を通してパートCの保険料が実質的に引き下げられた後に，パートCの民間プランを販売していた保険会社やマネジドケア組織による地域市場からの撤退（withdrawal）が相次いだことである．そのような撤退は非都市部を中心に発生し，メディケア加入者に提供されるパートCプランの数は多くの地域で大きく減少した[13]．その結果，大半の非都市部の地域保険市場でパートCプランが1種類も販売されていないと

---

11) BBA によるメディケア改革の内容とその財政面での影響については Smith (1997); Moon et al. (1997); Christensen (1998) を参照．
12) CBO による 1997 年の試算では，HI 信託基金の資金が枯渇するまでの予測年数は 2001 年から 2007 年にまで延長される見通しであった．Congressional Budget Office (1997), p. 24.
13) Casey et al. (2002), pp. 195-6.

いう事態が発生し，2002年には非都市部に住むメディケア加入者の87.2%がパートCプランへのアクセスを持っていなかった[14]．さらに，多くの地域ではパートCプランに関して保険会社やマネジドケア組織との契約を打ち切る医師が続出し，それも非都市部を中心にパートCの不安定性を強めた[15]．

地域市場からの保険会社やマネジドケア組織や医療機関の撤退は，パートCの保険料の引き下げによって，地域市場における事業の安定性が損なわれたという懸念が強まったことによるものであった．BBAによる改革を通して，主に非都市部の保険料の引き上げが期待されたにもかかわらず，実際には保険料の引き下げが多くの地域で発生し，それが撤退の大きな理由になったのである．Stuber et al. (2001) は，テキサス州ヒューストン市，カリフォルニア州ロサンゼルス市，フロリダ州タンパ市などの7つの都市を対象に，2000年から2001年の間に発生した保険会社やマネジドケア組織によるパートC市場からの撤退に関する調査の結果をまとめたものである．この調査の結果，保険料の引き下げが撤退の要因であり，それが地域市場におけるパートCの事業の継続を困難にしたという懸念に結びついたことが明らかになった[16]．それに加えて，すでに述べたように非都市部の保険料の水準は都市部のそれよりも低く，非都市部のパートC市場も魅力的な市場とはみなされなくなったがゆえに，保険会社などがパートC市場から続々と撤退した[17]．

地域保険市場からパートCプランが次々と消失していった結果，メディケア加入者のうちパートCプランに加入する者の割合は急速に減少した．図1-4に示されるように，パートCの加入率は1999年度には17.9%であったが2003年には12.9%になり，この4年間で5.0ポイントも減少した．

---

14) Dallek et al. (2002), p. 1.
15) Dallek and Andrew (2002).
16) Stuber et al. (2001).
17) Casey et al. (2002).

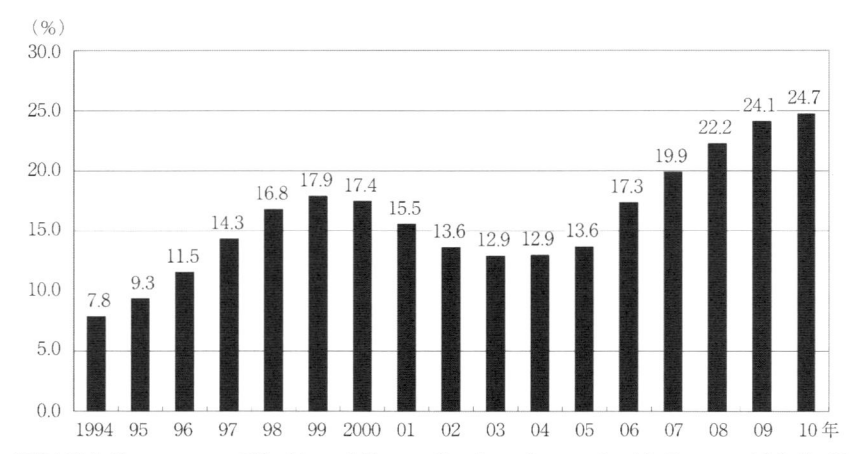

出所：U.S. Department of Health and Human Services, Centers for Medicare and Medicaid Services, *Health Care Financing Review Annual Statistical Supplement, various issues* より作成.

図 1-4　メディケアにおけるパート C の加入率の推移

　パート C 市場の停滞と加入率の減少に加えて，処方薬給付などの削減を行う民間プランが続出し，パート C プランの補足保障としての役割も後退していった．給付の削減は，処方薬給付を受けた場合に加入者が支払わなければならない患者一部負担の引き上げや，給付の対象となる薬剤の種類を減らすなどの方法で行われた．加入者から追加の保険料を徴収する民間プランも次第に増加し，それは給付の削減と相まって，メディケアにおけるパート C の加入率を減少させる要因であった[18]．

　パート C の保険料は，1999 年メディケア・メディケイド・SCHIP 均衡予算修正法（Medicare, Medicaid, and SCHIP Balanced Budget Refinement Act of 1999; BBRA）と 2000 年メディケア・メディケイド・SCHIP 給付改善保護法（Medicare, Medicaid, and SCHIP Benefits Improvement and Protection Act of 2000; BIPA）によっていくらか引き上げられたが，それにもかかわらずパート C の加入率は減少し続けた．これらの保険料の引き上げがパート

---

18)　Achman and Gold（2002）; Achman and Gold（2003）.

Cプランの給付内容の改善やプランの販売数の増加に結びつくこともほとんどなく，パートC市場の停滞状況は深刻化していった[19]．

　以上のような経緯を経て，処方薬給付の追加とパートCの再建を軸にメディケアの改革が本格的に検討されることになった．これらの改革についてはクリントン政権の末期から議会で検討されてきたが，本格的な議論はブッシュ政権の発足後に行われた．次に，2003年MMAの成立に先駆けて行われた第108議会の公聴会の証言記録を手掛かりとして，MMAによるメディケア改革の論点を明らかにする．

## 2. 2003年メディケア改革の論点

### (1) メディケアの「強化・改善・現代化」

　はじめに，2003年6月6日に行われた上院財政委員会の公聴会の証言記録を考察する．論題は「メディケアの強化と改善」であり，民間プランを主軸とする処方薬保障の創設とその意義に関して重要な証言が行われた．

#### グラスリー議長の開会演説

　アイオワ州の選出の共和党員であるチャールズ・E. グラスリー（Charles E. Grassley）議長は，開会演説の中でメディケア改革の意義に関する重要な証言を行った．グラスリー氏は最初に，「これは1965年の制度の創設から初めての主要な改革になるであろう」と宣言し，審議中のメディケア改革の意義を最大限にアピールした上で，以下のように述べている．

> 多くの者が，連邦政府職員医療給付制度（Federal Employees Health Benefits Program; FEHBP）をメディケアのモデルとしている．私の出身地のような非都市部の州も含めて，全米の連邦職員は民間医療プラン

---

19) U.S. General Accounting Office (2001b).

の選択肢を持っている．それらのプランの多くはPPOプランまたは我々がPPOと呼ぶものである．PPOが提供する（医療の）高い質やイノベーションをもってすれば，そのような（PPOプランという）オプションをメディケアの加入者のために発展させることで，メディケア・プログラムの強化と改善が可能であることを多くの者が信じている（括弧内の日本語は引用者による補足）[20]．

すなわち，グラスリー議長によると，「メディケアの強化と改善」とは単なる医療保障の充実やそれを実現するための財源の確保ではなく，全米の各地域に住む加入者に対してマネジドケア型の民間プランを選択できるような仕組みをつくることである．さらにグラスリー氏は，PPOプランを主力とする豊富な民間プランの選択肢をすべての加入者に提供しているFEHBPを，「メディケアの強化と改善」を実現するためのモデルにすべきであると強調している．第5章でも述べるように，FEHBPのすべての加入者は，地域保険市場で販売されている様々な種類の民間プランの中から，自らの条件に合うものを選択できる．そのような好条件の雇用主提供医療保険が，公的医療保険の「強化と改善」のモデルとして示された．

### スカリー氏の証言

ブッシュ政権の下でCMSの長官を務めていたトマス・スカリー（Thomas Scully）氏も，「メディケアの強化と改善」に関して重要な証言を行っている．スカリー長官は，多くの高齢者や障害者がメディケアを頼りにしており，メディケアに対して強く信頼感を寄せていることを確認した上で，以下のような証言を行った．

しかし，それ（メディケア）は1965年当時のブルークロス・モデルに

---

20) U.S. Congress, Senate, Committee on Finance (2004b), pp. 1-2.

第1章　メディケアのプライバタイゼーションと地域市場　　　75

基づいている．我々は，メディケアを2003年のブルークロス・モデル的なものへと再編するとともに，高齢者や障害者（の個々のニーズ）にもっと適切に対応する（responsive）ためにメディケア・プログラムを現代化することが大きな前進であると確信している（括弧内の日本語は引用者による補足)[21]．

　スカリー氏は，メディケアが1965年当時に地域保険市場で最大の市場シェアを保持していたブルークロスを基盤として創設されたという重要な事実を指摘するとともに，現在（この公聴会が開かれた2003年）でもメディケアが1965年当時のブルークロスをモデルとしており，時代遅れになっているという認識を示している．その上で，メディケアを大きく前進させるための「現代化」とは，1965年当時に比べてかなり多様化した保険会社やマネジドケア組織と，それらによって販売される豊富な種類の保険プランが存在する現在（2003年）の地域保険市場を基盤としてメディケアを再編することであると述べているのである．
　さらにスカリー氏は，メディケアの「現代化」の具体的な内容について，以下のように述べている．

　　…65歳未満の国民の70％超が過去10年間にそのような（PPOプランという）オプションを選択してきた．…1億3,000万人以上の国民が民間部門（の保険プラン）やPPO（プラン）に加入している．人々がそうしたオプションを与えられた場合，彼らはそのような（民間）プランを選択する傾向にあり，我々はそれがメディケアでも十分に実現できると考えている．我々はPPO型のシステムを発展させるべきであり，それは（メディケアにおける）競争を促すであろう（括弧内の言葉は引用者による補足)[22]．

---

21)　*Ibid*., p. 4.
22)　*Ibid*., p. 5.

このようにスカリー氏は，地域保険市場で最大の市場シェアを持つPPO型の民間プランをメディケアに導入することで，保険会社やマネジドケア組織の間の競争を促すべきであると提案している．メディケアにおいて「PPO型のシステムを発展させる」ことが競争的な地域保険市場を実現するのであり，それが「現代化」されたメディケアの望ましい姿であるという主張が，メディケアを運営するCMSの長官によって示されたことはきわめて興味深い．

以上のように，「メディケアの強化と改善」を論題とする公聴会の主要論点は，地域保険市場を基軸とするメディケアの再編であった．それは，地域保険市場の発展の成果である多種多様なマネジドケアプランをいっそう積極的に導入することがメディケアの「現代化」であり，同時にそれがメディケアという公的医療保険を「強化」し「改善」することにつながるというものであった．オリジナルメディケアも含めて，地域保険市場で販売される多様な保険プランの選択肢を加入者に提供し，民間プランを販売する保険会社やマネジドケア組織の間の競争を促すことで，メディケアの効率化を実現することが目指されたといえよう．処方薬保障もこうした論点に即して議論され，民間プランへの加入を前提とする処方薬保障が創設されたのである．

### (2) メディケアと地域市場の活性化

次に，「メディケアの強化と改善」を論題とする公聴会に先立つ2003年4月14日に，同じく上院財政委員会によって開催された公聴会の証言記録をもとに，メディケアの改革と地域市場の関係について考察する．論題は「アメリカの非都市部のためのフェア・ディール：メディケアの診療報酬の安定化」であり，メディケアの診療報酬やパートCの保険料の問題と地域市場を基盤とする再編の意義に関して活発な議論が交わされた．

#### グラスリー議長の開会演説

グラスリー議長はこの公聴会の開会演説でも重要な論点を示しており，そ

れはMMAによるメディケア改革の動機を象徴的に示す内容であった．グラスリー議長は開会演説を開始するにあたって，公聴会の目的を「メディケアを通して非都市部の医療機関に支払われている診療報酬の水準がいかに低いものであるか」を理解し，その解決方法を探ることであるとしている．非都市部においてパートCの保険料の水準が相対的に低いことも，この問題が生じる主な原因の1つであるとされており，このような認識が共有された上で公聴会の議論が行われた．続いて，グラスリー氏は自身の出身州であるアイオワ州で生じているメディケアの診療報酬やパートCの保険料にかかわる問題を以下のように指摘している．

> 我々の病院の多くがメディケアの患者を受け入れるごとに損失を被っている．我々の医師の診療所は，若い医師の採用に関して困難を抱えている．なぜなら，それらの診療所は（若い）医師に対して，他の地域で提示されているような（もっと高額の）報酬（または給与）を支払うことができないからである．我々の企業は，被用者に提供している（雇用主提供）医療保険のコストが割高であることに気付いている．それは，医療機関がメディケアの（診療報酬では賄いきれなかった患者の治療費の）不足分を埋め合わせるために，メディケアの患者ではない者にもっと高い料金を請求せざるを得ないからである．企業は給付費を過大に支払うとともに，事業の改善にいっそう少ない資金を投じざるを得ない．それらは企業の国内における競争力を削いでいるだけでなく，今や国際競争力の阻害要因になっている（括弧内の言葉は引用者による補足）[23]．

この後にも，メディケアの診療報酬やパートCの保険料が特に非都市部の地域にとって不利であり，きわめて不公平なシステムであるという主張が繰り返されている．グラスリー議長は，このような問題がアイオワ州を含む

---

23) U.S. Congress, Senate, Committee on Finance（2004a），p. 2.

30の州にも当てはまり，それらの州ではメディケアを通して支払われている診療報酬やパートCの保険料の金額が全米平均を下回っていることを問題視する．しかも，それは地元企業の国際競争力を阻害する要因でもあり，メディケアや医療保障システムの問題を超えたアメリカ経済全体の問題であると指摘することで，メディケアの診療報酬やパートCの保険料の引き上げを行う必要性を最大限に強調している．

### ホルコム氏の証言

デビッド・M. ホルコム（David M. Holcomb）氏による証言も，非都市部が不利にならないように，メディケアにおいて公平な診療報酬やパートCの保険料の設定方法を構築する必要性を，地域市場との関係に即して主張するものであった．ホルコム氏は，アイオワ州のジェニー・エドマンドソン病院（Jennie Edmundson Hospital）の社長と最高経営責任者（CEO）を兼職しており，同時にアイオワ州病院協会（Iowa Hospital Association）の会長でもある．ジェニー・エドマンドソン病院はアイオワ州の南東部でがんセンターを併設している唯一の病院であり，この地域に住む高齢者にとっての基幹病院の役割を担っている[24]．ホルコム氏はメディケア改革と地域市場の関係について，以下のような証言を行った．

> 財政的に安定的な医療システムは，現に存在する企業の支援やアイオワ州の魅力を高めるような発展にとって決定的に重要である．十分な支援を受けた病院や医師によって提供される良質な医療は，アイオワ州民の生活水準（quality of life）を規定する土台（foundation）の主要な部分であると同時に，そのかけがえのない一区画を構成している．現在の不公平なシステムはその土台にひびを入れて弱体化させており，それは将来的に不安定性をもたらすとともに，アイオワ州の未来を大いに脅かす

---

24) 詳細はジェニー・エドマンドソン病院のウェブサイト（http://www.bestcare.org/mhsbase/mhs.cfm/SRC=DB/SRCN=/GnavID=46）を参照．

ものになる．…アイオワ州はメディケアの診療報酬の水準が全米で最も低く，アイオワ州はこの（メディケア・）プログラムに関して，（連邦政府が支払うべき適正な金額と，実際に支払われた過少な金額の差額として）1年間に約8,000万ドルの損失を被っており，実際には数多くの病院がその損失を補てんしなければならない．…アイオワ州民が真の公平性に目を向ける時が来たのである（括弧内の日本語は引用者による補足）[25]．

以上の証言は，アイオワ州の病院経営者による連邦政府への要望にとどまらず，地域市場の発展に即してプライバタイゼーションを達成すべきであるというメディケア改革の基本路線を象徴するものでもあった．ホルコム氏は，診療報酬の引き上げを通して「財政的に安定的な医療システム」を確立することで，「真の公平性」が達成されると述べている．すなわち，ホルコム氏にとって「財政的に安定的なシステム」を確立するための「真の公平性」とは，アイオワ州の地域市場に投入される財政資金をもっと増やすことで，医療機関が損失を被ることなく，「財政的に安定的に」メディケアの加入者に医療サービスを提供できるようにすることである．そのためには，オリジナルメディケアの診療報酬の引き上げに加えて，地域保険市場でメディケアの民間プランを販売する保険会社やマネジドケア組織に対して連邦政府から支払われる保険料が引き上げられることが重要である．ホルコム氏の証言は，メディケアにおける民間プランの活用を存続させた上で診療報酬と保険料を引き上げ，地域市場で医療サービスや保険プランを販売する医療機関や保険会社などの利益が損なわれないような方法でメディケアのプライバタイゼーションを実現すべきであるという主張であるといえよう．

---

25) U.S. Congress, Senate, Committee on Finance (2004a), p. 13.

### (3) 地域市場の発展の成果とプライバタイゼーション

以上のように,2003年MMAの審議過程で確認されたメディケア改革の論点は,地域市場の発展の成果であるマネジドケアをメディケアに積極的に取り入れるとともに,各地域の医療機関や保険会社などの利益が損なわれないように診療報酬や保険料の引き上げを行うことで,メディケアのプライバタイゼーションを実現するというものであった.しかもそれは,後述するように民間プランへの加入を前提とする処方薬給付の追加と合わせて行われ,医療保障の充実がプライバタイゼーションの強力な推進要因として活用された.

メディケアのプライバタイゼーションの動機は連邦政府による支出の抑制であり,その課題を解決するための手段として,地域市場の発展の成果であるマネジドケアやマネジドケアプランが活用されることになった.連邦政府から保険会社などに対して支払われる保険料や診療報酬の引き上げは,メディケア支出の膨張に直接に結びつくがゆえに,それらは支出の抑制という課題と対立するようにみえる.しかし,MMAによるメディケア改革の意図は,メディケアにマネジドケアの枠組みを積極的に取り入れることで効率性を高め,地域市場における競争を通して支出を抑制することであった.つまり,診療報酬や保険料の引き上げは,プライバタイゼーションを推進することでメディケア支出を抑制するための条件として許容されたのである.

このような論点に即して審議が進められ,2003年12月8日にMMAが可決・成立し,メディケアの改革が実施された.

## 3. 2003年法によるメディケア改革

MMAによるメディケア改革の主軸は,パートDの創設による処方薬保障の追加とパートCの再編である[26].

---

26) MMAによるメディケア改革の詳細はU.S. Congress, Senate, Committee on Finance (2003) を参照.

### (1) 民間プランへの加入を前提とする処方薬保障の追加

　第1に，民間プランへの加入を前提として処方薬保障を行うパートDが新たに創設され，2006年から本格的に実施された[27]．序章で述べたように，パートDプランは，処方薬保障のみを行う処方薬単体プラン（PDP）と，パートCプランにパートDの処方薬保障を組み込んだMA-PDプランの2種類である．PDPは34のPDP地域保険市場（PDP Region）で販売され，それぞれのPDP地域保険市場に1州または複数の州が存在している．それに対して，MA-PDプランとMAプランからなるパートCプランは26のMA地域保険市場（MA Region）で販売され，それらの一部は複数のPDP地域保険市場の範囲を統合することで成り立っている．保険会社やマネジドケア組織などは，1種類または複数のPDP地域保険市場またはMA地域保険市場でパートDプランを販売することができる．ただし，それぞれの地域保険市場の全域でパートDプランを販売することが保険会社などに義務づけられており，地域保険市場にパートDプランを定着させる工夫が行われた．

　パートDプランを販売する保険会社やマネジドケア組織などは，連邦政府によって設定された標準プランの内容をふまえて，それと同等以上の給付を行わなければならない．逆に言えば，標準プランと同等以上の給付を行ってさえいれば，保険会社などはパートDプランをかなり柔軟に設計できる．

---

[27]　2006年からのパートDの本格的な実施に先駆けて，2004年と2005年にはメディケア処方薬割引カード（Medicare Prescription Drug Discount Card）を用いた処方薬保障が実施されることになり，それがパートD市場の素地の形成を促した．カードの発行主体はCMSではなく，CMSと契約を結ぶ薬剤給付管理（Pharmaceutical Benefit Management; PBM）の事業者や保険会社や薬局などであり，パートDプランと同様に多様なカードが地域市場で販売される．メディケア加入者は，年間25ドル以下の加入料をPBM事業者や保険会社などに支払うことでカードを受け取ることができる．カードを持つメディケア加入者は，それぞれのカードの発行主体を通して処方薬を購入した場合に処方薬代の割引を受けられる．PBM事業者や保険会社などは，加入者への処方薬給付に関してメディケアの報酬を受け取る．詳細は *Ibid.*, pp. 23-7を参照．

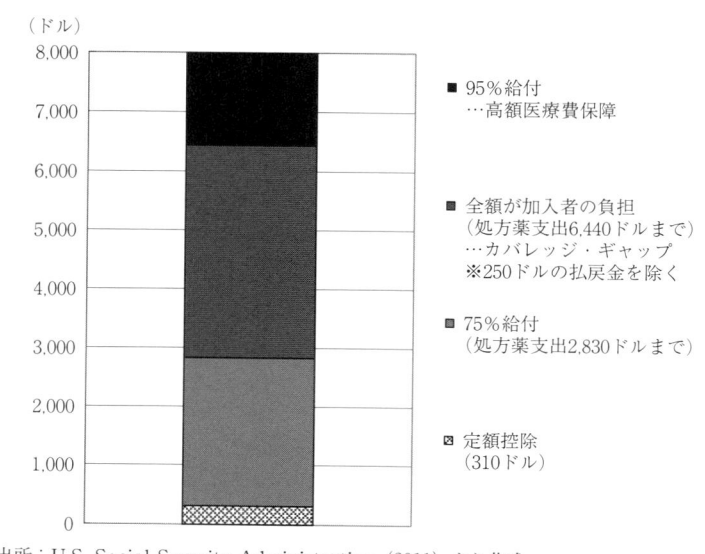

図 1-5 メディケアのパート D プランの標準給付（2010 年）

出所：U.S. Social Security Administration（2011）より作成.

凡例：
- 95％給付 …高額医療費保障
- 全額が加入者の負担（処方薬支出6,440ドルまで）…カバレッジ・ギャップ ※250ドルの払戻金を除く
- 75％給付（処方薬支出2,830ドルまで）
- 定額控除（310ドル）

　図 1-5 は，2010 年におけるパート D の標準プランの給付内容である．標準給付の特徴は，数百ドル程度の定額控除を伴う従来型の保険プランと，高額定額控除型医療プラン（HDHP）を組み合わせていることである．標準プランと同じ給付内容の民間プランの加入者は，310 ドルの定額控除を支払った後に給付を受けられる．定額控除の 310 ドルも含めて，処方薬支出の合計が 2,830 ドルに到達するまでは，加入者は 75％ 分の給付を受けられる．処方薬支出の合計が 2,830 ドルになると給付が停止され，そこから処方薬支出の合計が 6,440 ドルに達するまでの部分はカバレッジ・ギャップ（coverage gap）またはドーナツ・ホール（donuts hole）と呼ばれる．それ以降の支出については処方薬代の 95％ 分の給付が行われる．加入者は，処方薬代の 5％ 分か，処方薬 1 単位当たり 2 ドル 50 セント（ジェネリック薬剤）または 6 ドル 30 セント（ジェネリック薬剤以外のブランド薬剤）の共同負担を支払うことで処方薬給付を受けられる．このように，パート D の標準プラ

ンは，オリジナルメディケアと同等の形式の給付に，地域保険市場で市場シェアを高めつつある HDHP の給付を合体させることで処方薬保障を行うという内容である．

さらに，加入者の所得に応じた低所得者保険料補助制度（Low Income Subsidy; LIS）もパート D に組み込まれ，低所得者や貧困者が民間プランに加入しやすくするための対応も行われた．この保険料補助制度の対象は，メディケイドを通してメディケアのパート B 保険料の補助を受けており，メディケイドの処方薬給付の受給資格を持たない者や，所得が連邦貧困線（Federal Poverty Line; FPL）の 160% 以下に該当する者である．これらの人々がパート D プランに加入する場合，連邦政府はそのプランを販売している保険会社やマネジドケア組織に対して補助金を交付する．加入者が CMS によって定められた標準プランにおいて加入者に課される保険料（州ごとに金額が異なる）と同額のプランに加入する場合には，加入者による保険料の負担は必要なく，標準プランよりも保険料が高いプランに加入する場合には，加入者はその保険料と標準プランにおける保険料の差額を支払わなければならない．このような保険料補助の重要な目的は，低所得者や貧困者のパート D プランへの加入を促すことで，後述するようなパート D の加入率の増加とパート D 市場の活性化に貢献することでもあった．

実際のパート D プランの内容はそれぞれ異なり，保険料の金額，患者一部負担の規定，給付の対象に含まれる薬剤の種類などがプランごとに設定される．中には，定額控除が設定されていないプランや，標準プランではカバレッジ・ギャップに該当する部分についても給付を行うプランなども存在する（地域保険市場で実際に販売されているパート D プランの詳細な内容については第 2 章を参照）．

### (2) 民間プランへの加入の促進

民間プランの種類の追加

第 2 に，新たな種類のパート C プランが追加され，保険会社やマネジド

ケア組織は，ローカル PPO（Local PPO）プランと呼ばれる従来の PPO プランに加えて，リージョナル PPO（Regional PPO）プランと特別ニーズ・プラン（Special Needs Plan; SNP）の販売を新たに認可された．

リージョナル PPO プランの特徴は，特定の郡や市で販売されているローカル PPO プランとは異なり，保険会社などに対して MA 地域保険市場の全域での販売を義務づけていることである．このような義務づけの意図は，保険会社などによるリージョナル PPO プランの販売を通して，地域保険市場にパート C プランを定着させることであった[28]．

それに加えて，各州の二重対象者，施設入所者，慢性疾患を抱える者を対象とする SNP の販売も開始され，それも地域保険市場の活性化を重要な動機としていた．これらの人々の大半はメディケアと各州のメディケイドを通して給付を受けていたが，これらの人々を SNP という民間プランに加入させ，SNP を通して医療保障を統一的に行うことが目指された．さらに，以前は主にメディケイドがこれらの人々に処方薬給付を行っていたが，MMA による改革によって，メディケアがメディケイドに代わって処方薬保障を主に行うことになった．その処方薬保障も SNP という民間プランへの加入を前提として行われることになり，二重対象者などがそれに加入することで，地域保険市場の活性化が期待されたのである．他のパート C プランと同様に，SNP も保険会社などによって地域保険市場で販売され，他の種類の民間プランと同様に，給付内容や患者一部負担の規定などもそれぞれ異なる．

さらに，企業や政府などの雇用主はメディケアの退職者薬剤補助金（Retiree Drug Subsidy; RDS）を受け取り，その補助金を活用して退職者に処方薬給付を行うことができる．RDS の創設は，医療保障システムの主軸が雇用主提供医療保険からメディケアに移るのではなく，雇用主提供医療保険を主軸とするシステムの構造を前提としてパート D が設計されたことを示

---

28) リージョナル PPO プランについては Congressional Budget Office（2004b）を参照．

している[29].

### 競争入札の導入と寛大なリスク調整

　第3に，2006年からパートCプランに関する保険料の設定方法が変更され，保険料の実質的な引き上げが行われた．すなわち，市や郡を単位とする競争入札（competitive bidding）が新たに導入され，保険会社やマネジドケア組織による入札額とオリジナルメディケアの平均支出額の比較に基づいて，各プランに関する保険料が実質的に引き上げられることになった．

　パートCの保険料の算定は以下の方式で行われる．まず，全米のオリジナルメディケアの加入者の平均年齢や平均的な健康状態をもとに，オリジナルメディケアの平均的な加入者が想定される．保険会社などは，その加入者に給付を行う場合に必要になる1人当たりの費用を設定し，その金額を入札する．次に，それらの入札額とオリジナルメディケアの加入者1人当たり支出額（以下「平均費用」とする）をもとに，その市または郡で支払われる保険料の基準額（benchmark）が決まる．基準額は，保険会社などによって示された入札額の平均額と，オリジナルメディケアの平均費用のうち高いほうの金額に設定されるので，基準額はオリジナルメディケアの平均費用よりも少なくなることはない．そして，基準額よりも少ない入札額を提示した保険会社などは，その差額の4分の3に相当する割戻額（rebate）を入札額に加算した金額を保険料として受け取ることができる．

　ある地域の保険料の基準額が1,000ドルであり，A社が800ドルを入札したとしよう．A社は，入札額と同額の800ドルに，入札額と基準額の差額である200ドルの4分の3に相当する150ドルの割戻額を加算した950ドルの保険料を受け取る．A社は加入者から追加的に徴収する保険料や患者一部負担の引き下げまたは追加給付を行うことで，割戻額の150ドルを加入

---

29) 雇用主が連邦政府からRDSの補助金を受け取って被用者や退職者に処方薬保障を行う場合，その雇用主提供医療保険を通した給付はメディケアの給付よりも優先される．RDSについてはCMSのウェブサイト（http://rds.cms.hhs.gov/）を参照．

者に還元しなければならない．見方を変えると，A社は割戻額の分だけ有利な条件の民間プランを販売し，地域保険市場で優位に立つ機会を獲得できる．差額の4分の1に相当する50ドルは連邦政府から支出されないので，その分だけ支出が抑制されるようにみえる．しかし，後述するように，保険料がオリジナルメディケアの平均費用を下回ることはほとんどないので，以前よりもメディケア支出が減少するわけではなく，むしろ支出額は増える．

逆に，基準額よりも高額の1,200ドルを入札したB社は，基準額と同額の1,000ドルを保険料として受け取るが，割戻額は発生しない．B社は加入者から差額の200ドルを追加の保険料として徴収することになり，加入者から徴収する保険料が200ドル引き上げられることで，B社のプランは他のプランよりも不利な競争条件になりうる．とはいえ，B社は少なくともオリジナルメディケアの平均費用と同額の保険料を連邦政府から受け取ることができるので，連邦政府の支出が減るわけではない．

なお，複数の地域で販売されるリージョナルPPOプランについては，割戻額は他のプランと同様に決まるが，保険料の基準額の算定手順はいっそう複雑である．基準額は，入札額にそれぞれの市や郡の広域調整係数（Intra-Service Adjustment Rate Factor）による調整を加えた金額として算出される．広域調整係数は，それぞれの市や郡の基準額や加入者数などをもとに設定される．

さらに，加入者の年齢や居住地域や健康状態などをもとにリスク調整が行われ，保険料が増額される．つまり，A社のプランに加入する者のうち，相対的に高齢の者や重度の慢性疾患を持つ者などの割合が他のプランよりも大きい場合には，基準額に加算が行われ，その加算額に応じてA社に割戻額の追加的な支払いが行われる．このようなリスク調整の結果，ほとんどの場合，連邦政府から保険会社などに実際に支払われる保険料の金額はオリジナルメディケアの平均費用を上回ることになる[30]．

---

30) 競争入札制度の詳細はU.S. Congress, Senate, Committee on Finance (2003), pp. 34-7を参照．

第1章　メディケアのプライバタイゼーションと地域市場

このような保険料の設定方法の変更によって，パートCの保険料は実質的に引き上げられた[31]．この改定の主なねらいは，非都市部の保険料の引き上げを通して保険会社やマネジドケア組織による非都市部のパートC市場への参入を促し，民間プランの販売数を増やすことで，非都市部の民間プランの加入率を高めることであった．

以上のように，MMAによるメディケア改革の主眼は，メディケアのプライバタイゼーションを推進することであった．処方薬保障を行うパートDの創設も単なる医療保障の充実ではなく，それは民間プランへの加入を前提として実施されることで，メディケア加入者の民間プランへの加入を促すための手段として用いられた．さらに，その処方薬保障はパートC市場の活性化と一体的に行われ，地域市場の活性化というメディケアのプライバタイゼーションの条件の整備が強力に進められたのである．

## 4.　民間プランの加入率の高まりと信託基金財政

### (1)　民間プランの普及と加入率の高まり

民間プランの販売数の増加と加入率の急増

　MMAによるメディケア改革が実施された結果，ほぼすべての地域市場でメディケアの民間プランの販売数が大きく増加した．2010年には，全米で1,579種類のPDPと1,314種類のMA-PDプランが販売されており，ほぼすべての州とワシントンD.C.の加入者は少なくとも41種類のPDPと1種類のMA-PDプランを加入することが可能である．パートDが実施された当初から数多くのパートDプランが全米の地域保険市場で販売され，それに促される形でパートCプランの販売数もMMAによる改革前に比べて増加した[32]．

---

31)　さらに，リスク調整の改定も行われ，調整額の上限が引き上げられた．*Ibid.*, p. 35.

**表 1-2** メディケアの民間プランの加入者数と加入率の推移

(百万人, %)

| | | | 2003 | 2004 | 2005 | 2006 | 2007 | 2008 | 2009 |
|---|---|---|---|---|---|---|---|---|---|
| 加入者数 | パートC | MA-PDプラン | — | — | — | 6.6 | 8.2 | 9.3 | 10.2 |
| | | その他のプラン | 5.3 | 5.4 | 5.8 | 0.9 | 0.6 | 0.7 | 1.0 |
| | | 合計 | 5.3 | 5.4 | 5.8 | 7.5 | 8.8 | 10.1 | 11.2 |
| | パートD | 単体プラン (PDP) | — | — | — | 16.7 | 17.4 | 17.5 | 17.8 |
| | | MA-PDプラン (再掲) | — | — | — | 6.6 | 8.2 | 9.3 | 10.2 |
| | | 合計 | — | — | — | 23.2 | 25.6 | 26.8 | 28.0 |
| | 民間プラン合計 (重複分を除く) | | 5.3 | 5.4 | 5.8 | 24.1 | 26.2 | 27.6 | 29.0 |
| | 加入者の総数* | | 41.1 | 41.7 | 42.5 | 43.3 | 44.3 | 45.4 | 46.5 |
| 構成比 | パートC | MA-PDプラン | — | — | — | 15.2 | 18.5 | 20.5 | 21.9 |
| | | その他のプラン | 12.9 | 12.9 | 13.6 | 2.1 | 1.4 | 1.5 | 2.2 |
| | | 合計 | 12.9 | 12.9 | 13.6 | 17.3 | 19.9 | 22.2 | 24.1 |
| | パートD | 単体プラン (PDP) | — | — | — | 38.6 | 39.3 | 38.5 | 38.3 |
| | | MA-PDプラン (再掲) | — | — | — | 15.2 | 18.5 | 20.5 | 21.9 |
| | | 合計 | — | — | — | 53.6 | 57.8 | 59.0 | 60.2 |
| | 民間プラン合計 (重複分を除く) | | 12.9 | 12.9 | 13.6 | 55.7 | 59.1 | 60.8 | 62.4 |
| | 加入者の総数* | | 100.0 | 100.0 | 100.0 | 100.0 | 100.0 | 100.0 | 100.0 |

注:＊オリジナルメディケアまたはパートCプランのいずれかに加入する者の合計.
出所:Centers for Medicare and Medicaid Services, *Health Care Financing Review Annual Statistical Supplement*, various issues;Centers for Medicare and Medicaid Services のウェブサイト (http://www.cms.gov/PrescriptionDrugCovGenIn/) より作成.

　民間プランの販売数の増加とともに,メディケアの民間プランの加入率(メディケア加入者のうち,パートCまたはパートDの民間プランに加入している者の割合)は飛躍的に増加した.表 1-2 に示されるように,重複分を除くパートCプランとパートDプランの加入率の合計は,2003 年には 12.9% であったが 2009 年には 62.4% になり,この 6 年間に 49.5 ポイントも増えた.いいかえると,2003 年には 9 割弱の加入者がパートCではなくオリジナルメディケアを通して医療保障を受けていたのに対して,2009 年に

---

32) なお,サモワ諸島,グアム,北部マリアナ諸島,プエルトリコ,ヴァージン・アイランドにおける 2010 年の PDP の販売数は 3 種類から 29 種類である.Henry J. Kaiser Family Foundation (2010b) を参照.

は過半数の加入者がパートCまたはパートDの民間プランに加入しており，民間プランの加入率が急増したのである．

　第1に，パートCプランの加入率は保険会社などに支払われる保険料の段階的な引き上げやMA-PDプランの販売の開始と並行して増加し，2003年の12.9%から2009年には24.1%へと11.2ポイントも増えた．2006年以降にはパートCプランの加入率の増加幅が特に大きく，2006年にはその加入率が前年よりも3.7ポイントも増えるとともに，2006年から2009年までの期間には6.8ポイントも増加した．これは，2006年にMA-PDプランの販売が開始され，そのプランへの加入者数が増えていったことで，パートCプランの加入率が高くなったことを示している．

　第2に，パートDプランの加入率は2006年の時点で53.6%という高水準を記録し，しかもそれは2006年から2009年までの間に53.6%から60.2%へと6.6ポイントも増えた．2006年以降の加入率の増加は，主にMA-PDプランの加入者数が増えたことによるものである．PDPの加入者数も次第に増加しているが，その加入率は38%台から39%台で推移しており，大きな変動はみられない．

　このように，民間プランの加入率は，パートC市場とパートD市場が相互に影響を及ぼしあいながら発展したことで飛躍的に増加した．すなわち，パートC市場の存在とその発展が，パートD市場の形成と発展に寄与したのである．逆に言えば，パートD市場が形成され，それが発展していったことが，パートC市場の発展を促したともいえよう．

**処方薬保障と補足保障の加入率の高まり**

　多くの高齢者がパートDプランに加入した結果，パートDプランはメディケア加入者の処方薬保障として大きな役割を担うようになった．図1-6に示されるように，2008年にはメディケア加入者の90%が何らかの処方薬保障を得ている．パートDプランの加入率は特に高く，メディケア加入者の59%がMA-PDプランやPDPに加入することで処方薬保障を獲得している．

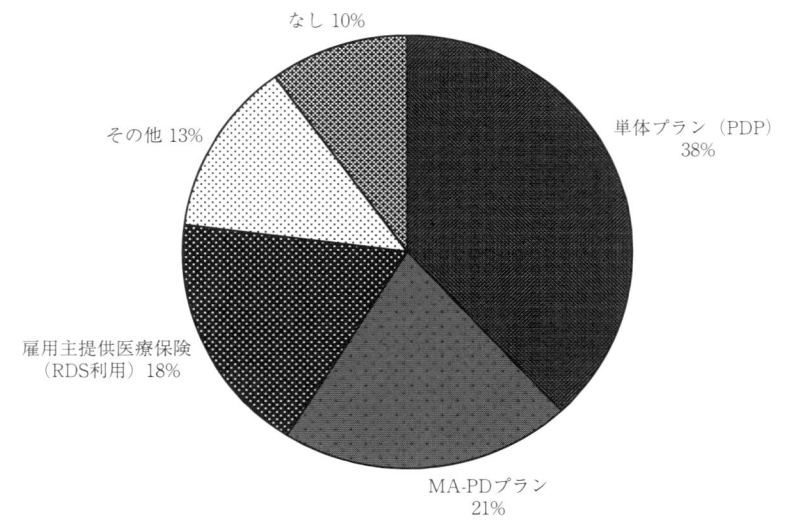

出所：Henry Kaiser Family Foundation（2010a）より作成．

図1-6　メディケア加入者の処方薬保障（2008年）

さらに，メディケア加入者の18％は雇用主提供医療保険を通して処方薬保障を獲得しており，それらの一部は雇用主によってRDSが活用されることで退職者に提供されている．

同時に，MA-PDプランの加入率の増加は，大半のメディケア加入者による補足保障の獲得も実現した．図1-7に示されるように，2008年にはメディケア加入者の90％が何らかの補足保障を獲得している．特に，パートCプランの加入率は2003年には12.4％であったが（表1-1）2008年には約24％になり，MMAによる改革後に約2倍になった．雇用主提供医療保険やメディギャップ保険の加入率が減少傾向にある一方で，パートCプランはメディケア加入者の補足保障としての役割をいっそう強めたのである．

### 各地域における民間プランの加入率の高まり

MMAによる改革の結果，すべての州で民間プランの加入率が飛躍的に

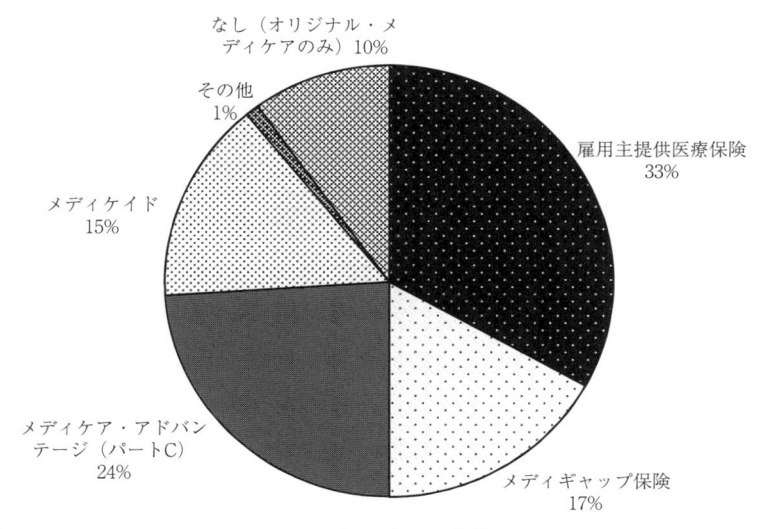

第1章 メディケアのプライバタイゼーションと地域市場　　91

出所：Henry Kaiser Family Foundation (2010a) より作成.

**図 1-7** メディケア加入者の補足保障の加入率（2008年）

高まった．表1-3は，すべての州とワシントン D.C. におけるメディケアの民間プランの加入率を，2010年時点での MA-PD プランの加入率が低い州から順に並べたものである．

第1に，MMA による改革が実施される直前の 2003年には，パート C プランの加入率の全米平均は 12.9% であった．加入率が最も高いのはハワイ州であり，ハワイ州のメディケア加入者の 33.3% がパート C プランに加入していた．一方で，アラスカ州の加入率は 0.3% であり，それは全米で最も低く，ハワイ州の加入率との差は 33.0 ポイントであった．

第2に，2003年から 2010年の間に，アラスカ州を除くすべての州でMA-PD プランを中心とするパート C プランの加入率が高まった．2010年における MA-PD プランの加入率の全米平均は 21.4% にも上り，2003年時に比べて 8.5 ポイントも高い．各州の MA-PD プランの加入率は，アラスカ州の 0.0%（加入者数はごくわずかであった）からハワイ州の 36.5% までの

表 1-3 メディケアの民間プランに関する加入率の地域差

(％，ポイント)

| | 2003 年 | 2010 年 | | | B－A | C－A |
|---|---|---|---|---|---|---|
| | パートC (A) | MA-PD プラン(B) | PDP | パートD 合計(C) | | |
| アラスカ | 0.3 | 0.0 | 37.5 | 37.5 | －0.3 | 37.2 |
| デラウェア | 0.5 | 2.7 | 47.9 | 50.7 | 2.2 | 50.2 |
| ヴァーモント | 0.1 | 2.8 | 53.2 | 56.0 | 2.7 | 55.9 |
| ワイオミング | 1.7 | 5.1 | 49.4 | 54.4 | 3.4 | 52.7 |
| ニューハンプシャー | 0.8 | 5.2 | 42.7 | 47.9 | 4.4 | 47.1 |
| ノースダコタ | 0.7 | 5.6 | 63.9 | 69.4 | 4.9 | 68.7 |
| サウスダコタ | 0.2 | 6.7 | 58.5 | 65.2 | 6.5 | 65.0 |
| メリーランド | 3.1 | 7.1 | 36.8 | 43.9 | 4.0 | 40.8 |
| イリノイ | 5.1 | 7.5 | 47.8 | 55.3 | 2.4 | 50.2 |
| ミシシッピー | 0.5 | 7.6 | 57.3 | 64.9 | 7.1 | 64.4 |
| ウェストヴァージニア | 6.6 | 9.0 | 51.9 | 60.8 | 2.4 | 54.2 |
| ワシントンD.C. | 6.1 | 9.1 | 37.7 | 46.8 | 3.0 | 40.7 |
| カンザス | 3.5 | 9.3 | 52.3 | 61.7 | 5.8 | 58.2 |
| ネブラスカ | 3.6 | 9.4 | 54.9 | 64.3 | 5.8 | 60.7 |
| アイオワ | 3.3 | 9.7 | 56.9 | 66.7 | 6.4 | 63.4 |
| ニュージャージー | 7.5 | 10.1 | 42.6 | 52.6 | 2.6 | 45.1 |
| ケンタッキー | 2.9 | 10.6 | 50.0 | 60.6 | 7.7 | 57.7 |
| メイン | 0.1 | 10.7 | 51.7 | 62.5 | 10.6 | 62.4 |
| ヴァージニア | 1.9 | 11.3 | 41.1 | 52.4 | 9.4 | 50.5 |
| アーカンソー | 0.5 | 11.8 | 49.0 | 60.8 | 11.3 | 60.3 |
| インディアナ | 2.0 | 11.9 | 44.4 | 56.3 | 9.9 | 54.3 |
| サウスカロライナ | 0.2 | 12.6 | 41.7 | 54.2 | 12.4 | 54.0 |
| ミシガン | 1.8 | 12.7 | 34.4 | 47.2 | 10.9 | 45.4 |
| モンタナ | 0.3 | 12.7 | 44.6 | 57.2 | 12.4 | 56.9 |
| オクラホマ | 7.8 | 12.8 | 46.8 | 59.6 | 5.0 | 51.8 |
| ノースカロライナ | 3.8 | 15.1 | 44.1 | 59.3 | 11.3 | 55.5 |
| コネティカット | 5.6 | 16.4 | 38.8 | 55.2 | 10.8 | 49.6 |
| テキサス | 6.7 | 17.6 | 39.3 | 56.9 | 10.9 | 50.2 |
| マサチューセッツ | 17.7 | 17.8 | 39.9 | 57.7 | 0.1 | 40.0 |
| ワシントン | 16.8 | 18.0 | 35.4 | 53.4 | 1.2 | 36.6 |
| ジョージア | 3.8 | 18.6 | 42.1 | 60.7 | 14.8 | 56.9 |
| ミズーリ | 12.4 | 19.4 | 43.1 | 62.5 | 7.0 | 50.1 |
| ウィスコンシン | 3.4 | 19.8 | 33.9 | 53.7 | 16.4 | 50.3 |
| アラバマ | 6.3 | 20.0 | 37.1 | 57.1 | 13.7 | 50.8 |
| 全米平均 | 12.9 | 21.4 | 38.0 | 59.4 | 8.5 | 46.5 |
| ルイジアナ | 10.8 | 21.7 | 40.3 | 62.0 | 10.9 | 51.2 |
| テネシー | 6.2 | 21.9 | 42.4 | 64.3 | 15.7 | 58.1 |
| ニューメキシコ | 14.9 | 23.5 | 38.1 | 61.6 | 8.6 | 46.7 |

第1章　メディケアのプライバタイゼーションと地域市場

| | | | | | | |
|---|---|---|---|---|---|---|
| オハイオ | 13.4 | 20.6 | 34.0 | 54.6 | 7.2 | 41.2 |
| アイダホ | 9.1 | 22.3 | 36.6 | 58.9 | 13.2 | 49.8 |
| ニューヨーク | 16.5 | 26.6 | 32.8 | 59.4 | 10.1 | 42.9 |
| ユタ | 3.1 | 27.1 | 29.2 | 56.3 | 24.0 | 53.2 |
| フロリダ | 18.3 | 28.7 | 31.7 | 60.4 | 10.4 | 42.1 |
| ネヴァダ | 29.2 | 29.7 | 25.9 | 55.6 | 0.5 | 26.4 |
| コロラド | 26.9 | 30.5 | 28.2 | 58.7 | 3.6 | 31.8 |
| ペンシルヴェニア | 23.4 | 31.0 | 31.8 | 62.8 | 7.6 | 39.4 |
| ミネソタ | 12.7 | 32.2 | 36.2 | 68.3 | 19.5 | 55.6 |
| ロードアイランド | 32.5 | 33.1 | 34.8 | 68.0 | 0.6 | 35.5 |
| カリフォルニア | 32.4 | 34.1 | 35.2 | 69.3 | 1.7 | 36.9 |
| オレゴン | 32.6 | 34.7 | 30.3 | 65.0 | 2.1 | 32.4 |
| アリゾナ | 28.3 | 34.9 | 26.2 | 61.1 | 6.6 | 32.8 |
| ハワイ | 33.3 | 36.5 | 29.6 | 66.0 | 3.2 | 32.7 |

出所：U.S. Department of Health and Human Services, Centers for Medicare and Medicaid Services, *Health Care Financing Review Annual Statistical Supplement*, various issues; U.S. Department of Health and Human Services, Centers for Medicare and Medicaid Services のウェブサイト（http://www.cms.gov/PrescriptionDrugCovGenIn/）より作成．

間に位置していた．加入率の増加幅が最も大きかったのはユタ州であり，ユタ州の2003年におけるパートCプランの加入率は3.1％であったが，2010年のMA-PDプランの加入率は27.1％であり，それは全米平均の21.4％よりも5.7ポイントも高い．逆にアラスカ州の加入率は同期間に0.3ポイント減少しており，MMAによる改革が行われる以前と同様にパートCの加入率は地域差を伴いながら発展した．

第3に，2010年のPDPの加入率はほぼすべての州とワシントンD.C.でMA-PDプランの加入率を上回っており，各地域に住む数多くのメディケア加入者がPDPに加入したことが民間プランの加入率の飛躍的な高まりに大きく貢献した．ノースダコタ州のPDPの加入率は63.9％であり，全米で最も高かった．一方で，加入率が最も低かったのはネヴァダ州であり，ネヴァダ州の加入率は全米平均の38.0％よりも12.1ポイントも低い25.9％であった．ノースダコタ州とネヴァダ州の加入率の差は38.0ポイントであり，それは同年におけるMA-PDプランの加入率の地域差を1.5ポイント上回っていた．とはいえ，すべての州とワシントンD.C.でPDPの加入者数が大きく増えており，加入率が最も低かったネヴァダ州でも，メディケア加入者の

およそ4人に1人がPDPに加入していた．

第4に，これらの結果，地域市場を基盤として，メディケアの民間プランの加入率が大幅に高まった．表1-3ではMAプランの加入率が示されていないが，民間プランの大半がMA-PDプランとPDPであり，これらの加入率を合わせたパートDプランの加入率が民間プランの加入率にほぼ匹敵する．2010年におけるパートDプランの加入率の全米平均は59.4%であり，全米のメディケア加入者の過半数が何らかの民間プランに加入していた．最も高い加入率はノースダコタ州の69.4%であるのに対して，最も低いのはアラスカ州の37.5%であった．ノースダコタ州とアラスカ州の加入率の差は31.9ポイントであり，パートCの加入率と同様にかなり大きな地域差が存在するとはいえ，アラスカ州でさえ3人に1人以上のメディケア加入者が民間プランに加入していたのである．

## (2) 地域市場の活性化策とメディケアの信託基金財政

民間プランに関する保険料の増加

民間プランの加入率の飛躍的な増加とともに，パートCの保険料も増加し，パートCの加入者1人当たりの支出額はオリジナルメディケアの平均費用を大きく上回った．表1-4は，2010年のオリジナルメディケアの平均費用を100とした場合，それぞれのパートCプランに関する加入者1人当たりの保険料がどのくらいの水準になるのかをまとめたものである．リスク調整が行われた結果，すべてのプランについて，基準額の平均がオリジナル

表1-4 メディケアのパートCプランに関する保険料の水準*（2010年）

(%)

|  | 全プランの平均 | HMOプラン | ローカルPPOプラン | リージョナルPPOプラン | PFFSプラン |
|---|---|---|---|---|---|
| 基準額 | 112 | 112 | 115 | 109 | 114 |
| 入札額 | 100 | 97 | 108 | 104 | 111 |
| 報酬額 | 109 | 108 | 113 | 108 | 113 |

注：*オリジナルメディケアの平均費用を100とした場合の相対比率．
出所：Medicare Payment Advisory Commission（2010）より作成．

メディケアの平均費用を上回っている．入札額も HMO プランを除いてオリジナルメディケアの平均費用よりも高く，すでに述べたように，割戻額が発生するので，HMO プランについても保険料がオリジナルメディケアの平均費用を下回るわけではない．パート C 全体の保険料の平均水準は 109 であり，オリジナルメディケアの平均費用よりも 9 ポイントも高い．特に，ローカル PPO プランと PFFS プランに関する保険料の水準はそれを 13 ポイントも上回っている．MMA による改革によって新たに導入されたリージョナル PPO プランの保険料も，オリジナルメディケアの平均費用よりも 8 ポイントも高い．さらに，2009 年の SNP の保険料の平均水準はそれよりも 16 ポイントも高く，RDS の加入者 1 人当たりの交付額も，オリジナルメディケアの水準を 15 ポイントも上回った．

　序章でも述べたように，パート C プランでは追加給付が行われているので，オリジナルメディケアよりも加入者 1 人当たりの平均費用が高くなるという側面もある．しかし，パート C の保険料に加えてパート D の保険料もメディケアの信託基金から支払われており，それも含めると民間プランに関して支払われている保険料はかなり高額である．メディケアにおける民間プランの活用はオリジナルメディケアよりも多くの費用をかけて行われており，多額の保険料が各地域の保険会社やマネジドケア組織などに支払われることで地域市場の活性化が実現している．

### メディケアの信託基金財政の動向

　民間プランに関する保険料の引き上げを伴うメディケアのプライバタイゼーションの推進策が実施された結果，毎年のメディケアの支出額は収入額を上回って膨張し[33]，HI 信託基金の財政状況は次第に悪化していった．図 1-3 に示されるように，HI 信託基金の資金が枯渇するまでの予測年数は，特

---

33) CBO は MMA によるメディケア改革の費用について，2004 年度から 2013 年度までの 10 年間で 3,950 億ドルと試算したが，実際にその支出は大きく増加した．Congressional Budget Office（2004a）．

に保険料の引き上げが実施された 2004 年以降に次第に短くなっていった．2009 年にはその年数は 8 年になり，財政状況が最も深刻であった 1997 年以前の水準に戻りつつあった．2010 年には 2010 年患者保護アフォーダブルケア法（Patient Protection and Affordable Care Act of 2010; PPACA）によるメディケア改革が実施された影響もあり[34]，資金枯渇までの予測年数が 19 年までに延長されたが，2011 年には 13 年に再び短縮しており，不安定な財政状況が続いている．

SMI 信託基金の財政状況も逼迫しており，メディケアの信託基金財政の持続可能性が懸念されている．2011 年の年次報告によると，2006 年から 2010 年までの 5 年間には，アメリカ経済の成長率が年平均 3.9％ であった一方で，SMI 信託基金のパート B 勘定の支出額は同期間に年平均 6.9％ の速度で増加した．2011 年から 2020 年までの期間にも，その支出額は経済成長率と同じかそれ以上の速度で増加するという予測が示されている[35]．パート D 勘定の支出額も経済成長率を上回り，2011 年から 2020 年にかけて年平均 9.7％ の速度で増加する見通しである[36]．

以上のように，メディケアにおける民間プランの活用は多額の財政資金を用いることで実現しており，地域市場の活性化を通したメディケアのプライバタイゼーションはメディケアの信託基金の財政問題と表裏一体の関係にあるといえよう．

## 5. むすびにかえて

2003 年 MMA によるメディケア改革の目的は，マネジドケアの開発と普

---

[34] 2010 年 PPACA についての検討は今後の課題としたい．なお，長谷川（2010b）は PPACA による改革を医療保障システムの主軸である雇用主提供医療保険に即して詳細に検討している．

[35] Boards of Trustees, Federal Hospital Insurance and Federal Supplementary Medical Insurance Trust Funds (2011), p. 30.

[36] *Ibid*., p. 34.

及という地域市場の構造変化に即してメディケアを再編し，マネジドケアの導入を軸にプライバタイゼーションを推進することでメディケアの効率化を実現することであった．このような改革は，保険会社やマネジドケア組織などに支払われる保険料の引き上げとともに行われた．その結果，連邦政府による支出額が膨張し，メディケアの信託基金の財政状況が悪化しつつある．メディケアのプライバタイゼーションは地域市場への財政資金の投入を条件として進められ，今後は民間プランを販売する保険会社やマネジドケア組織に支払われる保険料の抑制が課題になるであろう．地域市場の実態にいっそう踏み込んだ検討を行い，地域市場の発展に即したメディケアのプライバタイゼーションが地域市場に及ぼした影響を明らかにすることを今後の課題としたい．

　第2章では，地域市場の活性化を軸とするメディケアのプライバタイゼーションについて，メディケアの民間プランの加入率が特に高く，コミュニティ組織によるメディケア加入者への支援活動が特に活発に行われているカリフォルニア州サンフランシスコの事例に即して具体的に検討する．その検討を通して，メディケアにおけるコミュニティ組織と地域市場と政府部門の相互関係とその意義を明らかにしたい．

99

# 第2章
# サンフランシスコ市/郡の地域市場とメディケア

　本章の課題は，メディケアにおけるコミュニティ組織の役割について，コミュニティ組織による支援活動が特に活発に行われているカリフォルニア州サンフランシスコ市/郡の実態に即して検討することで，地域市場を基盤とするメディケア改革がコミュニティ組織の積極的な活用を伴いながら実施されたことを明らかにすることである．コミュニティ組織によるアウトリーチ活動はメディケアの地域性とそれに基づく多様性を形作る構成要素であり，それらの活動の内容は多岐にわたる．プライバタイゼーションの推進を軸とするメディケアの改革は，コミュニティ組織に対する公的支援の強化を重要な柱として実施された．サンフランシスコ市/郡の事例は，メディケアにおけるコミュニティ組織の活用が地域市場の活性化を重要なねらいとして行われたことを象徴的に示している．

　本章では，サンフランシスコ市/郡の地域社会とメディケアの地域市場の特徴を確認した上で，メディケアの加入者を対象に各地域で実施されているアウトリーチ活動の公的支援制度について，連邦レベルでの施策を検討するとともに，カリフォルニア州サンフランシスコ市/郡で行われているコミュニティ組織のアウトリーチ活動の内容と意義を明らかにする．

## 1. サンフランシスコのメディケア加入者と地域市場

　はじめに，サンフランシスコ市/郡（以下「サンフランシスコ」）[1]の地域社

会の多様性とメディケアの地域市場の特徴について考察する．

### (1) 11の行政区と人種の多様性

表2-1は，サンフランシスコの人口とその構成を高齢者の人口と住民の使用言語ごとに区分し，それらを全米やカリフォルニア州と比較したものである．カリフォルニア州は全米で最大規模のメディケア市場であり，65歳以上の高齢者の数は全米のすべての高齢者の1割にも上る．サンフランシスコには約11万人の高齢者が住んでいるが，65歳以上の高齢者の人口に占める割合は13.7％であり，それは全米平均の13.0％とほぼ同水準である．

特筆すべきなのは，サンフランシスコという地域社会における人種の多様性である．アメリカに滞在している期間が5年以上の人々は全米の人口の93.7％であり，その8割近くの人々が英語を使用できる一方で，スペイン語や中国語などの言語しか使えない人々も数多く存在する．特に，カリフォルニア州民の27.0％がスペイン語を使用する人々であり，その割合は全米平均の12.0％よりも15.0ポイントも大きい．これは，カリフォルニア州には

表2-1 カリフォルニア州とサンフランシスコ市／郡の使用言語*別の人口構成（2010年）

(万人，％)

|  | 全米 |  | カリフォルニア州 |  | サンフランシスコ市／郡 |  |
|---|---|---|---|---|---|---|
| 5年以上滞在者 | 28,921.6 | 93.7 | 3,482.0 | 93.5 | 77.0 | 95.7 |
| 　英語 | 22,967.3 | 74.4 | 1,958.8 | 52.6 | 42.4 | 52.7 |
| 　アジア／太平洋諸島系の言語 | 934.1 | 3.0 | 335.8 | 9.0 | 20.2 | 25.1 |
| 　スペイン語 | 3,699.6 | 12.0 | 1,006.0 | 27.0 | 8.9 | 11.1 |
| 　その他の言語 | 1,320.7 | 4.3 | 181.5 | 4.9 | 5.6 | 7.0 |
| 65歳以上人口 | 4,026.8 | 13.0 | 424.7 | 11.4 | 11.0 | 13.7 |
| 人口 | 30,874.6 | 100.0 | 3,725.4 | 100.0 | 80.5 | 100.0 |

注：*自宅で主に使用している言語．
出所：U.S. Census Bureauのウェブサイト（http://factfinder2.census.gov/faces/nav/jsf/pages/searchresults.xhtml?refresh=t）より作成．

---

1) サンフランシスコは市と郡の地理的な範囲が全く同一の統合市／郡（consolidated city/county）であり，警察などの行政管轄も市と郡で同一である．

第 2 章　サンフランシスコ市／郡の地域市場とメディケア　　　　　101

中南米諸国からの移民やその子孫を中心とするヒスパニックが数多く存在していることを示しており，特にカリフォルニア州南部にはかなり多くのヒスパニックが暮らしている．

それに対して，カリフォルニア州北部に位置するサンフランシスコは，チャイナタウンに象徴されるように，中国系の移民やその子孫が数多く暮らしていることで有名である．サンフランシスコの住民の25.1%がアジア諸国や太平洋諸島系諸国の言語を使用しており，それらの人々の人口に占める割合は全米平均やカリフォルニア州の平均よりも大きい．他にも，スペイン語，韓国語，日本語などを使用する人々の数も多い．

このような人種の多様性は，サンフランシスコの各地区の特徴を形作る大きな要因である．図2-1に示されるように，サンフランシスコは11の行政区（Supervisorial District）[2]で構成されている．サンフランシスコは，チャイナタウンや大手の金融機関が建ち並ぶフィナンシャル・ディストリクトなどが存在する第3地区，幻覚作用をもたらす違法薬物の常習者のように退廃的な生活を送る人々や前衛的な芸術活動を行う人々などが密集するヘイト・アシュベリーを含む第5地区，1776年にカトリック系のミッション・ドロレス教会（Mission Dolores Church）が建設された後に発展し，現在では低所得層や貧困層の人々が数多く暮らしているミッションを中心とする第9地区など，移民国家のアメリカを象徴するような多彩な地域社会である．

表2-2に示されるように，各地区の人口規模に大きな差はみられないが，住民の人種構成は地区ごとにかなり異なる．

第1に，アジア系の人々は，第1地区，第3地区，第4地区，第11地区に多く住んでいる．チャイナタウンを含む第3地区の住民の45.5%が中国系の人々であり，その人口に占める割合は特に大きい．一方で，最近ではリ

---

[2]　これはサンフランシスコで採用されている行政区分であり，区長理事会（Board of Supervisors）のメンバーである11人の区長（supervisors）がそれぞれの行政区の代表を務めている．詳細はCity and County of San Francisco, Board of Supervisorsのウェブサイト（http://www.sfbos.org/index.aspx?page=3024）を参照．

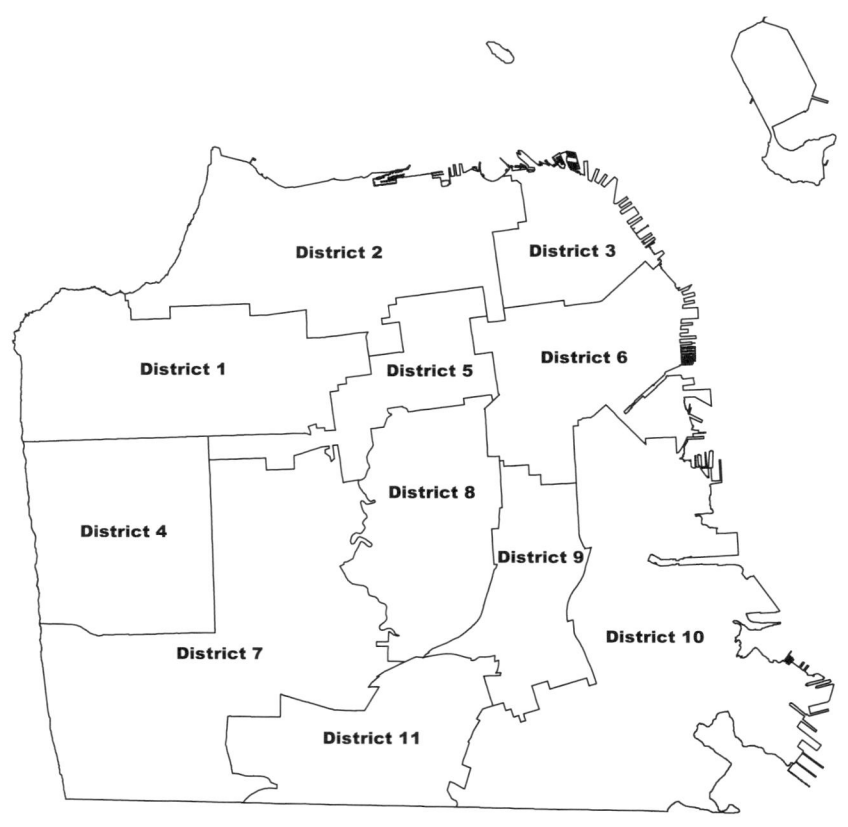

出所：City and County of San Francisco, Department of Elections のウェブサイト（http://www.sfgov2.org/ftp/uploadedfiles/elections/PrecinctServices/2011/Att3_MapPopDiff.pdf）より作成．

図 2-1　カリフォルニア州サンフランシスコ市／郡の 11 の行政区

ッチモンドやインナーサンセットやアウターサンセットで中国系の住民が急速に増加しており，第 4 地区と第 11 地区の住民に占める中国系の人々の割合は第 3 地区のそれよりもさらに大きい．

　第 2 に，白人の住民は第 2 地区と第 5 地区と第 6 地区に多く，アジア系の住民との一定程度の住み分けがみられる．第 2 地区にはヨーロッパ系のミド

第2章 サンフランシスコ市/郡の地域市場とメディケア

表2-2 サンフランシスコ市/郡の行政区別の人口と人種の多様性（2010年）

(人、%)

| | アジア系 | 白人 | ヒスパニック | 黒人 | その他* | 総数 |
|---|---|---|---|---|---|---|
| (1) リッチモンド周辺 | 29,867 (43.8) | 29,365 (43.0) | 4,682 (6.9) | 1,184 (1.7) | 3,155 (4.6) | 68,253 (100.0) |
| (2) プレシディオ/マリナ/パシフィック・ハイツ周辺 | 9,602 (14.1) | 51,213 (75.1) | 3,820 (5.6) | 955 (1.4) | 2,611 (3.8) | 68,201 (100.0) |
| (3) チャイナタウン/ノースビーチ/フィナンシャル・ディストリクト周辺 | 31,348 (45.5) | 29,441 (42.7) | 4,567 (6.6) | 1,536 (2.2) | 2,063 (3.0) | 68,955 (100.0) |
| (4) インナーサンセット/アウターサンセット周辺 | 41,053 (57.3) | 23,105 (32.3) | 4,154 (5.8) | 852 (1.2) | 2,422 (3.4) | 71,586 (100.0) |
| (5) ヘイト・アシュベリー周辺 | 12,328 (17.4) | 40,717 (57.6) | 6,755 (9.6) | 7,373 (10.4) | 3,502 (5.0) | 70,675 (100.0) |
| (6) ダウンタウン/ソーマ周辺 | 26,620 (28.1) | 36,747 (38.8) | 18,221 (19.2) | 8,646 (9.1) | 4,554 (4.8) | 94,788 (100.0) |
| (7) セント・フランシス・ウッド/マーセド湖周辺 | 23,681 (33.9) | 33,701 (48.3) | 6,781 (9.7) | 2,243 (3.2) | 3,419 (4.9) | 69,825 (100.0) |
| (8) カストロ/ツインピークス/グレンパーク周辺 | 8,112 (11.7) | 47,825 (69.0) | 8,356 (12.1) | 1,886 (2.7) | 3,084 (4.5) | 69,263 (100.0) |
| (9) ミッション周辺 | 13,862 (21.1) | 21,983 (33.5) | 25,320 (38.6) | 2,081 (3.2) | 2,427 (3.7) | 65,673 (100.0) |
| (10) ポトレロヒル/ベイビュー/ハンターズ・ポイント周辺 | 28,958 (36.8) | 12,793 (16.3) | 16,857 (21.4) | 15,735 (20.0) | 4,318 (5.5) | 78,661 (100.0) |
| (11) エクセルシオール/イングルサイド周辺 | 40,269 (50.6) | 10,561 (13.3) | 22,261 (28.0) | 4,290 (5.4) | 2,154 (2.7) | 79,535 (100.0) |
| サンフランシスコ全域 | 265,700 (33.0) | 337,451 (41.9) | 121,774 (15.1) | 46,781 (5.8) | 33,709 (4.2) | 805,415 (100.0) |

注：*複数の人種に該当する場合もある．
出所：City and County of San Francisco, Department of Electionsのウェブサイト（http://sfgov2.org/index.aspx?page=2699）より作成．

ルクラスや高所得層が多く住んでいる一方で，ヘイト・アシュベリーを含む第5地区や数多くの同性愛者が集まるカストロとツインピークス周辺の第8地区は低所得層や貧困層の住民が比較的多い．

第3に，中でもヒスパニックの人々は第9地区と第10地区と第11地区に密集しており，それらの人々の多くが低所得者や貧困者である．特に，ミッ

ション周辺の第9地区の一部は治安の悪い地域であったが，最近では地域経済の活性化を目的とする再開発が進められており，芸術文化の振興などを通して人種間の交流が盛んである．

　第4に，数多くの黒人が暮らしているロサンゼルス市などとは異なり，サンフランシスコに住む黒人は人口の5.8%に過ぎず，約半数の黒人が第5地区または第10地区で暮らしている．それらの地区でも黒人の住民の数はアジア系の人々や白人やヒスパニックの住民よりも少なく，同じく様々な人種の人々が住むニューヨーク市とは人種構成がかなり異なる[3]．

## (2) 人種の多様性とメディケアの民間プラン

　メディケア加入者も様々な人種で構成されており，加入者のニーズもそれぞれ異なるがゆえに，サンフランシスコの地域保険市場では数多くのメディケアの民間プランが販売されており，一部の民間プランは人種の多様性を反映した独特な内容になっている．

　第1に，サンフランシスコでは数多くのメディケア加入者が民間プランに加入しており，民間プランの加入率は全米平均やカリフォルニア州の平均よりも高い．表2-3に示されるように，カリフォルニア州全域のメディケア加入者に占める民間プランの加入者の割合が74.7%であり，全米平均の64.2%よりも10.5ポイントも高いが，サンフランシスコの加入率はカリフォルニア州全域よりも4.4ポイントも高く78.3%にも上る．そのうち，処方薬給付のみを行う処方薬単体プラン（Prescription Drug Plan; PDP）の加入率は43.3%であり，それは全米平均だけでなくカリフォルニア州の平均よりも高い．パートCの民間プランであるMA（Medicare Advantage）プランまたは処方薬保障を伴うMA-PD（Medicare Advantage-Prescription

---

[3] サンフランシスコの各地区の人種構成や所得水準などの特徴については，City and County of San Francisco, Board of Supervisorsのウェブサイト（http://www.sfbos.org/index.aspx?page=1）や，後述するセルフ・ヘルプ・フォー・ディ・エルダリー（Self Help for the Elderly）のカーラ・ガードナー（Karla Gardner）氏から得た情報などに基づいている．

**表 2-3** カリフォルニア州とサンフランシスコ市／郡のメディケア加入者数と民間プランの加入率（2010年1月）

(万人，％)

|  | 全米 | | カリフォルニア州 | | サンフランシスコ市／郡* | |
|---|---|---|---|---|---|---|
| メディケアの民間プランの加入者 | 2835.1 | 64.2 | 326.0 | 74.7 | 9.4 | 78.3 |
| PDP | 1751.8 | 39.7 | 165.0 | 37.8 | 5.2 | 43.3 |
| MA プラン／MA－PD プラン | 1083.3 | 24.5 | 161.0 | 36.9 | 4.2 | 35.0 |
| メディケア加入者 | 4413.2 | 100.0 | 436.5 | 100.0 | 12.0 | 100.0 |

注：＊サンフランシスコ市／郡のメディケア加入者は2007年7月の人数である．
出所：U.S. Department of Health and Human Services, Centers for Medicare and Medicaid Services のウェブサイト（https://www.cms.gov/MedicareEnrpts/；https://www.cms.gov/MCRAdvPartDEnrolData/）より作成．

Drug）プランの加入率はカリフォルニア州の平均とほぼ同水準の35.0％であり，全米平均の24.5％よりも10.5ポイントも高い．

第2に，サンフランシスコの地域保険市場で販売されているメディケアの民間プランの数は全米の中でも多く，後に詳しく述べるように，中には人口規模が相対的に大きい中国系の住民を強く意識した内容のプランも存在する．表2-4に示されるように，2011年には18社の保険会社やマネジドケア組織などが33種類のPDPを販売し，6社が7種類のMA-PDプランと2種類のMAプランを販売している．

PDPの給付内容や，連邦政府から保険会社などに支払われる保険料とは別に加入者から追加的に徴収される保険料の金額などはそれぞれ異なり，同じ保険会社やマネジドケア組織が，給付の対象の薬剤や患者一部負担の規定や追加の保険料などがそれぞれ異なる複数の種類のPDPを販売している場合もある．加入者に課される保険料の月額はプランごとに異なり，最も安価な「Humana Walmart-Preferred RX Plan」の14.80ドルから，最も高額な「Humana Complete」の114.80ドルまで，100ドルもの差が存在する．これらはヒューマナ社（Humana Insurance Company）と小売業において全米で最大の市場シェアを持つウォルマート社（Walmart）の間の提携によって開発された民間プランであり，加入者は近所のウォルマートというスーパーマーケットで服薬に関する相談や処方薬の受取などを行うことができる[4]．

表 2-4 サンフランシスコ市／郡で販売されているメディケアの民間プラン（2011年）

(ドル)

| | 種類と名称 | 保険会社／マネジドケア組織など | 格付 | 保険料の月額 |
|---|---|---|---|---|
| PDPプラン | Humana Walmart-Preferred RX Plan | Humana Insurance Company | 3 | 14.80 |
| | Advantage Star Plan by RXAmerica | RxAmerica | N/A | 28.10 |
| | Health Net Orange Option 1 | Health Net | 3 | 30.30 |
| | WellCare Classic | WellCare | 3.5 | 31.50 |
| | BravoRx | Bravo Health | 2.5 | 32.00 |
| | Blue Cross MedicareRx Standard | Blue MedicareRx | 2.5 | 36.80 |
| | EnvisionRxPlus Silver | EnvisionRx Plus | 2.5 | 39.20 |
| | AARP MedicareRX Preferred | UnitedHealthcare | 3 | 40.10 |
| | First Health Plan D Premier | First Health Plan D | 2.5 | 42.60 |
| | Humana Enhanced | Humana Insurance Company | 3 | 43.20 |
| | HealthSpring Prescription Drug Plan-Reg 32 | HealthSpring Prescription Drug Plan | 2.5 | 43.80 |
| | CVS Caremark Value | SilverScript Insurance Company | 3 | 46.40 |
| | Community CCRx Basic | Community CCRx PDP | 3 | 47.60 |
| | Sterling Rx | Sterling Life Insurance Company | 3 | 51.10 |
| | Blue Cross MedicareRX Plus | Blue MedicareRx | 2.5 | 52.10 |
| | WellCare Signature | WellCare | 3.5 | 52.20 |
| | UA Medicare Part D Prescription Drug Cov | United American Insurance Company | 2.5 | 52.70 |
| | Medco Medicare Prescription Plan －Value | Medco Medicare Prescription Plan | 4 | 56.40 |
| | Aetna Medicare Rx Essencials | Aetna Medicare | 2.5 | 59.80 |
| | CIGNA Medicare Rx | CIGNA Medicare Rx | 2.5 | 60.00 |
| | Aetna Medicare Rx Costco Plus Plan | Aetna Medicare | 2.5 | 60.80 |
| | Blue Shield Medicare Rx Plan | Blue Shield of California | 4 | 62.70 |
| | CVS Caremark Plus | SilverScript Insurance Company | 3 | 63.40 |
| | CIGNA Medicare Rx Plan Two | CIGNA Medicare Rx | 2.5 | 71.40 |
| | Medco Medicare Prescription Plan －Choice | Medco Medicare Prescription Plan | 4 | 83.90 |
| | Health Net Orange Option 2 | Health Net | 3 | 84.60 |
| | Community CCRx Choice | Community CCRx PDP | 3 | 89.70 |
| | First Health Plan D Premier Plus | First Health Plan D | 3 | 90.50 |
| | Blue Cross MedicareRx Gold | Blue MedicareRx | 2.5 | 91.20 |
| | EnvisionRxPlus Gold | EnvisionRx Plus | 2.5 | 91.40 |
| | AARP MedicareRx Enhanced | UnitedHealthcare | 3 | 98.80 |
| | Aetna Medicare Rx Premier | Aetna Medicare | 2.5 | 108.50 |
| | Humana Complete | Humana Insurance Company | 3 | 114.80 |
| MA-PDプラン | Freedom Blue Plan I (Regional PPO) | Anthem Blue Cross Life &Health Insurance Company | N/A | 0.00 |
| | AARP MedicareComplete (HMO) | UnitedHealthcare | 3.5 | 0.00 |
| | CCHP Senior Program (HMO) | Chinese Community Health Plan | 3.5 | 35.00 |
| | SCAN Options (HMO) | SCAN Health Plan | 4 | 35.20 |
| | Health Net Healthy Heart (HMO) | Health Net of California | 3.5 | 44.10 |
| | SCAN Classic (HMO) | SCAN Health Plan | 4 | 46.80 |
| | Kaiser Permanente Senior Advantage Alam., SF, Napa (HMO) | Kaiser Permanente Senior Advantage | 5 | 81.00 |
| MAプラン | Freedom Blue Classic (Regional PPO) | Anthem Blue Cross Life &Health Insurance Company | N/A | 0.00 |
| | Health Net Seniority Plus Green (HMO) | Health Net of California | 3.5 | 79.00 |

出所：U.S.Department of Health and Human Services, Centers for Medicare and Medicaid Services のウェブサイト（https://www.medicare.gov/find-a-plan/questions/home.aspx）より作成．

第2章　サンフランシスコ市／郡の地域市場とメディケア　　107

　MAプランやMA-PDプランの給付内容や加入者から徴収される保険料の金額などもプランごとに異なる一方で，HMO型のMA-PDプランが主流であることがカリフォルニア州の全域とその周辺地域における地域保険市場の特徴である．加入者に課される保険料が最安値のプランは「Freedom Blue Plan I」であり，カリフォルニア州で営業活動を行うブルークロスの「Anthem Blue Cross Life & Health Insurance Company」によって販売されている．これはこの地域で唯一のリージョナルPPO型のMA-PDプランであり，加入者には保険料が課されていない．一方で，カイザー・パーマネンテ社（Kaiser Permanente Senior Advantage）は「Kaiser Permanente Senior Advantage Alam., SF, Napa」というHMO型のMA-PDプランを販売しており，加入者に課される保険料は月額81ドルである．

　カイザー・パーマネンテ社はカリフォルニア州オークランド市に本社を構える最古参のHMOの1つであり，特にカリフォルニア州とその周辺地域の地域市場でかなり大きな市場シェアを獲得している[5]．サンフランシスコを含むこれらの地域にはカイザー・パーマネンテ社の傘下の病院が数多く存在しており，カイザー・パーマネンテ社は地域市場において絶大な影響力を持っている[6]．

　カイザー・パーマネンテ社の地域市場における絶大な影響力は，保険プランの内容に対する評価が良好であることによって強化されている．連邦のメディケア・メディケイド・サービス・センター（Centers for Medicare and Medicaid Services; CMS）は，メディケアの民間プランに関して，各プランの費用や加入者から徴収される保険料の金額などをもとに格付を行っている．2011年には，カイザー・パーマネンテ社はサンフランシスコで販売しているMA-PDプランに関して最高評価のグレード5を獲得しており，グレー

---
　4)　詳細はHumana社のウェブサイト（http://www.humana.com/medicare/）を参照．
　5)　Scott et al. (2000), pp. 51-3.
　6)　詳細はKaiser Permanente社のウェブサイト（http://xnet.kp.org/newscenter/aboutkp/fastfacts.html）を参照．

ド5の評価を受けたプランは他に存在しない．全米レベルでも，カイザー・パーマネンテ社のプランはすべての保険会社やマネジドケア組織の中で最も良い評価を受けている[7]．

　サンフランシスコの人種構成を反映したメディケアの民間プランとして注目すべきなのは，CCHP社（Chinese Community Health Plan）によって販売されているHMO型のMA-PDプランの「CCHP Senior Program」である．CCHP社はサンフランシスコの中国系の住民によって運営されているマネジドケア組織であり，その母体はサンフランシスコ・チャイニーズ・ホスピタル協会（Chinese Hospital Association of San Francisco）という医療機関の組織である．すなわち，この協会はチャイナタウンの中心部にあるチャイニーズ・ホスピタル（Chinese Hospital）を運営する一方で，主に中国系の住民をターゲットにした内容の医療保険プランも販売している．チャイニーズ・ホスピタルは，地域住民によって所有され，運営されているアメリカで唯一の病院であり，19世紀末から運営されていた診療所の内容や規模を拡張させた医療機関として1925年に創立された．この病院は創立当時には主に急性期医療を行っていたが，現在では54の病床を持つ地域病院として，主に中国系の高齢者に慢性期医療を提供している[8]．

　CCHP社のプランの特徴は，チャイニーズ・ホスピタルを中心に，中国語を使用できる医師や看護師などのスタッフが数多く在籍している病院や薬局などが医療機関のネットワークに含まれていることである．2008年には，この病院のほぼすべての患者がアジア諸国または太平洋諸島系諸国からの移民やその子孫であり，大半がチャイナタウンに住む中国系の住民であった．しかも，入院患者の77％が70歳以上の高齢者であり，収入の82％がメディケアにかかわる診療報酬や患者一部負担などであった[9]．

---

7) Henry J. Kaiser Family Foundation (2011b), pp. 10-1.
8) Resource Development Associates (2011), pp. 13-4.
9) *Ibid*., pp. 14-7. CCHP社や保険プランの詳細はCCHP社のウェブサイト（http://www.cchphmo.com/）を参照．

### (3) 人種構成を反映した地域市場の占有状況

サンフランシスコのメディケアの民間プランにおける地域性は，保険会社やマネジドケア組織による地域市場の占有状況にも反映している．表2-5は，サンフランシスコのメディケアの民間プランに関する市場シェア（加入者の規模）が特に大きい保険会社やマネジドケア組織を示したものである．

PDPの加入者の74.7％が上位5社のプランに加入しており，それらに比べると他の保険会社などの市場シェアはかなり小さい．公的医療保障制度の民間プランの販売に関して多くの実績を持つウェルケア社（Wellcare Prescription Insurance, Inc.）[10]は，サンフランシスコのPDPに関して最大の市場シェアを持っており，PDPの加入者の20.5％がそのプランに加入している．全米の各地域で様々な医療保険プランを販売しているヘルスネット社

表2-5 サンフランシスコ市/郡のメディケアの民間プランに関する保険会社とマネジドケア組織の市場シェア（2011年1月）

（人，％）

| | 保険会社／マネジドケア組織 | 加入者数 | 構成比 |
|---|---|---|---|
| P D P | Wellcare Prescription Insurance, Inc. | 10,280 | 20.5 |
| | Health Net Life Ins Co / Health Net Ins of NY | 8,765 | 17.5 |
| | Accendo Insurance Company （RxAmerica） | 7,342 | 14.6 |
| | Bravo Health Insurance Company, Inc. | 6,209 | 12.4 |
| | UnitedHealthcare Insurance Company | 4,887 | 9.7 |
| | その他 | 12,696 | 25.3 |
| | 合計 | 50,179 | 100.0 |
| MAプラン／MAPDプラン | Kaiser Foundation HP., Inc. | 21,481 | 48.4 |
| | Health Net of California | 8,446 | 19.0 |
| | Chinese Community Health Plan | 7,599 | 17.1 |
| | California Physicians' Service （Blue Shield of California） | 2,323 | 5.2 |
| | Pacificare of California （UnitedHealthcare） | 1,791 | 4.0 |
| | その他 | 2,771 | 6.2 |
| | 合計 | 44,411 | 100.0 |

出所：U.S. Department of Health and Human Services, Centers for Medicare and Medicaid Services のウェブサイト（https://www.cms.gov/MCRAdvPartDEnrolData/）より作成．

---

10) 詳細はウェルケア社のウェブサイト（http://www.wellcare.com/AboutUs/default）を参照．

（Health Net Life Ins Co/Health Net Ins of NY）の市場シェアが2番目に大きく，3番目は全米の各地域に薬局チェーン店を構えるCVSケアマーク社（CVS Caremark）の関係会社のアッセンド社（Accendo Insurance Company/RxAmerica）である．

　一方で，MAプランまたはMA-PDプランのいずれかに加入している人々の48.4％がカイザー・パーマネンテ社のMA-PDプランに加入しており，カイザー・パーマネンテ社は圧倒的な市場シェアを獲得している．それに次ぐヘルスネット社（Health Net of California）の市場シェアは19.0％であり，カイザー・パーマネンテ社の半分にも満たない．CCHP社が獲得している加入者の規模は3番目に大きく，MAプランまたはMA-PDプランの加入者の17.1％がCCHP社のMA-PDプランに加入している．その大半の加入者は中国系の人々であり，他の人種の加入者が少ないにもかかわらず，地域保険市場において無視できない市場シェアを持っている．

　このような地域保険市場の占有状況は，低所得層や貧困層の人々がパートDプランに加入する際に，連邦政府から民間プランを販売する保険会社やマネジドケア組織に対して交付される低所得者保険料補助制度（Low Income Subsidy; LIS）と密接に関係している（LISについては第1章を参照）．表2-6に示されるように，2011年にはサンフランシスコの約4.8万人のメディケア加入者がLISを通して補助を受けており，それは加入者の総数の50.3％にも上る．

　LISを通して補助を受けている者の多くがPDPに加入しており，それはPDPの加入者の77.4％にも上る．LISを通して補助を受けている者の65.0％が上位4社のいずれかのプランに加入しており，それらの人々に関するそれぞれの保険会社やマネジドケア組織の市場シェアは，いずれも表2-5で示した市場シェアを上回っている．これらのプランでは9割以上の加入者がLISの補助を受けており，保険会社などにとってLISの補助を受けている加入者の獲得は市場シェアを拡大するための重要な手段である．

　MA-PDプランでは，CCHP社がLISを通して補助を受けている加入者

**表 2-6** サンフランシスコ市／郡のメディケアのパート D プランに関する低所得者保険料補助制度（2011 年）

（人，％）

| | 保険会社／マネジドケア組織 | 加入者数 | 構成比 |
|---|---|---|---|
| PDP | Wellcare Prescription Insurance, Inc. | 9,905 | 25.5 |
| | Health Net Life Ins Co ／Health Net Ins of NY | 7,952 | 20.5 |
| | Accendo Insurance Company （RxAmerica） | 7,363 | 19.0 |
| | Bravo Health Insurance Company, Inc. | 6,156 | 15.9 |
| | Humana Insurance Company | 3,593 | 9.3 |
| | その他 | 3,864 | 10.0 |
| | 合計 | 38,833 | 100.0 |
| MA-PDプラン | Chinese Community Health Plan | 3,901 | 44.8 |
| | Kaiser Foundation HP., Inc. | 2,406 | 27.7 |
| | Health Net of California | 866 | 10.0 |
| | On Lok Senior Health Services | 779 | 9.0 |
| | San Mateo Health Commission | 353 | 4.1 |
| | その他 | 394 | 4.5 |
| | 合計 | 8,699 | 100.0 |

注：調査時期が異なるので，プランによっては LIS の補助を受けている加入者数が，表 2-5 で示した 2011 年 1 月時点の加入者数の合計よりも多い場合がある．
出所：U.S. Department of Health and Human Services, Centers for Medicare and Medicaid Services のウェブサイト（https://www.cms.gov/MCRAdvPartDEnrolData/LISC/item-detail.asp?filterType=none&filterByDID=-99&sortByDID=1&sortOrder=ascending&itemID=CMS1246845&intNumPerPage=10）より作成．

を最も多く獲得しており，LIS の補助を受けている加入者に関しては CCHP 社の市場シェアがカイザー・パーマネンテ社のそれよりもはるかに大きい．すなわち，LIS の補助を受けて MA-PD プランに加入している者の 44.8％ が CCHP 社の MA-PD プランに加入しており，その規模はカイザー・パーマネンテ社の 27.7％ よりも 17.1 ポイントも大きい．

以上のように，サンフランシスコの地域保険市場でメディケアの民間プランを販売している保険会社やマネジドケア組織は，パート D の LIS を通して補助を受けている者を自らのプランに積極的に加入させることで市場シェアを拡大させた．見方を変えると，サンフランシスコの高齢者や障害者の多くがメディケアの民間プランを選択し，それらの多くの人々が LIS の補助を受けることで地域市場の活性化が実現したのである．

## 2. メディケア改革とアウトリーチの推進策

### (1) メディケアにおけるアウトリーチの重要性

　全米の各地域でメディケアの民間プランに加入する選択肢が提供されているとはいえ，高齢者や障害者がメディケアの民間プランに加入し，医療サービスを利用して給付を受けるためには，制度や民間プランに関する正確な情報を得た上でいくつかの手続きを行わなければならない．それぞれの加入者が自らにとって最良と思える民間プランを見出してそのプランに加入するためには，自分がメディケアの民間プランに加入するための資格要件を満たしているかどうか，何種類の民間プランの中から選択することが可能か，さらには各プランの保障内容や保険料の金額を理解しているかどうかなど，制度の内容に関して数多くの知識を必要とする．さらに，加入者がいずれかのプランに加入している場合にも，自分が利用しようと考えている医療機関がプランのネットワークに含まれているかどうか，その医療機関で自らが求める医療サービスを受けられるかどうか，患者一部負担の規定がどのような内容であるかなど，加入者が多くの事柄を理解していなければならない．

　しかし，すべての加入者がメディケアの制度や民間プランについて詳しいわけではなく，しかもそれらの人々の知識が正確であるとも限らない．

　第1に，そもそも民間プランに加入しているかどうかとは別に，一部の人々は英語をうまく使用できず，それが原因で自らが利用すべき医療機関の選択や医療サービスの受診などに関して多くの困難を抱えている．Flowers (2008) は，ヒスパニックやアジア系の人々を中心に，自宅で英語以外の言語を使用している高齢者の全体に占める割合が増加傾向にあり，それらの人々の多くがメディケアを通して医療機関を受診する際に直面する困難を具体的に指摘している．すなわち，英語をうまく使用できない高齢者の多くはメディケアの制度をあまり把握しておらず，それゆえに自らが必要とする医療を受けられない場合が多い．それに，医師が英語しか話せない場合には，

加入者は自らの状態をうまく説明することや，医師による診断の内容を正確に理解することができない．さらに，そもそもこのような加入者は，自らが使用する言語でやりとりができる医師や看護師などが常駐している医療機関や，自らの健康状態をふまえて適切な医療機関を選択すること自体がなかなかできない．これらの困難が生じている結果，英語をうまく使用できない加入者は他の加入者よりも予防ケアや定期健診などを受ける機会が少なく，医療サービスの受診に関してかなり不利な状況に置かれている[11]．

第2に，民間プランへの加入の選択肢を提供するパートCやパートDの制度についても多くの問題が指摘されており，それらは一部の加入者が抱えている言語的な制約と大いに関係している．第1章で明らかにしたように，2003年メディケア処方薬改善現代化法（MMA）による改革の結果，各地域に住む加入者が選択できる民間プランの数は飛躍的に増加した．しかし，同時に新たな問題も生じており，今度は選択できる民間プランの数が多すぎることで，多くの加入者が各プランの内容に関して混乱しているとともに，どのプランを選択すべきか困惑している[12]．特に，パートDの制度やプランの詳細を熟知している加入者の数は少なく，各プランの給付や保険料や患者一部負担の規定などがほぼ同じであるなどの多くの誤解が生じている[13]．その結果，多くの加入者は内容をあまり理解せずに自らが頻繁に利用する薬局と契約しているプランに加入しがちであり，自らの所得水準や健康状態や持病の有無などをふまえたプランの選択が行われていないことが懸念されている[14]．

第3に，これらの問題は低所得層や貧困層の加入者にとって特に深刻である．Davidoff et al. (2010) は，2006年のパートDの実績に基づく調査を行い，所得が連邦貧困線（FPL）の150%未満の低所得者や貧困者が，プラ

---

11) Flowers (2008), pp. 2-5.
12) Gold (2009), p. i.
13) Dulio et al. (2007), pp. 2-6.
14) Gruber (2009), p. 5.

ンの選択や加入に関して特に深刻な問題を抱えていた可能性を指摘している．Davidoff らによると，パート D が創設される以前には確実な処方薬保障を獲得していなかった低所得者や貧困者の多くが，2006 年にはパート D プランに加入し，そのうち LIS を通して補助を受けていた者の割合は，すべての加入者のうち LIS の補助を受けていた者の割合よりも大きかった．しかし一方で，低所得者や貧困者の 29.1% またはパート D プランに加入していた低所得者の 42.5% は，LIS の補助を受けるための資格要件を満たしているにもかかわらず，補助を受けていなかった[15]．

このような調査結果は，低所得者や貧困者にとって，民間プランの保険料が高額であることや，プランへの加入に必要な手続きを行うことが難しいことに加えて，そもそも加入の手続きを済ませるために必要な情報を得ることが依然として困難であることを示唆している．もっと具体的に言えば，低所得者や貧困者が抱えている困難とは，LIS という補助制度が存在していることを知っているかどうか，民間プランへの加入や LIS の補助を申請する際に必要な手続きを行えるかどうか，申請書に必要事項を英語で記入できるかどうかなどである．さらに，2003 年と 2006 年の制度の実績を対象に行われた別の調査は，慢性疾患を抱える低所得の高齢者は確実な処方薬保障を獲得していない場合が多いことを指摘した上で，これらの人々に対して LIS の補助を受けるための申請手続きに関する支援を重点的に行う必要性を主張している[16]．

以上のように，地域市場を基盤とするメディケアのプライバタイゼーションを円滑に進めるためには，連邦レベルでの制度改革だけでは不十分であり，各地域の加入者が抱えている様々な問題が解決されなくてはならないのである．これらの問題を解決するためには，メディケアに関する情報の提供や民間プランに加入するために必要な申請手続きの支援などが不可欠であり，加入者に対する多面的なアウトリーチ（outreach）[17] を積極的に行うことが重

---

15) Davidoff et al. (2010), pp. 1257-62.
16) Safran et al. (2010), pp. 12-6.

要な課題になった．

### (2) 連邦政府が直接に行うアウトリーチ活動とその問題点

2003年MMAによるメディケア改革を契機として，連邦政府は民間プランへの加入を促すことを主な目的に，メディケア加入者を対象とするアウトリーチの推進策を実施している．連邦政府によるアウトリーチ活動は多岐に渡り，マスメディアやダイレクトメールなどを通した広報活動や，加入者からの問い合わせに関する電話応対などが行われている[18]．

特に重要なのは，連邦政府がウェブサイトを通して，メディケアの制度や民間プランなどに関する情報を加入者に公開していることである．すなわち，CMSは新たにウェブサイトを開設し，加入者による民間プランの選択を支援している．加入者は，自分の住所の郵便番号（ZIP CODE）に加えて，自分がオリジナルメディケアとパートCプランのどちらの加入者であるか（わからないという選択肢もある），パートDプランに加入しているか，どのような種類の補足保障に加入しているか，常用の薬剤がある場合にはその名称，よく利用している薬局の名称を入力することで，自らが加入できる民間プランの種類，それぞれのプランのネットワークに含まれる医療機関のリスト，各プランの保障内容や保険料や患者一部負担などの情報を得ることができる[19]．

それにもかかわらず，連邦政府が直接に行っているアウトリーチ活動への

---

17) 序章でも述べたように，アウトリーチとは手を伸ばすこと（reach out）であり，保健・医療・福祉などの分野では，制度の周知，制度に加入するための申請手続きの支援やサービスの利用にかかわる支援などの取り組みを指す用語として用いられている．
18) これらのアウトリーチ活動は，2004年5月にメディケア処方薬割引カード移行期補助制度（Medicare Prescription Drug Discount Card and Transitional Assistance Program）が開始される以前から行われていた．U.S. General Accountability Office (2005), pp. 5-12.
19) CMSのウェブサイトでは，メディギャップ保険のプランに関する情報を得ることもできる．U. S. Department of Health and Human Services, Centers for Medicare and Medicaid Servicesのウェブサイト（https://www.medicare.gov/find-a-plan/questions/home.aspx）を参照．

評価はあまり良いものではなく，むしろ批判的な見解が数多く示されている．

第1に，連邦政府によるマスメディアやダイレクトメールなどを用いたアウトリーチ活動は，民間プランへの加入を選択できることを加入者に対して周知することには成功しているが，それらの活動はそれぞれ異なる疑問や困難を抱える個々の加入者への支援という点では不十分であることが指摘されている．すなわち，これらの方法は，制度改革の大まかな内容やパートCとパートDという民間プランへの加入を認める制度の大枠を周知することはできても，それらの制度の詳細や，それぞれの民間プランの内容を個々の加入者の要望に沿う形で伝えることが難しく，アウトリーチの効果が限定的であることが示されたのである．それに，電話応対は個別の疑問や問題への対応として有効であるとはいえ，CMSの電話回線は常に混雑しており，加入者にとって利用しにくいという批判が多い[20]．

第2に，インターネットを用いたアウトリーチ自体には肯定的な見解が示されている一方で，CMSのウェブサイトは多くの高齢者にとって利用しづらく，アウトリーチ活動としての有効性に乏しいことも指摘されている．なぜなら，低所得層や貧困層の人々を中心に，多くの高齢者はコンピュータをうまく使いこなすことができず，パソコンを用いてインターネット上のウェブサイトを利用すること自体が難しいからである．加入者を支援する家族やボランティアなども，同様の問題を抱えている場合が多い[21]．

Rideout et al.（2005）は，2004年に50歳から64歳までの人々と65歳以上の高齢者を対象にインターネットの利用状況に関するアンケート調査を行い，その調査結果について検討したものである．それによると，65歳以上の高齢者の69％が，インターネットを一度も利用したことがないと回答した．中でも，所得が2万ドル未満の高齢者は全体の3分の2近くを占めてい

---

20) U.S. General Accountability Office（2005），pp. 12-6.
21) *Ibid.*, p. 9. この問題は，選択可能な民間プランの数があまりにも多く，加入者が膨大な情報をもとに，自らが加入したいと思うプランを絞り込むことが難しいことを反映しているともいえよう．Gold（2009），pp. 3-10.

たが，そのうちインターネットを利用したことがあると回答した者は15%に過ぎなかった[22]．さらに，すべての高齢者のうち，CMSのウェブサイトを利用したことがあると回答した者はたったの2%であった[23]．

これらと大いにかかわる問題として，英語をうまく使用できない加入者は，英語で記されたウェブサイトの情報を理解することが難しい．CMSのウェブサイトはスペイン語での表示にも対応しているが，中国語やベトナム語やロシア語など，他の言語を主に使用する人々にとっての言語的な制約は解決されていない．他にも，ウェブサイトの内容も複雑でわかりづらく，開設された直後には誤った情報が掲載されていたことなども指摘されている[24]．

### (3) 州医療保険アウトリーチ支援制度

連邦レベルでのアウトリーチ活動に対して批判的な見解が寄せられている一方で，連邦政府は州医療保険アウトリーチ支援制度（State Health Insurance and Assistance Program; SHIP）を通して，地域レベルのアウトリーチ活動を積極的に支援している．SHIPは1990年包括財政調整法（Omnibus Budget Reconciliation Act of 1990; OBRA 1990）によって創設され，1992年から実施された[25]．SHIPは連邦制度であるとはいえ，実際には州または州内の地域を単位として実施されており，その名称も州または州内の地域ごとに異なる．

SHIPの目的は，メディケア加入者に対する地域レベルでのアウトリーチ活動を支援することであり，その財源として連邦補助金が州政府に交付される．ただし，アウトリーチ活動の実施主体は州政府ではなくコミュニティ組織であり，州政府は連邦補助金を用いて，コミュニティ組織によるアウトリ

---

22) Rideout et al. (2005), pp. 3-4.
23) *Ibid*., p. 8.
24) U.S. General Accountability Office (2005), pp. 8-9.
25) 1990年包括財政調整法によって制度が創設された当初の名称は，情報提供カウンセリング支援補助金制度（Information, Counseling, and Assistance (ICA) Grants Program）であった．

ーチ活動を支援している．後述するように，コミュニティ組織によるアウトリーチ活動は多岐に渡り，加入者との個人面接や電話応対によるカウンセリングや，メディケアの制度や各種の手続きに関する住民説明会などが行われている．これらの SHIP を通したアウトリーチ活動はボランティアを主体として行われており，コミュニティ組織はボランティア活動を行う人々に対して，メディケアをはじめとする各種の医療保障制度や様々な手続きなどに関する教育を行っている．このように，SHIP はコミュニティ組織と州政府の公民協働（Public-Private Partnership）に基づく地域レベルの活動を前提として実施される連邦制度であり，地域によっては地方政府の協力も得ながらコミュニティ組織によるアウトリーチ活動の支援が行われている．

それぞれの州政府に交付される SHIP の連邦補助金は，定額配分，各州のメディケア加入者の規模に応じた配分，各州のパフォーマンスに応じた配分の3通りの方式に基づいて決まる．2010 年度には定額部分として 7.5 万ドル[26]がそれぞれの州政府に配分された．それに加えて，メディケア加入者の規模に応じた配分額は，全米の加入者の総数に占める各州の加入者数の割合，各州の人口に占める加入者数の割合，各州の加入者の総数に占める非都市部に住む加入者数の割合をもとに算出される．さらに，パフォーマンスに応じた配分が，CMS によって定められたアウトリーチの実績に関するいくつかの要件を満たしている州政府に対して行われる．その配分額の総額はあらかじめ定められており，2010 年度の配分枠は 1,500 万ドルであった[27]．

SHIP が創設された当初の主な役割は，メディケア加入者に対してメディギャップ保険に関する情報提供や加入に関する相談受付などを行うことで，加入者によるプランの選択や加入を支援することであった．すなわち，当時は地域保険市場への公的規制を通してメディギャップ保険が標準化されてお

---

26) グアムやヴァージン・アイランドについては 2.5 万ドルである．
27) O'Shaughnessy (2010), p. 3. SHIP の詳細は U.S. Department of Health and Human Services, Centers for Medicare and Medicaid Services のウェブサイト (http://www.cms.hhs.gov/partnerships/10_SHIPS.asp) や O'Shaughnessy (2010) を参照．

**表 2-7** 州医療保険アウトリーチ支援制度の連邦補助金の予算額の推移

(百万ドル)

| 会計年度 | 連邦補助金 | 制度の動向 |
|---|---|---|
| 2003 | 12.5 | 2003 年 MMA の制定 |
| 2004 | 21.4 | |
| 2005 | 31.7 | |
| 2006 | 32.7 | パート D の実施 |
| 2007 | 34.2 | |
| 2008 | 54.3 | 2007 年 MMSEA の制定<br>(うち 1,500 万ドルはメディケア信託基金からの支出) |
| 2009 | 52.5 | 2008 年 MIPPA の制定<br>(うち 750 万ドルはメディケア信託基金からの支出) |
| 2010 | 45.0 | |

出所：O'Shaughnessy (2010) より作成．

らず，各プランの内容はあまりにも多様で複雑であったことから，多くのメディケア加入者が混乱し，誤った認識を持っていた[28]．SHIP はこれらの混乱や誤解を解消することを目的に創設され，コミュニティ組織によるアウトリーチ活動に対する財政支援が行われるようになった．

2003 年 MMA によるメディケア改革に伴い，SHIP を通した連邦補助金が増額されるとともに，その役割がメディケアの民間プランへの加入を支援することに重点化された．表 2-7 に示されるように，SHIP の連邦補助金の 2003 年度の予算額は 1,250 万ドルであったが，MMA による連邦補助金の増額が開始された 2004 年度には 2,140 万ドルに増加し，2005 年度の予算額はさらに増えて 3,170 万ドルになった．同時に，CMS はこうした連邦補助金の増額やガイドラインを通して，新たに創設されたパート D の民間プランやパート C プランへの加入の支援や，特に低所得層や貧困層の加入者に LIS の補助を受けることを積極的に呼びかけ，それらの人々にもパート D プランへの加入を促すためのアウトリーチ活動を積極的に支援するよう州政府に促した[29]．

---

28) 地域保険市場に対する公的規制やメディギャップ保険の標準化については中浜 (2008) を参照．
29) この他にも，MMA によるメディケア改革によって，州薬剤扶助制度 (State Pharma-

その後も,いくつかの制度改革によってSHIPの追加の連邦補助金が支出された.2007年メディケア・メディケイド・SCHIP延長法(Medicare, Medicaid, and SCHIP Extension Act of 2007; MMSEA)は,2008年度に1,500万ドルの追加の連邦補助金を支出することを決定した.さらに,2008年メディケア改善法(Medicare Improvements for Patients and Providers Act of 2008; MIPPA)による改革の結果,2009年度には750万ドルの連邦補助金を州政府に対して追加で支出することになった[30].2010年度におけるSHIPの連邦補助金の総額は4,500万ドルにも上り,SHIPを通した財政支援の拡大によって,メディケアにおけるコミュニティ組織の活用が積極化されている.

地域市場を基盤とするメディケアのプライバタイゼーションは,パートCの改革やパートDの創設という連邦制度の変更や財政規模の拡大だけでなく,コミュニティ組織の活用がそれを実現するための重要な条件として位置づけられていた.サンフランシスコをはじめとして,全米の各地域に住む数多くのメディケア加入者が民間プランに加入した背景には,コミュニティ組織による多様なアウトリーチ活動と,それらの活動に対する財政支援が存在していたのである.SHIPはメディケアにおける言語的な制約を取り除くことを特に重要な課題としており[31],人種の多様性を特色とするサンフランシスコのコミュニティ組織による活動を強力に支援している.

## 3. サンフランシスコのコミュニティ組織とメディケア市場

サンフランシスコはコミュニティ組織による活動が特に活発な地域であり,

---

  ceutical Assistance Programs; SPAP)におけるパートDのアウトリーチ活動の費用とそれらにかかわる行政費に充当するための財源として,州政府薬剤扶助制度を実施している州政府に総額6,250万ドルの連邦補助金が交付されることになった.
  Henry J. Kaiser Family Foundation (2007), p. 2.
30) O'Shaughnessy (2010), pp. 2-4.
31) Health Assistance Partnership (2009), p. 2.

第 2 章　サンフランシスコ市／郡の地域市場とメディケア　　　121

メディケア加入者を対象とする活動も積極的に行われている．中でも，医療保険相談支援制度（Health Insurance Counseling and Advocacy Program; HICAP）は，サンフランシスコの地域社会に即した効果的な取り組みであり，メディケア加入者に対するアウトリーチ活動のモデルとして注目されている．

　最後に，サンフランシスコの HICAP を通したアウトリーチ活動の具体的な内容について検討し，メディケアにおけるコミュニティ組織の活用の意義と課題を明らかにする．

### (1)　HICAP と高齢者の自立

　HICAP はカリフォルニア州政府によって実施されている SHIP であり，サンフランシスコではセルフ・ヘルプ・フォー・ディ・エルダリー（Self Help for the Elderly; SHE）という NPO が HICAP を通したアウトリーチ活動を実施している．そもそも SHIP は，SHE がサンフランシスコの高齢者を対象に 1970 年代頃から行ってきたアウトリーチ活動を起源としており，SHE による活動をモデルとして 1984 年に HICAP がカリフォルニア州の独自の制度として創設された．その HICAP は，SHIP という連邦制度が創設される際にモデル・ケースとして注目され，その有効性が認められたことが SHIP の創設に結びついた．

　SHE はサンフランシスコを拠点として活動している NPO であり，1966 年に設立されてから現在まで，中国系の高齢者を中心とする数多くの地域住民に対して多種多様な支援やサービスを行っている．SHE の本部はサンフランシスコのチャイナタウンの一角にあり，オークランド市，サンマテオ郡，サンノゼ郡などにも SHE の事務所が存在する．SHE は 1992 年からサンマテオ郡でも HICAP を実施している．

　第 1 に，SHE による支援やサービスの内容はかなり多様であり，在宅医療やホスピスケアなどの医療サービスの提供，低所得の高齢者に対する低家賃の賃貸住宅の提供，高齢者の自宅への配食，自宅の清掃や身の回りの世話

を含む介護サービス，高齢者の職業訓練や就業支援，パソコンや料理などに関する教育活動などが行われている．SHE は高齢者によるボランティア活動の促進にも力を入れており，高齢者に社会活動を促すことで，高齢者を地域社会の中で孤立させないような工夫がなされている．

　第 2 に，もっと重要なのは，こうした支援やサービスが，サンフランシスコにおける文化の多様性やそれぞれの異なる言語を用いる人々へのきめ細かい対応として行われていることである．SHE のスタッフやボランティア協力者の多くは英語だけでなく，中国語，ベトナム語，カンボジア語，ロシア語，スペイン語などを用いることが可能な人々である．SHE による活動がこれらのスタッフや協力者によって行われることで，文化的背景にかかわる困難または言語的な制約を抱えている高齢者に対して効果的な支援やサービスが行われている[32]．

　高齢者のための「自助（Self Help）」という名称に象徴されるように，SHE の理念は高齢者に対して自立（independence）と尊厳（dignity）と自尊心（self-worth）を促すことであり，それは HICAP を通した活動でも貫徹されている．SHE のスタッフとしてサンフランシスコの HICAP のプログラム・マネージャーを担当しているカーラ・ガードナー（Karla Gardner）氏は，高齢者の自立を軸に据えていることが SHE の理念であると同時に，それは HICAP の特徴でもあると述べている．ガードナー氏によると，多くのアメリカ人は個人の自立に大きな価値を置いており，HICAP を通したアウトリーチ活動も，自分でできることは自分の力で行う意志をメディケア加入者に持ってもらい，それを軸として行われている[33]．すなわち，SHE のスタッフやボランティア協力者が加入者に代わって民間プランの選択や加入の手続きを行うのではなく，あくまで加入者自身がそれらを主体的に行うこ

---

[32] Self Help for the Elderly のウェブサイト（http://www.selfhelpelderly.org/about/index.php）を参照．なお，川合（1998）は SHE の特質や活動内容について，特に地域再開発との関連で詳細に検討している．

[33] 本章で取り上げるガードナー氏の証言は，2011 年 8 月に筆者がサンフランシスコで行ったヒアリング調査によって得られたものである．

とを前提に，SHE のスタッフやボランティア協力者による支援が行われているのである[34]．

## (2) HICAP における公民協働と財政支援

すでに述べたように，HICAP はボランティアを主体とする制度であり，その活動は他のコミュニティ組織との協力関係の下で行われている．カリフォルニア・ヘルス・アドヴォケイツ（California Health Advocates; CHA）は，カリフォルニア州のメディケア加入者に対する各種の教育活動やメディケアに関する政策提言などを行う NPO であり，HICAP に関してボランティア協力者の教育や訓練や研修を担当している[35]．ボランティア協力者として HICAP の活動に参加するためには，約 30 時間の訓練と 20 時間以上に及ぶ実務研修を受けた上で，研修の担当者やボランティアのコーディネーターによる認定を受けなくてはならない．サンフランシスコではボランティア協力者の育成が特に活発に行われており，数多くの NPO がボランティア協力者として働くことを希望する人々に対して，質の高い教育や訓練や研修を行っている．そのような訓練や研修が行われることで，コミュニティ組織による高水準の活動が実現しているのである[36]．2009 年には，11 人の公認のボランティア協力者（Registered Volunteer Counselors）がサンフランシスコの HICAP を通して活動し，他の 11 人がボランティア活動を行うために研修

---

[34] SHE が HICAP を通した活動の実施主体に選ばれ続けているのは，単にこのような活動を先駆的に行ってきたからではなく，個人の自立や自助を重視する SHE の理念が HICAP の基本方針と整合的であり，しかも SHE が公的部門よりも効率的にアウトリーチ活動を行うことで財政支出の削減効果が期待されていたからであると評価できよう．個人の自立や自助を最も重視するアメリカ・モデルの福祉国家の理念については渋谷（2010），3 頁を参照．

[35] SHE と同様に，CHA もメディケアの制度に関する情報の提供や各種の手続きの呼びかけを行っている．詳細は California Health Advocates のウェブサイト（http://www.cahealthadvocates.org/）を参照．

[36] サンフランシスコにおける NPO やボランティア活動と，ボランティアに関する教育・研修活動などについては岡部（2000）を参照．

を受けた[37]．

　SHE は，連邦政府からカリフォルニア州政府に交付され，州政府からサンフランシスコ市／郡政府を経由して交付された SHIP の補助金を主な財源として HICAP の活動を行っているが，それに加えて SHE 自身も自らの事業で得た収入のほか，地域住民からの寄付金や地元の民間財団からの助成金などを集め，活動資金の確保に取り組んでいる．2009-10 年度（2009 年 7 月から 2010 年 6 月）[38]には，SHE はカリフォルニア州政府やサンフランシスコ市／郡政府などの公的部門からの補助金に加えて，全米の NPO に対して数々の助成や支援を行っているユナイテッド・ウェイのベイエリア支部（United Way of Bay Area）や，通信事業で最大手の AT&T 社，サンフランシスコに本部を構える大手の金融機関のウェルズ・ファーゴ社（Wells Fargo）などからも助成金や寄付金を得ている[39]．

　一方で，カリフォルニア州政府もコミュニティ組織に補助金を交付するだけでなく，カリフォルニア大学バークレー校（University of California, Berkeley）の協力を得てメディケアに関する利用手引書を作成し，その中で HICAP の利用を推奨している[40]．その他にも，州政府の高齢者局（Department of Aging）はウェブサイトや広報誌などを通して，HICAP の利用やボランティアへの参加を地域住民に積極的に呼び掛けている[41]．

### （3）　HICAP を通したアウトリーチ活動の有効性

　2007-08 年度（2007 年 7 月から 2008 年 6 月）について，サンフランシスコの HICAP を通したアウトリーチ活動の実績をカリフォルニア州全域と比

---

37)　*Newsletter of Self Help for the Elderly,* Summer 2011, Vol. 18, Issue 2, p. 6.
38)　カリフォルニア州の財政年度は 7 月から翌年の 6 月までの期間に設定されており，SHE の年次報告や HICAP もこの財政年度を単位としている．
39)　Self Help for the Elderly (2011).
40)　State of California, Office of the Patient Advocate and the University of California, Berkeley (2010).
41)　State of California, Department of Aging のウェブサイト（http://www.aging.ca.gov/hicap/volunteer.aspx）を参照．

第2章 サンフランシスコ市／郡の地域市場とメディケア

**表 2-8** 医療保険相談支援制度のアウトリーチに関する実績
（2007年7月～2008年6月）

（人・回，%）

|  | カリフォルニア州 | | サンフランシスコ市／郡 | |
|---|---|---|---|---|
|  | 実績 | 構成比 | 実績 | 構成比 |
| 相談依頼者 | 45,850 | 100.0 | 1,393 | 100.0 |
| 　加入者 | 37,898 | 82.7 | 1,166 | 83.7 |
| 　家族または世話をしている人 | 5,438 | 11.9 | 139 | 10.0 |
| 　その他（依頼者の代理人や関連組織） | 2,514 | 5.5 | 88 | 6.3 |
| 相談を受けた依頼者 | 47,082 | 100.0 | 1,505 | 100.0 |
| 　1回の相談 | 27,790 | 59.0 | 955 | 63.5 |
| 　2回の相談 | 8,730 | 18.5 | 263 | 17.5 |
| 　3回以上の相談 | 10,362 | 22.0 | 237 | 15.7 |
| 応対方法 | 98,767 | 100.0 | 2,206 | 100.0 |
| 　電話応対 | 60,375 | 61.1 | 802 | 36.4 |
| 　事務所での応対 | 27,741 | 28.1 | 1,206 | 54.7 |
| 　電子メール，ファックス，郵便 | 8,587 | 8.7 | 198 | 9.0 |
| 　依頼者の自宅での応対 | 1,801 | 1.8 | 0 | 0.0 |
| 　不明（記録なし） | 263 | 0.3 | 0 | 0.0 |
| SHIPまたはHICAPを知った経緯 | 47,082 | 100.0 | 1,504 | 100.0 |
| 　高齢者や障害者に関する組織 | 15,295 | 32.5 | 893 | 59.4 |
| 　友人または近親者 | 3,543 | 7.5 | 35 | 2.3 |
| 　CMS | 3,532 | 7.5 | 48 | 3.2 |
| 　説明会または催し物 | 1,995 | 4.2 | 5 | 0.3 |
| 　その他 | 8,482 | 18.0 | 96 | 6.4 |
| 　不明（記録なし） | 14,235 | 30.2 | 427 | 28.4 |

注：1回の相談または1人の相談依頼者が複数の内容について相談した場合もあるなどの理由から，相談依頼者の人数や相談件数などの各項目を足し合わせた数と実際の合計とは異なる場合がある．
出所：State of California, Department of Aging のウェブサイト（http://www.aging.ca.gov/stats/hicap_detailed_data_counseling_0708.asp ; http://www.aging.ca.gov/stats/hicap_counseling_section1_2_PSA_0708.pdf）より作成．

較すると，以下のような特徴を見出すことができる．

　第1に，表2-8はHICAPの利用状況に関して行われたアンケート調査の結果のうち，HICAPに関する相談依頼者数とその構成，依頼者との応対方法，依頼者がSHIPまたはHICAPを知った経緯をまとめたものである．サンフランシスコとカリフォルニア州全域のどちらについても，依頼者の8割以上がメディケア加入者であり，過半数の依頼者が1回の相談を行った．

一方で，応対方法とSHIPまたはHICAPを知った経緯については，州全域とサンフランシスコの間で明確な相違がみられる．州全域では相談件数の61.1％が電話応対であったのに対して，サンフランシスコではコミュニティ組織（SHE）の事務所での応対が全体の54.7％を占めていた．SHIPまたはHICAPを知った経緯については，州全域の依頼者の32.5％が高齢者や障害者にかかわるコミュニティ組織やCMSや社会保障庁（Social Security Administration）などの公的機関と回答した一方で，サンフランシスコでは依頼者の59.4％が同じ経緯で知ったと回答しており，その割合は州全域よりも26.9ポイントも大きかった．

　第2に，表2-9は，HICAPを通したアウトリーチの対象になった加入者の属性を整理したものである．サンフランシスコのアウトリーチの対象になった加入者の61.6％がFPLの150％未満の所得しか持たない低所得者または貧困者であり，その割合は州全域の33.6％よりも18.0ポイントも大きかった．対象の加入者の年齢は様々であるが，サンフランシスコでは65歳から74歳までの加入者と75歳から84歳までの加入者への支援が州全域よりも重点的に行われており，これらの人々への支援が全体の69.2％を占めていた．その他に特徴的なのは，サンフランシスコの人種構成を反映して，アジア系の加入者に対する支援が全体の55.5％であり，州全域の9.6％よりも45.9ポイントも大きかったことである．

　第3に，表2-10を用いてHICAPを通した相談件数を相談内容ごとに比較してみると，サンフランシスコではメディケアのパートDに関する相談が全体の54.6％にも上り，州全域の36.0％よりも18.6ポイントも大きかった．中でも，パートDの民間プランの給付内容，LISの補助を受けるための申請手続き，プランへの加入や加入の手続きに関する相談が大半を占めていた．

　これらの実績は，サンフランシスコのHICAPがSHEによって効果的かつ効率的に実施されていることを示している．

　第1に，すでに述べたようにサンフランシスコではメディケア加入者を対

表 2-9 医療保険相談支援制度のアウトリーチに関する加入者の属性（2007 年 7 月～2008 年 6 月）

(人，%)

| | | カリフォルニア州 | | サンフランシスコ市／郡 | |
|---|---|---:|---:|---:|---:|
| | | 人数 | 構成比 | 人数 | 構成比 |
| 所得 | FPL の 150％未満 | 15,839 | 33.6 | 927 | 61.6 |
| | FPL の 150％以上 | 21,711 | 46.1 | 405 | 26.9 |
| | 不明（記録なし） | 9,532 | 20.2 | 173 | 11.5 |
| 年齢 | 60 歳未満 | 6,074 | 12.9 | 211 | 14.0 |
| | 60～64 歳 | 6,292 | 13.4 | 122 | 8.1 |
| | 65～74 歳 | 17,426 | 37.0 | 656 | 43.6 |
| | 75～84 歳 | 9,847 | 20.9 | 385 | 25.6 |
| | 85 歳以上 | 3,897 | 8.3 | 91 | 6.0 |
| | 不明（記録なし） | 3,546 | 7.5 | 40 | 2.7 |
| 性別 | 男性 | 17,743 | 37.7 | 583 | 38.7 |
| | 女性 | 27,984 | 59.4 | 867 | 57.6 |
| | 不明（記録なし） | 1,355 | 2.9 | 55 | 3.7 |
| 障害 | あり | 8,332 | 17.7 | 271 | 18.0 |
| | なし | 31,483 | 66.9 | 1,192 | 79.2 |
| | 不明（記録なし） | 7,267 | 15.4 | 42 | 2.8 |
| 人種や民族 | 白人 | 29,446 | 62.5 | 469 | 31.2 |
| | アジア人 | 4,530 | 9.6 | 835 | 55.5 |
| | 黒人 | 1,936 | 4.1 | 61 | 4.1 |
| | その他 | 1,151 | 2.4 | 86 | 5.7 |
| | 不明（記録なし） | 9,831 | 20.9 | 54 | 3.6 |
| | （うちヒスパニックまたはラティーノ） | 5,722 | 12.2 | 88 | 5.8 |
| 婚姻状況 | 婚姻者 | 18,680 | 39.7 | 590 | 39.2 |
| | 未亡人 | 9,021 | 19.2 | 232 | 15.4 |
| | 離婚者 | 6,232 | 13.2 | 99 | 6.6 |
| | 非婚者 | 4,309 | 9.2 | 226 | 15.0 |
| | その他 | 1,300 | 2.8 | 33 | 2.2 |
| | 不明（記録なし） | 7,540 | 16.0 | 325 | 21.6 |
| | 加入者の合計[2] | 47,082 | 100.0 | 1,505 | 100.0 |

注：1) 4 月 1 日以降の初回の相談で得られた加入者の情報．
　　2) 各項目を足し合わせた人数と加入者の合計が一致しない場合もある．
出所：State of California, Department of Aging のウェブサイト（http://www.aging.ca.gov/stats/hicap_detailed_data_counseling_0708.asp；http://www.aging.ca.gov/stats/hicap_counseling_section1_2_PSA_0708.pdf）より作成．

**表 2-10** 医療保険相談支援制度のアウトリーチに関する相談内容と相談件数（2007年7月〜2008年6月）

(件, %)

|  | カリフォルニア州 | | サンフランシスコ市／郡 | |
|---|---|---|---|---|
|  | 相談件数 | 構成比 | 相談件数 | 構成比 |
| メディケアのパートD | 50,261 | 36.0 | 2,914 | 54.6 |
| 　各プランの給付内容 | 14,153 | 10.2 | 916 | 17.2 |
| 　LISの受給 | 8,215 | 5.9 | 738 | 13.8 |
| 　加入や申請の手続き | 7,114 | 5.1 | 695 | 13.0 |
| 　資格要件 | 17,342 | 12.4 | 375 | 7.0 |
| 　その他 | 3,437 | 2.5 | 190 | 3.6 |
| メディケアの民間プラン全般 | 20,456 | 14.7 | 671 | 12.6 |
| 　加入手続き，資格要件，各プランの詳細 | 14,910 | 10.7 | 537 | 10.1 |
| 　その他 | 5,546 | 4.0 | 134 | 2.5 |
| オリジナルメディケア | 22,709 | 16.3 | 619 | 11.6 |
| 　加入手続き，資格要件，給付内容 | 19,013 | 13.6 | 539 | 10.1 |
| 　その他 | 3,696 | 2.7 | 80 | 1.5 |
| メディケイド（メディカル） | 15,183 | 10.9 | 392 | 7.4 |
| メディギャップ保険 | 14,050 | 10.1 | 407 | 7.6 |
| 　加入手続き，資格要件，各プランの詳細 | 12,143 | 8.7 | 386 | 7.2 |
| 　その他 | 1,907 | 1.4 | 21 | 0.4 |
| メディケアのパートD以外の処方薬保障 | 3,519 | 2.5 | 52 | 1.0 |
| その他の補足保障 | 11,927 | 8.6 | 255 | 4.8 |
| 長期介護 | 1,317 | 0.9 | 23 | 0.4 |
| 合計* | 139,422 | 100.0 | 5,333 | 100.0 |

注：*1回の相談または1人の加入者が複数の内容について相談した場合もあるので，実際の相談件数の合計とは異なる．
出所：State of California, Department of Aging のウェブサイト（http://www.aging.ca.gov/stats/hicap_detailed_data_counseling_0708.asp；http://www.aging.ca.gov/stats/hicap_counseling_section3_PSA_0708.pdf）より作成．

象とするコミュニティ組織の支援活動が特に活発に行われており，それがSHEによるアウトリーチ活動の効果を高めている．すなわち，SHEがサンフランシスコの住民に対して数十年にわたって活動を続けてきた伝統と実績を持っており，地域住民にとって身近な存在であるがゆえに，HICAPのアウトリーチが主にSHEの事務所で行われ，電話応対よりも効果的な個別面談を軸とする活動が実現しているのである．それに加えて，HICAPという

制度の周知がSHEも含めて様々なコミュニティ組織などを通して行われていることも，SHEにとって有利に働いている．他のコミュニティ組織が制度の周知に積極的に取り組んでいるからこそ，SHEは広報活動だけに埋没せず，個別の加入者が抱えている疑問や困難を解決するための相談業務を集中的かつ効果的に行うことができているといえよう[42]．

第2に，SHEはLISの補助を受けるための資格要件を満たす低所得者や貧困者へのアウトリーチを特に重点的に行うことで，メディケアに関する地域の課題を解決しようとしている．第1章でも述べたように，これらの人々はLISの補助を受けるための所得要件を満たしているが，一部の者は補助を受けるための申請手続きを行っていない．

メディケアにおける最重要課題の1つは，低所得層や貧困層の加入者にLISという補助制度が存在することを周知し，LISの補助を受けるための申請を呼びかけ，申請手続きに関して支援を行うことである．CMSが2008年1月の実績に基づいて行った調査によると，LISの補助を受けるための資格要件を満たしており，なおかつ十分な給付内容を伴う他の認定可能な処方薬保障 (creditable prescription drug coverage) を持たない加入者は410万人であったが，その63%がLISの補助を申請していなかった[43]．またSummer et al. (2008) は，2006年にLISの補助を申請していない加入者を対象とするアンケート調査を行った．それによると，申請を行わなかった理由について，回答者の83%が「(LISの：引用者) 補助を受けるための申請手続

---

[42] アウトリーチの有効性をもっと高めるための試みとして，SHEは2010年にHICAPに関する小冊子を作成し，それを加入者に配布することで，HICAPの利用を呼びかける試みを開始した．この小冊子にはHICAPやメディケアの制度に関する情報がわかりやすく書かれているだけでなく，加入者に関する定期検診の受診状況，受診歴や入院の記録，これまでに支払った患者一部負担の記録，常用している薬剤の名称などが記入できるように作られている．SHEは，加入者がこの小冊子を常に持ち歩くことで，メディケアに関する手続きを自分で確認できるようになることや，加入者がかかりつけ医師にこの小冊子に書かれた記録やメモを提示することで医療ミスや料金の支払いに関するトラブルを防止することにも役立てられることなどを期待している．Health Insurance Counseling & Advocacy Program (2010).

[43] Summer et al. (2008), p. 6.

きの方法を知らない」と回答するとともに[44]，回答者の 77% が「(LIS の：引用者) 補助を受けられることを知らなかった」と回答している[44]．

SHE はこれらの問題に重点的に取り組んでおり，しかもその活動が効果的に行われることで，サンフランシスコの多くのメディケア加入者が民間プランに加入することが可能になっている．

第3に，アウトリーチの対象になった加入者の過半数がアジア系の人々であったことも，サンフランシスコにおいて SHE というコミュニティ組織の活用が有効であることを明確に示している．すでに述べたように，これらの人々の多くは英語をうまく使いこなすことが難しく，申請に関して困難を抱えている．SHE は中国系の高齢者を中心とする様々な人種や民族の人々に支援やサービスを行う NPO であり，その活動は SHIP の目的と合致している．HICAP を通した活動は，中国系の加入者にとって身近な住民会館やファーマーズ・マーケットや病院などで行われており，これらの場所で活動が行われることで，中国系の加入者に対するアウトリーチの効果が高まっている．

HICAP は特定の保険プランを推奨する活動を行っていないが，サンフランシスコの HICAP を通したアウトリーチ活動が SHE によって担われていることは，LIS の補助を受けている者を中心に CCHP 社のプランの加入率が高いことと密接に関連している．SHE が主に中国系の高齢者に対して支援を行う NPO であるがゆえに，それらの高齢者にとっての基幹病院であるチャイニーズ・ホスピタルでアウトリーチ活動が行われることはきわめて自然であり，合理的でもある．チャイニーズ・ホスピタルは，低所得層や貧困層の人々に対して割引診療やフリーケアを行っているほか，地域住民に健康診断や予防ケアの利用を促すための事業や活動などにも積極的に取り組んでいる[45]．SHE は中国系の低所得者や貧困者を中心とする高齢者に対して，LIS の補助を受けるための申請手続きを支援するなどの HICAP を通したア

---

44) *Ibid.*, pp. 6-7.
45) Resource Development Associates (2011), pp. 20-2.

ウトリーチ活動と並行して，これらのチャイニーズ・ホスピタルによるサービスの利用についても数々の支援を行っている．すでに述べたように，CCHP社の母体はチャイニーズ・ホスピタルを運営するサンフランシスコ・チャイニーズ・ホスピタル協会であり，この病院を利用している地域の高齢者の多くが，SHEによる支援を受けてCCHP社のプランに加入しているのである．SHEによるアウトリーチ活動は，結果として中国系の加入者によるCCHP社のプランへの加入を促し，CCHP社のメディケア市場における市場シェアを高めているといえよう．

SHEの年次報告書によると，SHEは2009-10年度（2009年7月から2010年6月）にサンフランシスコとサンマテオ郡でHICAPのアウトリーチ活動を行い，2万4,692人の相談依頼者に対して個別の相談受付などを行った．活動の重点課題は，LISをはじめとする各種の補助制度を知らない低所得者や貧困者に対するアウトリーチ活動を強化し，それらの人々による申請を促すことであった[46]．このようなSHEの活動目標は活動の実績と整合的であり，コミュニティ組織によるアウトリーチ活動の有効性が強調されている．

SHEによるアウトリーチ活動の有効性は，相談件数が多いことや，そのうち問題解決に結びついた件数の割合が大きいことなどに加えて，それがNPOを主体とする専門的な活動であることにも大きく関係している．

カリフォルニア州では，パートDが創設される以前から，処方薬の割引を行う州制度に関して，薬局に対する周知不足や薬局側の理解不足という問題が指摘されていた．カリフォルニア州政府は1999年に，メディケア加入者を対象とする処方薬の割引制度を独自の州制度として創設した．この州制度の下では，カリフォルニア州が実施するメディケイドであるメディカル（Medi-Cal）の加入者に対する薬剤の提供に関して州政府と契約を結んでいる薬局は，メディケアの加入者証を提示したメディケア加入者に対して，メディカルで定められた価格に基づいて薬剤を販売することを義務づけられた．

---

46) Self Help for the Elderly (2011).

それにもかかわらず，サンフランシスコ・ベイエリアとロサンゼルス郡の494店舗の薬局を対象として2002年に実施された調査によると，25%の薬局は制度に沿った割引を行っていなかった．中でも，チェーン店の薬局の91%が割引を行ったのに対して，個人経営の薬局の42%が割引を行わなかった．さらに，低所得者や貧困者が多く住む地域（low-income neighborhoods）の薬局による割引実施率は69%に過ぎず，それはミドルクラスや高所得者が多く住む地域（high-income neighborhoods）における81%よりも12ポイントも大きかった[47]．

Avorn（2003）は，処方薬に関するプロモーションについて，営利目的ではなく，公衆衛生を重視する形での（public health-oriented）アウトリーチ活動が営利組織によるプロモーション活動よりも有益であり，しかもそれは費用対効果の点でも優れていると述べている[48]．CMSも，HICAPを通したアウトリーチ活動がコミュニティ組織やボランティア協力者による支援の下で専門的に行われることが重要であり，それによってアウトリーチの有効性が高まることを強調している[49]．Avorn（2003）で指摘されている「公衆衛生を重視する形での」活動が，営利目的を主とするのではなく，すべての地域住民を対象に，それぞれの加入者が抱えている多様な困難の解決に取り組むことであるとすれば，SHEによるアウトリーチ活動がまさにそれにあてはまり，SHEの実績はこれらの見解と整合的であると評価できる．

SHEによるHICAPの活動は，メディケアにおけるコミュニティ組織の活用が有効に行われうることを示す象徴的な事例であるといえよう．カリフォルニア州政府はHICAPに関する実績をCMSに評価され，2007-08年度（2007年7月から2008年6月）にはパフォーマンスに基づく連邦補助金の配分額として，6.25万ドルを追加で獲得した．その資金がSHEに交付される

---

47) Lewis et al.（2002），pp. 831-3.
48) Avorn（2003）．
49) U.S. Department of Health and Human Services, Centers for Medicare and Medicaid Servicesのウェブサイト（http://www.cms.hhs.gov/partnerships/10_SHIPS.asp）．

ことで，HICAPを通したアウトリーチ活動がいっそう活発に行われるのである[50]．

### (4) HICAPを通したアウトリーチ活動の課題

ガードナー氏は，サンフランシスコにおけるHICAPを通したアウトリーチ活動の課題として，アウトリーチの対象をいっそう広げるためにもっと多くのメディケア加入者に関する情報を把握することと，ボランティア協力者に対する教育や訓練のシステムを充実させることの2点を指摘している．

第1に，SHEはチャイナタウン周辺に住む中国系の高齢者に対するアウトリーチを得意としているが，他の地域に住む中国系の高齢者や中国系以外の高齢者または中国系の人々とは異なる文化的背景を持つ高齢者へのアウトリーチ活動をいっそう積極的に行うことを課題としている．すなわち，チャイナタウンを含む第3地区だけでなく，第1地区や第4地区にも数多くの中国系の高齢者が住んでおり，それらの中にはアウトリーチ活動を特に重点的に行うべき低所得者や貧困者も含まれる．

特に重要なのは，ヒスパニックの高齢者に対するアウトリーチ活動の強化である．第6地区，第9地区，第10地区には数多くの低所得者や貧困者が住んでおり，それらは主にヒスパニックの住民で構成されている．ヒスパニックの人々の多くはメディケアに関する知識に乏しく，しかも低所得者や貧困者の割合が他の人種よりも高いことから，メディケアに関して数多くの困難を抱えている．カリフォルニア保健医療財団（California HealthCare Foundation）が1999年にカリフォルニア州のメディケア加入者を対象に行ったアンケート調査によると，ヒスパニックの加入者の55％がメディケア

---

50) この連邦補助金はHICAPの他にも，高齢者局の地域事務所（Area Agencies on Aging; AAA）や6カ所の高齢者・障害者リソース・センター（Aging and Disability Resource Centers; ADRC）などに交付された．AAAやADRCはその資金をコミュニティ組織に交付し，アウトリーチ活動を支援している．State of California, Department of Agingのウェブサイト（http://www.aging.ca.gov/stats/hicap_data_summary_07_08.asp）を参照．

について「ほとんど知らない」または「全く知らない」と回答しており，その割合はカリフォルニア州に住むすべての加入者の 26% よりも 29 ポイントも大きかった．実際に，これらの回答者にメディケアに関する 7 つの簡単な質問を行った結果，すべての加入者の 18% が 2 問またはそれ以下しか正答を示せなかった一方で，正答数が 2 問以下であったヒスパニックの加入者の割合は，その 2 倍に相当する 36% であった．さらに，ヒスパニックの加入者の 34% は FPL に満たない所得しか持たない貧困者であり，貧困率は州の加入者全体の 22% に比べて 12 ポイントも大きかった[51]．

SHE がヒスパニックの高齢者に対して有効なアウトリーチ活動を展開できるかどうかは，SHE 自身による努力や工夫に加えて，他のコミュニティ組織との協力関係をいっそう強化できるかどうかにかかっている．数多くのヒスパニックの人々が通うミッション・ドロレス教会は，古くから貧困者に対する支援などを行ってきた実績を持っており[52]，その他にも様々なコミュニティ組織がヒスパニックの人々に対して多様な支援を行っている．これらのコミュニティ組織はヒスパニックのメディケア加入者に関する多くの情報を持っており，SHE はこれらの組織といっそう密接な協力関係を築くことで，ヒスパニックの加入者にも積極的に支援を行うことが可能になるであろう．

　第 2 に，ボランティア協力者に対する教育や訓練のシステムを充実させるという課題も，HICAP を通したアウトリーチ活動の拡大と深く関係している．

　医療の分野における消費者保護などを目的として様々な活動を行う NPO のファミリーズ USA（Families USA）は，ヘルス・アシスタンス・パートナーシップ（Health Assistance Partnership; HAP）というプロジェクトを立ち上げ，各地域の SHIP を通した活動を支援している．このプロジェクト

---

51) California HealthCare Foundation (1999).
52) 詳細は Mission Dolores Church のウェブサイト（http://missiondolores.org/index.html）を参照．

を通して2009年にSHIPのディレクターを対象に行われたアンケート調査によると，回答に応じたディレクターの86％が，SHIPを通したアウトリーチのニーズが昨年よりも増えたと回答しており，その理由として54.5％の回答者が「65歳に到達した高齢者や退職者の増加」と「メディケアの制度の複雑化」（どちらの回答率も54.5％）を指摘した．一方で，SHIPにおけるボランティア制度の最優先課題として，回答者の70.3％がボランティア協力者の採用と教育や訓練を挙げていた（どちらの回答率も70.3％）．さらに，回答者の62.2％は，ボランティア協力者に対して最優先で行うべき教育や訓練の内容を「給付の調整」（複数の医療保障を持つ者を対象に，給付の優先順位や個別の医療サービスの患者一部負担などについて相談に乗ること）と回答した[53]．

この調査結果は，各地域のメディケア市場が急速に発展するにつれて，HICAPを通したアウトリーチ活動の意義がいっそう高まっていることを示している．

第1章で述べたように，パートDの創設やパートCの再編を契機として，これらの民間プランに加入するメディケア加入者は飛躍的に増加し，地域市場は大きく発展した．しかし，同時に地域市場で販売されている民間プランの数があまりにも増え，メディケアの制度自体もいっそう複雑化した結果，プランの選択や加入手続きなどに関して困難や問題を抱えている加入者の数はますます増えている[54]．それだけでなく，困難や問題の中身も多様化しており，制度やプランに関する情報が膨大であるがゆえに正確な知識を獲得できず，自らが加入するプランから他のプランに変更すべきかどうかを判断できない加入者も次第に増加している[55]．このように，メディケア市場が発展するにつれて加入者に対するアウトリーチの必要性は高まっており，HICAPを通したアウトリーチ活動に期待が寄せられている．

---

53) Health Assistance Partnership (2010), pp. 2-3; p. 6.
54) Hoadney (2008).
55) Polinski et al. (2010).

それにもかかわらず，制度の複雑化と地域市場の発展に伴い，HICAPの実施に関して問題が生じている．すでに述べたように，サンフランシスコはコミュニティ組織による活動が特に盛んな地域であり，CHAもこれまでに培った豊富な知識や経験や他のコミュニティ組織との協力関係をもとに，ボランティア協力者に対して高水準の教育や訓練を積極的に行っている．しかし，制度の複雑化や民間プランの多様化が進むにつれて，ボランティア協力者が習得すべき知識や相談技術などの内容もかなり増え，それらの習得が難しくなっている．さらに，ヒスパニックの加入者へのアウトリーチが課題になっていることに象徴されるように，加入者が求める言語的な対応や相談内容なども多様化している．アンケート調査でボランティア協力者に対して最優先で行うべき教育や訓練の内容が「給付の調整」であるという結果が出たことは，このようなHICAPの実施における問題を示しているといえよう．

CHAが制度の複雑化と地域市場の発展にうまく対応し，ボランティア協力者に対する教育や訓練のシステムが発展していけるかどうかが，HICAPの成否を占うことになるであろう．そのシステムの発展においては，SHEがヒスパニックの人々に対して支援を行うコミュニティ組織と協力し，ヒスパニックのボランティア協力者を集めることも重要な課題になるはずである．

## 4. むすびにかえて

メディケアにおけるコミュニティ組織の活用は，地域市場の発展に即したメディケアのプライバタイゼーションを実現するための重要な条件であった．サンフランシスコのHICAPの実績が示しているように，コミュニティ組織によるアウトリーチ活動に対する公的支援を背景として，メディケア加入者による民間プランへの加入が強力に促され，地域市場における取引が活発化した．政府部門によるコミュニティ組織への財政支援を通して地域市場とコミュニティ組織の関係がいっそう強化され，地域市場を基盤とするメディケアの特質がさらに強められたのである．地域市場とコミュニティ組織と政府

部門の相互関係という分析視角をもとに，メディケアのプライバタイゼーションの意義をもっと具体的に明らかにすることを今後の課題としたい．

# 第3章
# ニューヨーク市の医療扶助の再編と地域市場

　本章の課題は，ニューヨーク州ニューヨーク市の医療扶助について，地域市場の発展に即した制度の再編が行われた1990年代から2000年代半ばまでの期間の動向を中心に検討することで，それが貧困者の自立という地域の課題に即して開発されたマネジドケアプランの活用を軸に進められたことを明らかにすることである．アメリカの医療扶助は，貧困者の自立を支援することを目的に，地域ごとに多様な形で実施されている．ニューヨーク市は全米の中でも特に多くの低所得者や貧困者が住んでいる地域であり，医療扶助の加入者数もかなり多い．それだけでなく，ニューヨーク市は「人種のるつぼ」の大都市であり，不法滞在者も含めた数多くの移民や様々な人種の人々が共存していることなど，経済的，社会的，歴史的，文化的な条件がアメリカの他の地域とは大きく異なる．出身国や人種や信仰などの多様性ゆえに，ニューヨーク市の低所得者や貧困者はそれぞれ異なる問題を抱えており，医療扶助の制度編成や各制度の内容はそのような実情をふまえて設計されている．1990年代以降にニューヨーク市で実施された医療扶助の再編は，地域市場を基盤として地域課題を解決しようとする試みであり，その意義を検討することでアメリカの医療保障システムの特質がいっそう具体的に明らかになるであろう．

　本章では，ニューヨーク州における医療保障の加入状況の特徴をふまえ，ニューヨーク州の医療扶助の制度編成や各制度の内容を貧困者の自立という地域課題に即して整理した上で，ニューヨーク市における再編を詳細に検討

する．このような検討を通して，アメリカの医療扶助が地域市場の構造変化に即して再編されたことの意義を明らかにする．

## 1. ニューヨーク州の医療保障の加入状況と医療扶助

ニューヨーク市の医療扶助の詳細を検討する前に，ニューヨーク州における医療保障の加入状況を全米の状況と比較しながら考察する．

第1に，表3-1に示されるように，2004年にはアメリカの全国民の68.1%に相当する約1億9,800万人が民間医療保険に加入しており，その大半が自分自身または世帯主の勤め先の雇用主提供医療保険に加入している．一方で，公的医療保障制度の加入者は全国民の27.2%に過ぎず，公的医療保険のメディケアと，メディケイドと州子ども医療保険加入支援制度(State Children's Health Insurance Program; SHCIP)[1]からなる医療扶助の加入率は，それぞれ13.7%と12.9%である．民間医療保険に加入せず，公的医療保障制度にも加入していない無保険者の数は約4,580万人にも上り，全国民の15.7%が確実な医療保障を持たないまま生活することを余儀なくされている．

ニューヨーク州の加入状況は，このような全米の状況とは異なる．約1,900万人のニューヨーク州民のうち，約1,280万人が民間医療保険の加入者であり，その大半が雇用主提供医療保険に加入している．民間医療保険の加入率は67.0%であり，州民全体に占める割合は全米平均よりも1.1ポイント低いが，雇用主提供医療保険の加入率は60.8%であり，全米平均を1.0ポイント上回っている．

もっと重要なのは，公的医療保障制度の加入状況の違いである．ニューヨーク州民の29.9%が公的医療保障制度に加入しており，その加入率は全米

---

[1] 序章でも述べたように，SCHIPはCHIPの旧称であるが，本章は主にSCHIPが創設された1990年代から2000年代前半までの期間について検討するのでSCHIPと表記する．

第 3 章　ニューヨーク市の医療扶助の再編と地域市場

**表 3-1**　全米とニューヨーク州の医療保障の加入状況（2004 年）

(万人，％)

| | | 全米 | | | | ニューヨーク州 | | | |
|---|---|---|---|---|---|---|---|---|---|
| | | 18歳未満 | 65歳未満 | 65歳以上 | 全年齢 | 18歳未満 | 65歳未満 | 65歳以上 | 全年齢 |
| 加入者数 | 民間医療保険 | 4,846 | 17,693 | 2,134 | 19,826 | 297 | 1,125 | 152 | 1,277 |
| | 雇用主提供医療保険 | 4,489 | 16,167 | 1,251 | 17,417 | 282 | 1,051 | 107 | 1,159 |
| | 個人加入医療保険 | 417 | 1,698 | 998 | 2,696 | 19 | 82 | 54 | 135 |
| | 公的医療保障制度 | 2,192 | 4,549 | 3,360 | 7,909 | 152 | 339 | 231 | 570 |
| | メディケア | 50 | 629 | 3,345 | 3,975 | 3 | 38 | 230 | 268 |
| | メディケイドとSCHIP | 1,985 | 3,422 | 330 | 3,751 | 148 | 303 | 31 | 334 |
| | 軍人関連の医療保障 | 205 | 817 | 251 | 1,068 | 3 | 20 | 5 | 25 |
| | 無保険 | 827 | 4,552 | 30 | 4,582 | 40 | 267 | 3 | 271 |
| | 合計 | 7,382 | 25,594 | 3,521 | 29,116 | 460 | 1,657 | 248 | 1,905 |
| 構成比 | 民間医療保険 | 65.6 | 69.1 | 60.6 | 68.1 | 64.6 | 67.9 | 61.3 | 67.0 |
| | 雇用主提供医療保険 | 60.8 | 63.2 | 35.5 | 59.8 | 61.3 | 63.4 | 43.1 | 60.8 |
| | 個人加入医療保険 | 5.6 | 6.6 | 28.3 | 9.3 | 4.1 | 4.9 | 21.8 | 7.1 |
| | 公的医療保障制度 | 29.7 | 17.8 | 95.4 | 27.2 | 33.0 | 20.5 | 93.1 | 29.9 |
| | メディケア | 0.7 | 2.5 | 95.0 | 13.7 | 0.7 | 2.3 | 92.7 | 14.1 |
| | メディケイドとSCHIP | 26.9 | 13.4 | 9.4 | 12.9 | 32.2 | 18.3 | 12.5 | 17.5 |
| | 軍人関連の医療保障 | 2.8 | 3.2 | 7.1 | 3.7 | 0.7 | 1.2 | 2.0 | 1.3 |
| | 無保険 | 11.2 | 17.8 | 0.9 | 15.7 | 8.7 | 16.1 | 1.2 | 14.2 |
| | 合計 | 100.0 | 100.0 | 100.0 | 100.0 | 100.0 | 100.0 | 100.0 | 100.0 |

出所：U.S. Census Bureau のウェブサイト（http://pubdb3.census.gov/macro/032005/health/h05_000.htm）より作成．

平均よりも 2.7 ポイント高い．特に，医療扶助の加入率は 17.5％ にも上り，それは全米平均の 12.9％ を 4.6 ポイントも上回っている．民間医療保険に加入していない者のうち，一定の要件を満たす者は公的医療保障制度に加入することで医療保障を得ているが，ニューヨーク州では数多くの低所得者と貧困者が医療扶助に加入しているのである．その結果，ニューヨーク州の無保険率は 14.2％ であり，全米平均よりも 1.5 ポイント低い．

第 2 に，同じく表 3-1 を用いて医療保障の加入状況を年齢別に考察する．65 歳以上のほぼすべての高齢者がメディケアに加入しており，それゆえに無保険率は全米平均とニューヨーク州のどちらについてもきわめて低い．本書の随所で述べているように，二重対象者の存在は決して無視できない深刻

表 3-2 全米とニューヨーク州の 18 歳未満の子どもに関

|  |  | 全米 | | | | | | |
|---|---|---|---|---|---|---|---|---|
|  |  | 1990 | 1995 | 2000 | 2001 | 2002 | 2003 | 2004 |
| 加入者数 | 民間医療保険 | 4,644 | 4,702 | 5,050 | 4,965 | 4,947 | 4,848 | 4,846 |
| | 雇用主提供医療保険 | 3,998 | 4,382 | 4,743 | 4,644 | 4,618 | 4,500 | 4,489 |
| | 個人医療保険 | N/A | 422 | 359 | 362 | 386 | 389 | 417 |
| | 公的医療保障制度 | 1,430 | 1,876 | 1,766 | 1,882 | 1,966 | 2,139 | 2,192 |
| | メディケア | 9 | 35 | 52 | 42 | 52 | 48 | 50 |
| | メディケイドとSCHIP | 1,209 | 1,652 | 1,509 | 1,650 | 1,753 | 1,939 | 1,985 |
| | 軍人関連の医療保障 | 241 | 234 | 256 | 238 | 215 | 202 | 205 |
| | 無保険 | 850 | 980 | 862 | 851 | 853 | 837 | 827 |
| | 合計 | 6,529 | 7,115 | 7,231 | 7,263 | 7,331 | 7,358 | 7,382 |
| 構成比 | 民間医療保険 | 71.1 | 66.1 | 69.8 | 68.4 | 67.5 | 65.9 | 65.6 |
| | 雇用主提供医療保険 | 61.2 | 61.6 | 65.6 | 63.9 | 63.0 | 61.2 | 60.8 |
| | 個人医療保険 | N/A | 5.9 | 5.0 | 5.0 | 5.3 | 5.3 | 5.6 |
| | 公的医療保障制度 | 21.9 | 26.4 | 24.4 | 25.9 | 26.8 | 29.1 | 29.7 |
| | メディケア | 0.1 | 0.5 | 0.7 | 0.6 | 0.7 | 0.7 | 0.7 |
| | メディケイドとSCHIP | 18.5 | 23.2 | 20.9 | 22.7 | 23.9 | 26.4 | 26.9 |
| | 軍人関連の医療保障 | 3.7 | 3.3 | 3.5 | 3.3 | 2.9 | 2.7 | 2.8 |
| | 無保険 | 13.0 | 13.8 | 11.9 | 11.7 | 11.6 | 11.4 | 11.2 |
| | 合計 | 100.0 | 100.0 | 100.0 | 100.0 | 100.0 | 100.0 | 100.0 |

出所：U.S. Census Bureau のウェブサイト（http://pubdb3.census.gov/macro/032005/health/histt5.html）より作成．

な問題であるが，それでも高齢者に関するメディケイドの加入率は全年齢の平均に比べると低い．それに対して，65歳未満の人々の多くが雇用主提供医療保険に加入しており，その加入率は全米平均とニューヨーク州のどちらについても，全年齢の平均をそれぞれ3.4ポイントと2.6ポイント上回っている．しかし，メディケアの受給資格が高齢者と一部の障害者にしか認められていないがゆえに，65歳未満の人々に関する公的医療保障制度の加入率は高齢者よりもはるかに低く，その無保険率は全米平均とニューヨーク州のどちらについても，全年齢の平均よりも高い．公的医療保障制度の全体の加入率が低い中で，医療扶助の加入率は全年齢の平均よりもわずかに高いが，特にニューヨーク州の加入率は全米平均よりも4.9ポイントも高い．

　中でも，ニューヨーク州ではかなり多くの18歳未満の子どもが医療扶助

する医療保障の加入状況の推移

(万人，%)

| | ニューヨーク州 | | | | | | |
|---|---|---|---|---|---|---|---|
| | 1990 | 1995 | 2000 | 2001 | 2002 | 2003 | 2004 |
| | 337 | 305 | 302 | 298 | 294 | 296 | 297 |
| | 295 | 286 | 283 | 284 | 276 | 280 | 282 |
| | N/A | 28 | 22 | 15 | 21 | 18 | 19 |
| | 118 | 139 | 135 | 143 | 145 | 147 | 152 |
| | 1 | 3 | 3 | 1 | 2 | 3 | 3 |
| | 109 | 134 | 128 | 136 | 140 | 143 | 148 |
| | 9 | 4 | 5 | 8 | 5 | 4 | 3 |
| | 39 | 57 | 50 | 43 | 46 | 43 | 40 |
| | 464 | 481 | 461 | 457 | 466 | 457 | 460 |
| | 72.6 | 63.4 | 65.5 | 65.2 | 63.1 | 64.8 | 64.6 |
| | 63.6 | 59.5 | 61.4 | 62.1 | 59.2 | 61.3 | 61.3 |
| | N/A | 5.8 | 4.8 | 3.3 | 4.5 | 3.9 | 4.1 |
| | 25.4 | 28.9 | 29.3 | 31.3 | 31.1 | 32.2 | 33.0 |
| | 0.2 | 0.6 | 0.7 | 0.2 | 0.4 | 0.7 | 0.7 |
| | 23.5 | 27.9 | 27.8 | 29.8 | 30.0 | 31.3 | 32.2 |
| | 1.9 | 0.8 | 1.1 | 1.8 | 1.1 | 0.9 | 0.7 |
| | 8.4 | 11.9 | 10.8 | 9.4 | 9.9 | 9.4 | 8.7 |
| | 100.0 | 100.0 | 100.0 | 100.0 | 100.0 | 100.0 | 100.0 |

h05_000.htm；http://www.census.gov/hhes/www/hlthins/historic/hi

　に加入しており，その加入率の高さは全米の中でも際立っている．ニューヨーク州における公的医療保障制度の加入率は33.0%であり，全米平均の29.7%よりも3.3ポイント高いが，それはニューヨーク州のメディケイドやSCHIPの加入率が高いことによるものである．アメリカの全国民の12.9%がメディケイドまたはSCHIPに加入している一方で，18歳未満の子どもの加入率は26.9%であり，全年齢の平均よりも13.3ポイントも高い．それに対して，ニューヨーク州の医療扶助の加入率は32.2%にも上り，およそ3人の子どものうち1人が医療扶助に加入している．ニューヨーク州の子どもの無保険率は8.7%であり，全米平均の11.2%よりも2.5ポイント低い．

　第3に，1990年代以降には全米レベルで18歳未満の医療扶助の加入率が急速に増加し，子どもの無保険率が次第に減少した．表3-2に示されるよう

に，全米平均の民間医療保険の加入率は1990年には71.1%であったが2004年には65.6%になり，5.5ポイントも減少した．雇用主提供医療保険の加入率は1990年には61.2%であり，1990年代後半の経済成長に伴い2000年には65.6%にまで増加したが，その後は景気後退や企業による医療給付の改革などの影響を受けて2004年には60.8%にまで減少している．一方で，公的医療保障制度の加入率は同期間に21.9%から29.7%へと7.8ポイントも増加し，その増加幅は民間医療保険の加入率の減少幅を上回った．公的医療保障制度の加入率は特に2000年以降に大きく増えており，それは2000年から2004年までの間に5.3ポイントも増加した．これは主に，メディケイドやSCHIPの加入率が1990年から2004年にかけて18.5%から26.9%へと8.4ポイントも増えた結果であり，特にその加入率は2000年から2004年までの間に6.0ポイントも増加した．これらの医療扶助を中心とする公的医療保障制度の加入率の増加幅が民間医療保険の加入率の減少幅を上回ったことで，子どもの無保険率は1990年の13.0%から2004年には11.2%になり，1.8ポイント減少した．全年齢の無保険率は1990年の13.9%から2004年には15.7%へと増加しており，特にそれは2000年から2004年にかけて1.5ポイント増加しているが，18歳未満の子どもの無保険率は逆に減少している．

このように，特に2000年以降に全米レベルで18歳未満の子どもに関する医療扶助の加入率が大きく増加し，子どもの無保険率が減少しているが，ニューヨーク州ではこうした傾向がもっと際立っている．民間医療保険の加入率は，1990年には72.6%であったが2004年には64.6%になり，8.0ポイント減少した．それに対して，公的医療保障制度の加入率は同期間に25.4%から33.0%へと7.6ポイント増加し，そのうち医療扶助の加入率は23.5%から32.2%に8.7ポイントも増えている．医療扶助の加入率の増加幅は全米平均とほぼ等しいが，それ以前からニューヨーク州の加入率は全米平均よりも高く，他の州に先駆けて低所得世帯や貧困世帯の子どもに医療扶助への加入を促してきたことがわかる．メディケイドやSCHIPの加入率が高いがゆえに，ニューヨーク州の子どもの無保険率は全米平均よりも一貫して低いが，

2000年から2004年にかけてはそれが2.1ポイントも減少している．

　ニューヨーク州における医療保障の加入状況は，以下のように整理できる．アメリカでは，2000年以降の景気後退や企業による医療給付の改革に伴い雇用主提供医療保険の加入率が減少し，成人の無保険率が高まっているが，その一方で子どもの無保険率は減少している．これは，医療扶助に加入する子どもの数が大きく増えたことによるものである．後述するように，ニューヨーク州政府は1990年代以降に，確実な医療保障を持たないがゆえに病気や怪我の際に医療サービスの料金を支払うことが困難な低所得世帯の子どもに関して，医療扶助の資格要件を寛大化させた．ニューヨーク州には特に多くの医療扶助の加入者が住んでおり，医療扶助の加入者の州民全体に占める割合は他の州よりも高い．中でも，医療扶助を通して医療保障を得ている子どもの州民全体に占める割合は他の州よりもかなり高く，2000年以降にはこうした特徴がさらに強まっている．

　1990年代以降には，マネジドケアプランを被用者に提供する雇用主が急速に増加したことや，それに関連して雇用主の負担額が変更されるなど，雇用主提供医療保険の構造変化が生じているが，公的医療保障制度の性格も大きく変化している．本章で明らかにするように，ニューヨーク州で医療扶助の子どもに関する資格要件が寛大化していることは，公的医療保障制度で生じている構造変化と密接に関係している[2]．

　2005年12月4日付のニューヨーク・タイムズ紙は，「医療費が増加し続けており，（被用者に医療：引用者）保険を提供する雇用主が減少しているにもかかわらず，医療保険を持たないアメリカの子どもの数が少しずつではあるが着実に減少している」ことを取り上げている．この記事は，イリノイ州，ニュージャージー州，ワシントン州，テキサス州，カリフォルニア州，ヴァーモント州などで実施されているSCHIPの内容を紹介しており，各州のSCHIPの内容や実施状況の多様性が示されている[3]．SCHIPの内容や実施

---

　2) 1980年代以降のメディケイドやSCHIPの制度改革についてはU.S. Social Security Administration (2005) やSmith (2002) を参照．

状況が各州で異なるのは，各州の歴史的，文化的な背景や経済社会の諸条件がそれぞれ異なるからである．ニューヨーク州でSCHIPに加入する子どもの数が大きく増えたことも，ニューヨーク州という地域を前提に設計されたSCHIPの具体的な内容とあわせて検討すべきである．

　以上をふまえて，次節ではニューヨーク州の医療扶助の全体像と各制度の内容について検討する．

## 2. ニューヨーク州の医療扶助

　ニューヨーク市は単純で複雑な大都市である．マンハッタンの南部に位置するウォール街には，世界規模で活動する数多くの金融機関が建ち並んでおり，それはアメリカの市場経済の象徴である．金融機関に勤めるサラリーマンは市場経済での典型的な「勝ち組」であり，まさに夢のような生活を送っているが，それはニューヨーク市という地域社会の一側面に過ぎない．ウォール街から10キロメートルも北上すれば，そこには数多くの低所得者や貧困者が暮らすハーレム地区があり，他の地区にも，そこが世界一の経済力を誇る国であることが信じられないほど貧しい生活を送る数多くの人々が暮らしている．ニューヨーク市はアメリカの中でも貧富の差がきわめて大きい大都市であり，物質的な豊かさが集中していることが一目瞭然であるだけでなく，むしろ物質的な豊かさが極端に遍在しているからこそ，現代社会のありとあらゆる問題までもが凝縮されているのである．

　ニューヨーク市には数多くの低所得者や貧困者が住んでおり，それゆえに医療扶助の資格要件を満たしている者がニューヨーク州だけでなく全米の他の地域よりも多いが，医療扶助にかかわるニューヨーク市の特徴はそれだけではない．ニューヨーク市には様々な人種の人々が暮らしており，生活様式や家族構成はそれぞれの構成単位によって異なる．以前に暮らしていた国の

---

3) *The New York Times*, December 4, 2005.

風土や風習や信仰などが大きく異なるがゆえに,人々の生活様式や家族に対する考え方などに違いが生じるのである[4].様々な文化や歴史の背景を持つ移民が数多く住むニューヨーク市の医療扶助では,「人種のるつぼ」への対応が制度の編成や各制度の資格要件や給付内容に組み込まれている.保健・医療・福祉の諸制度は地域の文化や歴史の背景や経済社会の実情にあわせて構築されるのであり,ニューヨーク市のような「人種のるつぼ」の地域における医療扶助の役割を検討する際には地域性という視点が特に重要である.

ニューヨーク市における医療扶助の役割を明らかにするための前提作業として,ニューヨーク州で実施されている医療扶助の内容を検討する.

## (1) 医療扶助における民間プランの積極的な活用

ニューヨーク州政府が実施している医療扶助の特徴は,保険会社やマネジドケア組織によって販売されているマネジドケアプランを積極的に活用していることであり,地域市場に強く規定されるアメリカの医療保障システムの特質が顕著に表れている.すなわち,医療扶助の加入者は原則としていずれかのマネジドケアプランへの加入を義務づけられており,それらの民間プランを通して給付が行われる.さらに,加入者は自らが加入するプランと契約しているネットワークの中からプライマリケア医師を選び,給付を受ける際にはプライマリケア医師による承諾を得なければならない(ニューヨーク州の医療扶助のマネジドケアプランについては第4章で考察する).

表3-3は,ニューヨーク州政府が実施している公的医療保障制度の全体像であり,これらのすべてが民間プランへの加入を前提として実施されている.

第1に,医療扶助の主力のメディケイドは複数の制度で構成されており,従来型のメディケイドに加えていくつかのウェイバー制度(序章を参照)が実施されている.主なウェイバー制度は,家族計画給付制度(Family Plan-

---

[4] 1980年代のニューヨーク市の地域社会と社会福祉の実態については砂金(1997)を参照.Glazer and Moynihan(1970)は,ニューヨーク市で暮らす多様な人種の生活様式や文化的特徴を克明に描き出している.

表3-3 ニューヨーク州政府が実施している主な公的医療保障制度（2004年）

| 制度の名称 | 対象年齢 | 所得要件[1] | 給付内容 |
|---|---|---|---|
| チャイルドヘルスプラスA | 0～18歳 | ～FPL200%[2] | 入院医療，病院外来，小児科医療，処方薬，歯科医療，医師検診，予防接種など |
| チャイルドヘルスプラスB | 0～18歳 | ～FPL250%[3] | 入院医療，病院外来，小児科医療，処方薬，歯科医療，医師検診，予防接種など |
| メディケイド | 全年齢 | ～FPL約80%など[4] | 入院医療，病院外来，医師の診療，処方薬，ナーシングホームなど |
| 家族計画給付制度 | 出産期の者 | ～FPL200% | 家族計画関連サービス |
| 出産援助制度 | 1歳未満の乳児と妊婦 | ～FPL200% | 産科医療関連サービス |
| ファミリーヘルスプラス | 19～64歳 | ～FPL150%[5] | 入院医療，病院外来，医師の診療，処方薬など |
| ヘルシー・ニューヨーク | 19～64歳[6] | ～FPL250%[7] | 入院医療，病院外来，医師の診療，処方薬，予防接種など |

注：1) 2004年の連邦貧困線（FPL）は単身者で9,310ドル，4人家族の場合には1万8,850ドルである．
2) 1歳未満の乳児と妊婦はFPL200%以下，1～5歳の子どもはFPL133%以下，6～18歳の子どもはFPL200%である．
3) FPL160%を超える場合には，加入者が所得に応じて保険料を負担する．
4) 年齢や妊娠の有無や障害の状態などにより異なる．
5) 20歳以下の子どもがいる場合はFPL150%，子どもがいない場合にはFPL100%である．
6) すべての年齢の人々に受給資格が認められているが，メディケアを通して給付を受けている者は対象外であり，18歳以下の子どもにはCHPAとCHPBがあるので，実質的な対象年齢は19～64歳になる．
7) 個人または個人事業主の場合．小企業の事業主については別の要件が設定されている．
出所：New York State Department of Healthのウェブサイト（http://www.nyhealth.gov/health_care/）；New York State Insurance Departmentのウェブサイト（http://www.ins.state.ny.us/website2/hny/english/hny.htm）より作成．

ning Benefit Program; FPBP），出産援助制度（Prenatal Care Assistance Program; PCAP），ファミリーヘルスプラス（Family Health Plus; FHP）である．

第2に，ニューヨーク州は2種類のSCHIPを実施しており，チャイルドヘルスプラスA（Child Health Plus A; CHPA）がメディケイドとの統合型のSCHIPであるのに対して，チャイルドヘルスプラスB（Child Health Plus B; CHPB）は独立型のSCHIPである．

ヘルシー・ニューヨーク（Healthy NY）は医療扶助ではないが，医療扶助と密接に関係している．この制度の目的は，医療扶助の所得要件を満たしていないワーキング・プアに対して医療保険への加入を促すことである．ヘ

ルシー・ニューヨークの民間プランに加入する人々の中には，以前は医療扶助に加入していた者も含まれており，後述するように貧困者の就労を通した自立を支援するために，医療扶助に加えてこのような公的医療保障制度が実施されている[5]．

### (2) メディケイドとウェイバー制度
従来型のメディケイド

ニューヨーク州で実施されている従来型のメディケイドの資格要件は，所得が連邦貧困線（FPL）の約80％以下に該当する19歳以上の成人，補足的保障所得（Supplemental Security Income; SSI）の受給者，里親扶助の受給者，高額の医療費を支払う一部の者などに付与されている[6]．

ニューヨーク州のメディケイドでは，子どもと妊婦に関する所得要件が連邦基準よりも寛大に設定されている．第1に，家計所得がFPLの133％かそれよりも少ない世帯の1歳から5歳の子どもと，家計所得がFPL以下の世帯の6歳から18歳の子どもには，従来型のメディケイドとあわせて実施されるCHPAの受給資格が付与されている．第2に，1歳未満の乳児と妊婦の所得要件はFPLの200％以下であり，これらの者は申請手続きを行い，それが受理されることでPCAPまたはCHPAに加入する．第3に，家計所

---

5) ヘルシー・ニューヨークについては櫻井（2011）を参照．
6) 1990年代から2000年代初頭までの期間におけるメディケイドの制度の詳細はU.S. Department of Health and Human Services, Centers for Medicare and Medicaid Services（2000）とU.S. Congress, House of Representatives, Committee on Ways and Means, *Overview of Entitlement Programs, Green Book, various issues* を参照．なお，従来型のメディケイドでは，所得要件や資産要件のほかに移民要件が設定されている．特に，不法滞在者は他のすべての要件を満たしていたとしても，従来型のメディケイドに加入することはできない．ただし，緊急に医療を受けなければならない状態に陥った場合には，たとえ不法滞在者であっても救急医療を受けられる．この制度は「エマージェンシー・メディケイド」と呼ばれており，公立病院や地域保健センターで行われる割引診療やフリーケアとあわせて，無保険者や低所得者などが医療を受けるための最終手段の1つとして重要な役割を果たしている．ニューヨーク市の割引診療やフリーケアについては櫻井（2011）を参照．

得がFPL以下の妊婦は従来型のメディケイドに加入することが可能であり，産科医療や家族計画に関する医療サービスだけでなく，入院医療や外来医療なども含めた包括的な給付を受けられる．なお，所得要件や資産要件は家族の構成員が多いほど寛大に設定されており，妊婦は2人の人間として扱われるほか[7]，妊婦と子どもには資産要件が課されない．

従来型のメディケイドの給付内容は，ワーキング・プア世帯の人々が加入している保険料の比較的安価な民間医療保険よりも包括的であるが，それは安定した生活を営む上で十分な内容であるとはいいがたく，あくまで最低限の内容に制限されている．すなわち，給付の対象に含まれるのは，入院医療，外来医療，産科医療，子どもに対する予防接種，医師の診療，21歳以上の者に対するナーシング・ホームの入所費，家族計画と関連用具，在宅医療，検査とエックス線，20歳以下の子どもに対する早期・定期検診治療（Early and Periodic Screening, Diagnostic, and Treatment; EPSDT）などである．

従来型のメディケイドの財源は，連邦補助金と州政府や地方政府の自主財源である．序章で詳しく述べたように，メディケイドに関する連邦補助金は連邦医療補助率（FMAP）に基づいて決まり，州政府の自主財源を用いた支出額とFMAPに基づいて連邦補助金の交付額が決まり，それが州政府に交付される．ニューヨーク州では，連邦補助金を除く従来型のメディケイドの支出額は，ニューヨーク州政府の自主財源と市政府または郡政府の自主財源で半分ずつ賄われている．2004年のニューヨーク州のFMAPは50％であり，従来型のメディケイドに関する支出総額の50％は連邦補助金で賄われている一方で，残りの50％については州政府と市政府または郡政府が25％ずつ負担している[8]．

その他のメディケイドの財源として，医療困窮者特別治療資金（Disproportional Shared Hospital; DSH）と診療報酬上限制度（Upper Payment Limits; UPL）に関するがある．第1に，DSHは医療扶助の加入者，無保険

---

7) 結果として，妊婦にはFPLの133％に相当する所得要件が適用される．
8) ただし，長期介護などの費用については異なる負担割合が設定されている．

者，高額の医療サービスを必要とする医療困窮者などに治療を行う医療機関に対して，通常の診療報酬とは別に連邦補助金を追加的に交付する制度である．DSHの支払いを受ける主な医療機関は各地域の州立病院や市立病院と一部の私立病院である．第2に，UPLは，州政府から医療機関に支払われるメディケイドの診療報酬の金額がメディケアの診療報酬の金額を超えてはならず，医療機関は超過分の一部または全額を州政府に返納しなければならないという規則である．州政府は，UPLを通して返納された財政資金を再びメディケイドの支出額に充てることができる．DSHとUPLは，FMAPに基づいて算定される連邦補助金とあわせて，ニューヨーク州が医療扶助の実施に必要な連邦補助金を獲得するための重要な手段である[9]．

このように，従来型のメディケイドはニューヨーク州の医療扶助の中核であり，それは数多くの低所得者や貧困者にとって重要な医療保障である．

さらに，ニューヨーク州政府は従来型のメディケイドとは別にいくつかのメディケイドのウェイバー制度を実施しており，それらは従来型のメディケイドの受給資格を持たない者に対する医療保障として機能している．次に，それぞれのウェイバー制度の内容について考察することで，各制度がニューヨーク州で果たしている役割を明らかにする．

家族計画給付制度

家族計画給付制度（FPBP）はニューヨーク州で実施されているメディケイドのウェイバー制度であり，低所得者や貧困者に妊娠前のカウンセリングや予防検診などの家族計画を保障する医療扶助である．家族計画にかかわる医療保障という制度の性質上，FPBPは，専門家によるカウンセリングや情報提供，避妊具の提供など，妊娠または出産前の医療保障に重点を置いている．さらに，家族計画という分野の性質上，加入者には妊婦だけでなく，妊娠していない女性や男性も含まれる．

---

9) 州政府の医療扶助に関する連邦補助金の獲得行動についてはCoughlin and Zuckerman (2003) を参照．

FPBPの資格要件は，ニューヨーク州の居住者（先住民や合法移民を含む）であることと，世帯所得がFPLの200％以下に該当する出産期の女性または男性であることであり，資産要件はない．従来型のメディケイドや後述するFHPの加入者はFPBPに加入することはできない[10]．

FPBPの給付内容は家族計画に関するサービスに限定されており，家族計画とは無関係な入院医療や外来医療や処方薬給付などは含まれていない．主な給付内容は，食品医薬品局（Food and Drug Administration; FDA）によって承認されているほぼすべての避妊手法や避妊具，緊急避妊や追加治療，男女の不妊手術，妊娠前のカウンセリング，予防検診，妊娠検査などである．

これらの給付を受ける際に，加入者はプライマリケア医師の承諾を得る必要はない．FPBPだけでなく，ニューヨーク州の医療扶助では，資格要件の寛大化に加えて，こうした家族計画や産科医療を受けやすくするための工夫が制度に組み込まれている．

FPBPは，ニューヨーク州に暮らす数多くの低所得者や貧困者を家族計画の費用の保障という側面から支えている．2001年8月3日に行われたジョージ・E. パタキ（George E. Pataki）州知事による報道発表では，FPBPを通した家族計画関連サービスの提供によって「ニューヨーク州は貧困と福祉への依存を減らすとともに，健康水準を向上させることができるであろう」という見解が示された[11]．この報道発表に示されるように，FPBPは単に家族計画の費用を保障するための制度ではなく，低所得層や貧困層の家族に家族計画を行う機会を保障することで，これらの家族が「貧困と福祉への依存」から脱却し，「健康水準を向上させる」とともに自立した生活を送る

---

10) FPBPに加入するために申請手続きを行う者は，社会サービス局（Department of Social Services，ニューヨーク市では社会サービス局人的資源管理課；Department of Social Services, Human Resources Administration）に加えて，FPBPまたはPCAPを通して家族計画に関するサービスを提供する医療機関やマネジドケア組織やその他のNPOなどによる支援を受けられる．申請が受理されると，加入者は加入者証を受け取り，給付を受ける際には加入者証を提示する必要がある．

11) New York State Office of Governor のウェブサイト（http://www.ny.gov/governor/press/01/aug3_2_01.htm）．

ことが政策目標に掲げられているのである．

### 出産援助制度

出産援助制度（PCAP）は，ニューヨーク州の 2000 年医療改革法（Health Care Reform Act of 2000）によって FHP とともに創設されたメディケイドのウェイバー制度である．PCAP の費用はメディケイドの連邦補助金と州政府の自主財源で賄われ，市政府や郡政府は費用を負担していない．

PCAP は，所得水準が低いがゆえに出産の費用を支払うことが困難な者に対して産科医療を保障する医療扶助であり，家計所得が FPL の 200％ 以下の世帯の妊婦と 1 歳未満の乳児を対象としており，資産要件は設定されていない．妊娠してから出産後の 60 日間については，家族計画延長制度（Family Planning Extension Program; FPEP）というメディケイドのウェイバー制度を通して医療保障が行われる[12]．他の公的医療保障制度または民間医療保険の加入者も，PCAP を通して医療保障を受けられる場合がある．後に詳しく述べるように，CHPA の妊婦と 1 歳未満の乳児に関する所得要件は PCAP のそれと同じであり，低所得層や貧困層の世帯の乳児と妊婦は，PCAP と CHPA を通して包括的な医療保障を受けることが可能である．

PCAP の資格要件に関して特に重要なのは，妊婦であれば不法滞在者を含むすべての者が申請を通して PCAP の受給資格を得られることである．このような寛大な資格要件を通して，PCAP はニューヨーク州の数多くの低所得者や貧困者に出産を行うための経済的な条件を保障しており，これが従来型のメディケイドや FPBP にはみられない PCAP の大きな特徴である．PCAP の申請の際には申請者やその家族の国籍や移民要件が問われることはなく，こうした制度設計によって不法滞在者による申請が促されている．

PCAP は産科医療に関連する包括的な医療保障を行う制度であるが，

---

[12] FPEP に加入する母親と乳児は産後の 60 日間について保障を受けることが可能であり，最長で 2 年 2 カ月間にわたって給付を受けられるが，給付内容は産後の最低限の家族計画に関するサービスに限定されている．

FPBP や FPEP と同様に，妊娠や出産とは無関係な入院医療や外来医療や処方薬給付などは含まれていない．主な給付内容は，妊娠に関する医学的検査と臨床検査，産科医や婦人科医の紹介，妊娠や分娩時の入院医療，妊娠や陣痛や分娩に関する情報提供，HIV カウンセリングと HIV 検査，他の公的医療保障制度に関する申請手続きの支援，出産後の少なくとも 2 カ月間にわたって提供される総合的な医療サービス，家族計画などである．さらに，家計所得が FPL の 100％ 以下の加入者は，医学的に必要な人工中絶を受けられるが，ニューヨーク市ではそれ以外の人工中絶に関する費用も保障されている．家計所得が FPL を超える者は，PCAP を通して人工中絶を受けることはできない．さらに，PCAP では患者一部負担が設定されておらず，加入者は自らの負担を伴わずに給付内容に含まれるすべての医療サービスを受けられる[13]．

ファミリーヘルスプラス

ファミリーヘルスプラス（FHP）は，従来型のメディケイドの受給資格を持たない 19 歳から 64 歳までのワーキング・プアの成人を対象にニューヨーク州政府が独自に実施しているメディケイドのウェイバー制度であり，ニューヨーク市では 2002 年 2 月 1 日から実施されている．FHP の役割は，就労を通して所得が増加したことで従来型のメディケイドの受給資格を喪失したワーキング・プアに，自立した生活を送るために必要最小限の医療保障を行うことである．後述する CHPA と CHPB が低所得世帯の子どもを対象としているのに対して，FHP は低所得世帯の成人に対する医療扶助である．

FHP の資格要件は，子どもを扶養しているかどうかなどによって 2 種類

---

13) PCAP に関して州政府と契約を結ぶ医療機関が存在しない地域では，メディケイド産科出産制度（Medicaid Obstetrical and Maternal Services; MOMS）が実施されている．この制度を通して，従来型のメディケイドを通して医療サービスを提供する医療機関が産科医療に関するサービスを提供しており，それらは PCAP の給付内容とほぼ同じ内容である．この制度を通して医療サービスを利用した場合も，加入者が患者一部負担を支払う必要はない．

に分かれている．21歳未満の子どもが世帯にいない者や単身者に関する所得要件はFPL以下である．それに対して，自らの世帯に21歳未満の子どもがいる者または両親と同居している者に関する所得要件はFPLの150%以下であり，子どもを持たない者や単身者に比べて所得要件がやや寛大に設定されている．どちらの場合も，19歳から21歳までの者には資産要件が課されず，22歳以上の者には従来型のメディケイドよりも寛大な資産要件が適用される．

　FHPの加入者が給付を受ける際には，自らが加入している民間プランのIDカードとメディケイド・カードの2枚を医療機関で提示する必要がある．なお，すべての加入者はメディケイド・カードを提示することで，民間プランの給付内容には含まれないメディケイドの一部のサービスを受けられる．

　FHPの給付内容は入院医療や外来医療などを含む包括的なものであるが，加入者が65歳未満の人々であるがゆえに急性期医療が中心であり，従来型のメディケイドで保障されている専門看護や長期介護などの給付は行われない．これらの他にも，FHPの給付内容には医学的に必要な人工中絶やそれ以外の一部の人工中絶が含まれる．

　FHPを通して医療サービスを利用した場合，加入者は定額控除（deductible）を支払う必要はないが，特定の医療サービスについては定額の共同負担（co-payment）を支払わなくてはならない．

　FHPの財源は，メディケイドの連邦補助金と州政府や地方政府の自主財源であり，連邦補助金の算定方法などは従来型のメディケイドと同じである．

　このように，FHPはワーキング・プアを対象とする医療扶助であり，CHPAまたはCHPBを通して医療保障を獲得している子どもの親に対する就労支援政策の一環として実施されている．2001年5月30日に行われた報道発表では，パタキ州知事はFHPに関して，「家族を形成し，就労を通してニューヨークの経済的繁栄を享受するために，ニューヨーク州の至る所に住む人々に対して包括的な医療サービスを提供する」制度であると述べている[14]．また，2002年3月28日の報道発表では，パタキ州知事が各地を訪問

してFHPの加入に必要な申請手続きを行うよう呼びかけた際に，FHPの意義について以下のように述べたことが紹介されている．「（FHPの実施によって：引用者）労働者の家族は，彼らがアメリカン・ドリームの一端に手を伸ばすために必要な援助を獲得することができる」[15]．これらの発言が示しているように，FHPの目標はワーキング・プア世帯が親の就労を通した自立を実現することであり，要扶養子ども家族援助（Aid to Families with Dependent Children; AFDC）から貧困家族一時扶助（Temporary Assistance for Needy Families; TANF）への再編をはじめとする一連の福祉改革と歩調を合わせて実施されている．市場に参加して就労し，その就労によって所得を稼ぐことで自立した生活を目指す姿はまさにアメリカ・モデルの福祉理念そのものであり，医療扶助もこの理念に整合する形で設計されているといえよう[16]．

以上のように，ニューヨーク州政府は，従来型のメディケイドと各種のウェイバー制度を通して数多くの低所得者や貧困者に医療保障を行い，自立した生活を送ることを支援している．妊婦や乳幼児やワーキング・プアの成人に関する資格要件は他の州のメディケイドよりも寛大に設定されており，給付内容では家族計画と産科医療が特に充実している．後述するCHPAやCHPBも含めて，ニューヨーク州の医療扶助の目的は，家族計画や安全な出産に基づく育児と就労を両立させるための条件を医療保障の側から整備することで貧困者の自立を促すことであるといえよう．

さらに，ニューヨーク州政府はメディケイドに加えて州子ども医療保険加入支援制度（SCHIP）を実施しており，低所得世帯の子どもはSCHIPを通して医療保障を獲得している．次に，ニューヨーク州政府が実施している

---

14) New York State Office of Governorのウェブサイト（http://www.ny.gov/goveror/press/01/may30_2_01.htm）．
15) New York State, Department of Health（http://www.health.state.ny.us/nysdoh/fhplus/03-28-2002_press_release.htm）．
16) アメリカの福祉改革については根岸（2006）が詳しい．アメリカの福祉理念については渋谷（2005）も参照．

SCHIPについて考察する．

**(3) 子ども医療保険加入支援制度**

1997年均衡予算法（BBA）によってSCHIPが創設される以前に，低所得世帯の子どもに対して独自の医療扶助を実施していたのは，ニューヨーク州，ペンシルヴェニア州，フロリダ州の3州だけである．ニューヨーク州で独自に実施されていた医療扶助はSCHIPのモデルであり，BBAの審議過程でもニューヨーク州の独自制度が大いに参考にされた．

第1に，ニューヨーク州政府は1991年からチャイルドヘルスプラス（Child Health Plus）という州政府の自主財源を用いた医療扶助を実施していた．創設された当初のチャイルドヘルスプラスは，家計所得がFPLの222％未満に該当する世帯の13歳未満の子どもを対象としており，給付内容は予防ケアを中心とするごく一部の外来医療にすぎなかった．1996年の制度改革によって年齢要件が18歳以下に変更され，給付内容に入院医療が追加されたとはいえ，チャイルドヘルスプラスは低所得世帯の子どもに対して包括的な医療保障を行う制度であるとは言いがたい内容であった[17]．

第2に，ニューヨーク州のメディケイドではSCHIPの創設以前に，家計所得がFPLの185％以下に該当する世帯の18歳以下の子どもに受給資格を認めており，この制度はチルドレンズ・メディケイド（Children's Medicaid）と呼ばれていた．しかし，その給付内容はチャイルドヘルスプラスと同様に予防ケアを中心とする限定的な内容であった．

SCHIPの創設後，チルドレンズ・メディケイドはチャイルドヘルスプラスA（CHPA）に，チャイルドヘルスプラスはチャイルドヘルスプラスB（CHPB）にそれぞれ再編され，SCHIPに関する連邦補助金を用いて実施されるようになった．CHPAとCHPBの所得要件は，ワーキング・プア世帯が子どもの医療保障を無料または少額の費用を負担することで獲得できるよ

---

17) Holahan and Pohl (2003), pp. 192-3.

うに，メディケイドやSCHIPの連邦基準よりも寛大に設定されている．CHPBの所得要件はCHPAのそれよりも寛大であり，後述するようにこれらの2種類の制度の性質や内容は異なる．給付内容についても，以前の予防ケア中心の給付内容に加えて，入院医療や外来医療などを含めた包括的な小児科医療がCHPAとCHPBの両方を通して保障されることになった．

このように，ニューヨーク州のSCHIPはCHPAとCHPBの2つの制度で実施されている．以下では，CHPAとCHPBの内容を資格要件や給付内容の違いに特に焦点を当てて考察する．

チャイルドヘルスプラスA

CHPAの所得要件は子どもの年齢に応じて異なり，家計所得がFPLの200％以下に該当する世帯の1歳未満の乳児と妊婦，家計所得がFPLの133％かそれより少ない世帯の1歳から5歳までの子ども，家計所得がFPL以下の世帯の6歳から18歳までの子どもにCHPAの受給資格が付与されている．CHPAの受給資格を得るためにはこれらの要件を満たす必要があり，資産要件は設定されていない．

CHPAの加入者に妊婦が含まれている理由の1つは，親が医療扶助への申請を通して制度の存在や内容を認識し，自分の子どもを乳幼児の頃から医療扶助に加入させることを期待して実施されていることである[18]．それに加えて，第4章で詳しく述べるように，子どもの権利保障を主張する団体や家族計画の支援団体などの様々なコミュニティ組織がCHPAの申請手続きなどに関する支援を行っており，州政府がコミュニティ組織による支援活動を

---

18) New York Forum for Child Health of the New York Academy of Medicine (2004) では，FHPの「スピル・オーバー（spill over）」効果が指摘されている．すなわち，FHPの加入者の中にはCHPAの資格要件を満たす子どもの親が数多く含まれており，2002年のFHPの実施以降にCHPAの加入者数が増加した要因の1つは，FHPに加入した親が自らの子どもをCHPAに加入させるために申請手続きを行ったことにあることが指摘されている．New York Forum for Child Health of the New York Academy of Medicine (2004), p. 2. これについては第4章で詳しく検討する．

第3章 ニューヨーク市の医療扶助の再編と地域市場　　159

促している[19]．とはいえ，子どもに医療保障を行うことを目的とするSCHIPの財源を用いて，妊婦や子どもを持たない成人などの医療費を保障することの是非が論点になっている[20]．

　CHPAはメディケイドとの統合型のSCHIPであるがゆえに，従来型のメディケイドと同じく，これらに加入する子どもとその家族はすべて同一のメディケイドの民間プランに加入しなければならない．それゆえに，CHPAに加入する子どもを扶養する者は，家族全員の持病や体質などを考慮して，それらにふさわしい給付内容のプランを選択することになる．メディケイドと同様に，加入者は保険料を支払う必要はなく，いくつかの医療サービスを除いて，医療サービスの利用に関して患者一部負担を支払う必要もない．

　CHPAの給付は小児科医療を中心とする包括的な内容であり，メディケイドの成人に関する給付内容よりも充実している．すなわち，小児科医療に関する定期健診，予防接種，入院医療，救急医療，処方薬，歯科医療，眼鏡などの医療用具，医学的に必要な人工中絶と当事者の希望による人工中絶などである．

　CHPAの給付の対象となる医療サービスは，民間プランを販売している保険会社やマネジドケア組織と契約を結ぶ医療機関や地域保健センター（Community Health Center）などによって提供される．CHPAにおいても，家族計画と産科医療の利用についてはプライマリケア医師や保険会社またはマネジドケア組織の承諾を得る必要はない．

　CHPAの財源はSCHIPの連邦補助金と州政府や地方政府の自主財源であり，CHPAの支出総額の65％が連邦補助金で賄われ，州政府と市政府ま

---

19）　アメリカの民間福祉に関する非営利組織の事業活動については木下（2007）を参照．
20）　序章で述べたように，他の州政府も子どもやその親などを対象とするウェイバー制度を実施している．会計監査院（General Accounting Office; GAO）が2002年に発表した報告書では，これらのウェイバー制度の当時の状況とあわせて，それらに対する保健福祉省（U.S. Department of Health and Human Services; HHS）の見解が紹介されている．詳しくはU.S. General Accounting Office（2002）を参照．

たは郡政府は残りの35%を自主財源から支出することになるので，州政府はメディケイドよりも有利にCHPAを実施できる．2004年には，各州のメディケイドのFMAPが50%から77%の間に位置しており，全米平均が60%であるのに対して，各州のSCHIPに関して適用される割増連邦医療補助率（eFMAP）の範囲は65%（マサチューセッツ州，メリーランド州，イリノイ州，ニューヨーク州など）から83%（ミシシッピ州）の間であり，全米平均は70%であった．ニューヨーク州のeFMAPは65%であり，全米の中で最も低い補助率であった（FMAPやeFMAPの算定方式については序章を参照）．従来型のメディケイドと同様に，CHPAについても支出総額の35%分はニューヨーク州政府と市政府または郡政府で半分ずつ負担する．

チャイルドヘルスプラスB

CHPAとは異なり，CHPBはメディケイドとは別に実施される独立型のSCHIPであり，メディケイドに関する連邦標準に縛られずにいっそう柔軟に設計することが可能な民間プランへの加入を前提とする医療扶助である．CHPBの資格要件は，家計所得がFPLの250%以下に該当する世帯の18歳以下の子どもに付与されており，CHPAの所得要件を満たしていないが，低所得であるがゆえに民間医療保険の保険料の支払いが困難なワーキング・プア世帯の子どもに対して医療保障を行っている．

CHPBの加入者は，家計所得がFPLの160%未満の場合を除いて，所得に応じてプランごとに設定される保険料を保険会社やマネジドケア組織に支払わなければならない．家計所得がFPLの160%から222%までの間に該当する者は，所得に応じて月額9ドルから27ドルの保険料を支払い，家計所得がFPLの223%から250%までの間に該当する者の保険料は月額15ドルから45ドルである．家計所得がFPLの250%を超える者は，それぞれの民間プランで定められた保険料の満額を支払うことで，CHPBと同等の民間プランに加入できる．各プランの保険料の平均は月額135ドルであり，

それはCHPBと同等の給付を行う民間プランの保険料よりもかなり少額である．

　CHPBでは，PCAPと同様に，各種の資格要件を満たす18歳以下の子どもまたは妊婦であれば，不法滞在者を含むすべての人々に申請手続きを通して受給資格が付与される．申請の際には，申請者の家族が不法滞在者であるかどうかも問われない．これは，医療扶助の申請書を提出したことで親や子どもの不法滞在が発覚することを恐れて医療扶助に申請しないワーキング・プア世帯の子どもが，医療扶助を通して医療保障を得ることを促すための制度的な配慮である．PCAPは低所得者や貧困者に出産の機会を保障する役割を果たしているのに対して，CHPBは低賃金で働く親に育児の条件を保障している．ニューヨーク市で暮らす不法滞在者の多くはワーキング・プアであるがゆえに，CHPBではこうした制度設計が重要な意味を持っている．

　CHPAとは異なり，CHPBでは加入者とその家族が必ずしも同じ民間プランに加入する必要はなく，それぞれ別々の民間プランに加入することができる．これは，親や兄弟などが民間医療保険や他の公的医療保障制度を通して医療保障を獲得することを認めることで，家族全員ができるだけ医療扶助に依存せずに自立した生活を送ることを支援するための制度上の配慮である．特に，CHPBに加入する子どもを扶養している親は就労を通して所得を得ており，保険料を支払って民間医療保険に加入している場合がメディケイドやCHPAの加入者よりも多い．このような制度的な配慮を通して，親の就労を通して家族が自立した生活を営むための重要な条件が整備されている．

　CHPAと同様に，CHPBの給付は小児科医療のほかに医学的に必要な人工中絶なども含めた包括的な内容である．加入者は，CHPBに関して州政府と契約関係にある小児科病院や地域保健センターなどで給付を受ける．

　CHPAとCHPBの給付内容はほぼ同じであるにもかかわらず，CHPAの加入者は保険料を支払う必要がない一方で，CHPBでは所得がFPLの160％を超えるCHPBの加入者は保険料を支払わなければならない．これは，支払能力がある者に応分の負担を求めるというよりは，ワーキング・プ

ア世帯の子どもに対して医療保障を積極的に行うことで，就労を通して自立した生活を送る家族を支援しているとみるべきであろう．すなわち，保険料を徴収する目的は，単なる州政府や市政府または郡政府にとっての財政負担の軽減ではなく，あくまでワーキング・プアの世帯ができるだけ自らの力で生活することを支援することであり，その自立支援政策の一環として保険料の徴収が行われているのである．このような地域課題への対応策を，州政府や市政府または郡政府の財政状況と連邦補助金の配分額の枠内で持続可能な取り組みとして実施するために，CHPA よりも給付や負担の内容を柔軟に設計できる CHPB が CHPA と並行して実施されている．ニューヨーク州の SCHIP は，自立支援という地域課題への対応策を財政面で持続可能な制度として実施することを強く意識しているがゆえに，2種類の制度に分かれているといえよう．

　以上のように，ニューヨーク州政府は，子どもと妊婦に加えてワーキング・プアに関する医療扶助の資格要件を他の州よりも寛大に設定している．特に重要なのは，多様な人種や文化を背景に持つ人々が共存するというニューヨーク市の地域社会の特性が存在するがゆえに，たとえ不法滞在者であっても出産費や子どもの医療費の保障などを受けられるように制度が設計されていることである．給付内容についても，家族計画，産科医療，小児科医療に重点が置かれており，低所得者や貧困者の家族計画，出産，小児科医療に関する費用を保障している．これらのことから，ニューヨーク州で実施されている医療扶助は，ワーキング・プア世帯の親と子どもの両方に関して資格要件を寛大に設定することで，それらの家族が自立した生活を送るための条件を整備していると評価できる．そして，第4章で詳しく考察するように，これらの医療扶助の実施に関してはコミュニティ組織による支援活動が深く関与しており，マネジドケアプランへの加入が促されることでマネジドケアの手法を用いた医療機関のネットワークと医療保障のシステムが整備され，医療サービスが費用節約的に提供されるように医療扶助が設計されているのである．

## 3. ニューヨーク市の医療扶助の再編と自立支援

本節では，ニューヨーク市の医療扶助の実施状況を検討し，ニューヨーク市における医療扶助の再編の意義を地域課題への対応策としての側面に着目して明らかにする．

### (1) 医療扶助の加入者数の増加

1998年以降にメディケイドのウェイバー制度やSCHIPが次々に創設された結果，ニューヨーク市では医療扶助の加入者数は子どもと成人を中心に急速に増加し，それにあわせて支出額も増加した．

第1に，表3-4はニューヨーク市のメディケイドの加入者数を，ニューヨーク市を除くニューヨーク州の全域の実績と比較したものである．この加入者数は，従来型のメディケイドだけでなく，メディケイドのウェイバー制度やCHPAの加入者を含むものである．

ニューヨーク市の加入者数は，ニューヨーク州の他の地域よりも大きく増加した．ニューヨーク市を除く州全域の加入者の総数は，1998年には99万人であったが2004年には140万人になり，この期間に41万人増加した．1998年から2000年までの期間には，福祉改革や経済成長に伴う所得の増加などの影響でメディケイドの受給資格を喪失する者が表れ，加入者の総数は減少したが，2000年から2004年にかけて加入者数は45万人も増加した．それに対して，ニューヨーク市では加入者数がもっと大きく増えており，1998年の181万人から2004年の265万人に84万人も増加した．

次に，加入者数の推移を，メディケイドだけでなく他の公的扶助からも給付を受けている者と，メディケイドの他には公的扶助の給付を受けていない者に分けて考察する．ニューヨーク市以外の州全域における加入者の総数は1998年から2004年にかけて増加しているにもかかわらず，そのうち「メディケイドと他の公的扶助」に該当する者はこの期間にむしろ減少している．

表 3-4　ニューヨーク州とニューヨーク市のメディケ

| | | ニューヨーク市以外 | | | | | | |
|---|---|---|---|---|---|---|---|---|
| | | 1998 | 1999 | 2000 | 2001 | 2002 | 2003 | 2004 |
| 加入者数 | メディケイドと他の公的扶助 | 53.7 | 48.9 | 45.1 | 43.2 | 41.9 | 42.2 | 42.9 |
| | 子ども | 19.7 | 16.8 | 14.3 | 12.5 | 11.5 | 11.3 | 11.4 |
| | 成人 | 10.9 | 9.0 | 7.7 | 7.3 | 6.9 | 7.2 | 7.3 |
| | 高齢者 | 4.2 | 4.0 | 3.9 | 3.7 | 3.6 | 3.4 | 3.3 |
| | 障害者 | 18.9 | 19.1 | 19.3 | 19.6 | 20.0 | 20.3 | 20.9 |
| | メディケイドのみ | 45.6 | 46.4 | 49.5 | 54.9 | 67.5 | 84.3 | 97.3 |
| | 子ども | 22.4 | 23.0 | 25.5 | 30.2 | 36.4 | 42.8 | 47.6 |
| | 成人 | 9.8 | 9.9 | 10.1 | 10.6 | 12.6 | 16.3 | 20.1 |
| | 高齢者 | 8.0 | 8.0 | 8.1 | 8.0 | 8.1 | 8.3 | 8.4 |
| | 障害者 | 5.3 | 5.5 | 5.8 | 6.0 | 6.5 | 6.9 | 7.3 |
| | その他 | 0.1 | 0.1 | 0.1 | 0.1 | 0.4 | 0.5 | 0.6 |
| | ファミリーヘルスプラス | 0 | 0 | 0 | 0.1 | 3.7 | 9.6 | 13.3 |
| | 合計 | 99.3 | 95.3 | 94.5 | 98.1 | 109.4 | 126.6 | 140.2 |
| 構成比 | メディケイドと他の公的扶助 | 54.1 | 51.3 | 47.7 | 44.0 | 38.3 | 33.3 | 30.6 |
| | 子ども | 19.8 | 17.6 | 15.1 | 12.7 | 10.5 | 8.9 | 8.1 |
| | 成人 | 11.0 | 9.4 | 8.1 | 7.4 | 6.3 | 5.7 | 5.2 |
| | 高齢者 | 4.2 | 4.2 | 4.1 | 3.8 | 3.3 | 2.7 | 2.4 |
| | 障害者 | 19.0 | 20.0 | 20.4 | 20.0 | 18.3 | 16.0 | 14.9 |
| | メディケイドのみ | 45.9 | 48.7 | 52.4 | 56.0 | 61.7 | 66.6 | 69.4 |
| | 子ども | 22.6 | 24.1 | 27.0 | 30.8 | 33.3 | 33.8 | 34.0 |
| | 成人 | 9.9 | 10.4 | 10.7 | 10.8 | 11.5 | 12.9 | 14.3 |
| | 高齢者 | 8.1 | 8.4 | 8.6 | 8.2 | 7.4 | 6.6 | 6.0 |
| | 障害者 | 5.3 | 5.8 | 6.1 | 6.1 | 5.9 | 5.5 | 5.2 |
| | その他 | 0.1 | 0.1 | 0.1 | 0.1 | 0.4 | 0.4 | 0.4 |
| | ファミリーヘルスプラス | 0.0 | 0.0 | 0.0 | 0.1 | 3.4 | 7.6 | 9.5 |
| | 合計 | 100.0 | 100.0 | 100.0 | 100.0 | 100.0 | 100.0 | 100.0 |

注：各項目を合算した人数と合計が合わない場合がある．
出所：New York State, Department of Healthのウェブサイト（http://www.health.state.ny.us/

　これは，メディケイドと同時に他の公的扶助からも給付を受けている者の中でも，子どもと成人の加入者数が大きく減少したことによるものである．加入者の総数に占める成人の加入者の割合は，1998年には11.0%であったが2004年には5.2%になり，この6年間で5.8ポイント減少した．子どもの加入者数の総数に占める割合は，同期間に19.8%から8.1%へと11.7ポイン

第3章　ニューヨーク市の医療扶助の再編と地域市場　　165

イド加入者数の推移

(万人，％)

| ニューヨーク市 | | | | | | |
|---|---|---|---|---|---|---|
| 1998 | 1999 | 2000 | 2001 | 2002 | 2003 | 2004 |
| 124.4 | 112.4 | 103.5 | 98.5 | 94.5 | 92.2 | 92.9 |
| 52.0 | 43.8 | 38.5 | 36.2 | 33.5 | 31.0 | 30.8 |
| 31.8 | 27.2 | 23.3 | 20.2 | 19.3 | 19.6 | 20.2 |
| 12.5 | 12.5 | 12.3 | 12.2 | 12.1 | 12.1 | 12.1 |
| 28.2 | 29.0 | 29.4 | 29.9 | 29.6 | 29.6 | 29.9 |
| 56.8 | 65.3 | 74.8 | 90.5 | 136.8 | 156.7 | 172.0 |
| 30.0 | 35.8 | 43.2 | 53.7 | 66.6 | 74.3 | 75.3 |
| 15.2 | 17.5 | 19.1 | 23.3 | 47.5 | 42.2 | 44.9 |
| 7.6 | 7.6 | 7.9 | 8.2 | 9.7 | 10.1 | 10.0 |
| 4.0 | 4.2 | 4.6 | 4.8 | 5.6 | 5.8 | 5.7 |
| 0.1 | 0.1 | 0.1 | 0.4 | 2.6 | 3.4 | 2.5 |
| 0 | 0 | 0 | 0 | 4.8 | 21.0 | 33.5 |
| 181.3 | 177.7 | 178.3 | 188.9 | 231.3 | 249.0 | 264.9 |
| 68.6 | 63.3 | 58.0 | 52.1 | 40.9 | 37.0 | 35.1 |
| 28.7 | 24.6 | 21.6 | 19.2 | 14.5 | 12.4 | 11.6 |
| 17.5 | 15.3 | 13.1 | 10.7 | 8.3 | 7.9 | 7.6 |
| 6.9 | 7.0 | 6.9 | 6.5 | 5.2 | 4.9 | 4.6 |
| 15.6 | 16.3 | 16.5 | 15.8 | 12.8 | 11.9 | 11.3 |
| 31.3 | 36.7 | 42.0 | 47.9 | 59.1 | 62.9 | 64.9 |
| 16.5 | 20.1 | 24.2 | 28.4 | 28.8 | 29.8 | 28.4 |
| 8.4 | 9.8 | 10.7 | 12.3 | 20.5 | 16.9 | 16.9 |
| 4.2 | 4.3 | 4.4 | 4.3 | 4.2 | 4.1 | 3.8 |
| 2.2 | 2.4 | 2.6 | 2.5 | 2.4 | 2.3 | 2.2 |
| 0.1 | 0.1 | 0.1 | 0.2 | 1.1 | 1.4 | 0.9 |
| 0.0 | 0.0 | 0.0 | 0.0 | 2.1 | 8.4 | 12.6 |
| 100.0 | 100.0 | 100.0 | 100.0 | 100.0 | 100.0 | 100.0 |

nysdoh/medstat/medicaid.htm）より作成．

トも減少した．一方で，「メディケイドのみ」の加入者は同期間に大きく増えた．中でも，子どもと成人の加入者は一貫して増加しており，2001年以降はFHPの加入者も増えた．メディケイドの他には公的扶助の給付を受けていない成人の加入者の総数に占める割合は，1998年から2004年までの期間に9.9％から14.3％へと4.4ポイント増加しており，子どもの加入者数の

割合は同期間に 22.6% から 34.0% に変化し，11.4 ポイントも増えた．さらに，FHP の加入者は 2004 年の時点で加入者の総数の 9.5% を占めていた．

ニューヨーク市では，こうした傾向がもっと顕著に表れている．「メディケイドと他の公的扶助」の加入者はこの 6 年間に一貫して減少しており，その減少幅はニューヨーク州の他の地域よりも大きい．中でも成人と子どもの加入者数が急速に減っており，成人の加入者の総数に占める割合は同期間に 17.5% から 7.6% に 9.9 ポイント減少し，子どもについては 28.7% から 11.6% へと 17.1 ポイントも減少している．それに対して，「メディケイドのみ」の加入者は著しく増加しており，特に 2001 年以降の増加幅はきわめて大きい．成人の加入者の総数に占める割合は，1998 年には 8.4% であったが 2004 年には 16.9% になり，8.5 ポイント増加した．一方で，子どもの割合は同期間に 16.5% から 28.4% へと 11.9 ポイントも増加した．2004 年には，FHP の加入者の総数に占める割合は 12.6% であり，それはニューヨーク市を除く州全域の平均よりも大きく，FHP 以外のメディケイドに加入している成人の割合と合わせると成人の加入者数は総数の 29.5% にも上る．高齢者と障害者の加入者数は子どもや成人に比べるとあまり変化しておらず，加入者の総数に占める割合は若干の減少がみられた程度である．なお，ニューヨーク市の CHPA の加入者数は 2003 年の時点で約 117 万人に達していた．CHPB の加入者数も 2004 年 4 月の時点で約 18 万人に上り，2002 年以降は受給資格の自動更新制度の廃止などによって減少傾向にあるとはいえ，制度が創設された 1998 年からみると着実に増加していた[21]．

このようなメディケイドと SCHIP の加入者数の推移は，以下のように整理できる．ニューヨーク市では，1996 年個人責任就労機会調整法（Personal Responsibility and Work Opportunity Reconciliation Act of 1996; PRWORA）に基づく福祉改革が実施されたことに伴う現金扶助の資格要件の厳格化や，1990 年代後半以降の経済成長によって所得水準が増加したことなどによっ

---

[21] New York Forum for Child Health of the New York Academy of Medicine (2004), pp. 1-2.

第3章　ニューヨーク市の医療扶助の再編と地域市場　　167

て，TANFを中心とする現金扶助の受給資格を喪失した者が大量に発生した．現金扶助の受給資格を喪失した人々の多くはメディケイドまたはSCHIPから給付を受けていたが，医療扶助の資格要件が寛大化されたことで，多くの者は引き続き医療扶助に加入し続けることができた．それ以外の数多くの無保険者も，新たに創設された各種のウェイバー制度を含むメディケイドや1998年から実施されているSCHIPを通して医療扶助から給付を受けるようになった結果，医療扶助の加入者数は以前よりも大きく増加した．特に，数多くの無保険の子どもが申請手続きを通してSCHIPに加入し，SCHIPの加入者数が急増した[22]．

　高齢者や障害者よりも1人当たり医療費が少ない子どもや成人の資格要件が寛大に設定された結果，子どもや成人の医療扶助の加入者数が増加した．高齢者や障害者は医療の必要度が相対的に高く，加入者1人当たりの支出額は子どもや成人よりも大きい一方で，高齢者や障害者の加入者数は子どもや成人ほど大きく増加していない．

　第2に，メディケイドの支出額も，加入者数と同様の推移を示している．表3-5に示されるように，ニューヨーク市のメディケイドの支出額は1998年の57.0億ドルから2004年の71.1億ドルへと14.1億ドルも増加し，それはニューヨーク市を除く州全域におけるメディケイド支出の増加額の7.1億ドルを上回っていた．その内訳をみると，「メディケイドと他の公的扶助」の加入者に該当する子どもと成人の支出額の支出総額に占める割合は，同期間にそれぞれ4.2ポイントと3.1ポイント減少した．一方で，メディケイドまたはCHPAにのみ加入している子どもと成人に関する支出額の総額に占める割合は，それぞれ3.3ポイントと3.7ポイント増加した．FHPの加入者に関する2004年の支出額の割合も，ニューヨーク市を除く州全域の割合に比べて1.0ポイント大きい．

　加入者数の動向と同様に，高齢者や障害者よりも加入者1人当たりの支出

---

22）ニューヨーク市の公的扶助の再編については根岸（2006）を参照．

表 3-5 ニューヨーク州とニューヨーク市のメディケ

|  |  | ニューヨーク市以外 | | | | | | |
|---|---|---|---|---|---|---|---|---|
|  |  | 1998 | 1999 | 2000 | 2001 | 2002 | 2003 | 2004 |
| 支出額 | メディケイドと他の公的扶助 | 145,436 | 137,514 | 137,586 | 144,567 | 146,653 | 157,227 | 159,326 |
| | 子ども | 14,440 | 13,340 | 11,488 | 10,205 | 9,635 | 9,400 | 9,504 |
| | 成人 | 17,987 | 16,716 | 15,049 | 13,788 | 13,997 | 14,901 | 15,609 |
| | 高齢者 | 14,660 | 13,660 | 13,227 | 13,504 | 13,105 | 13,136 | 12,399 |
| | 障害者 | 98,350 | 93,798 | 97,823 | 107,069 | 109,917 | 119,791 | 121,814 |
| | メディケイドのみ | 167,112 | 170,012 | 169,931 | 176,873 | 192,634 | 212,917 | 222,045 |
| | 子ども | 18,394 | 20,115 | 21,419 | 24,074 | 28,695 | 33,572 | 36,296 |
| | 成人 | 14,737 | 16,015 | 16,636 | 17,820 | 20,819 | 25,338 | 28,633 |
| | 高齢者 | 91,141 | 90,773 | 86,666 | 86,250 | 86,828 | 86,774 | 85,345 |
| | 障害者 | 41,187 | 42,093 | 44,307 | 48,016 | 50,825 | 53,988 | 55,084 |
| | その他 | 1,653 | 1,015 | 904 | 704 | 1,720 | 2,361 | 2,924 |
| | ファミリーヘルスプラス | 0 | 0 | 0 | 10 | 3,707 | 10,883 | 13,762 |
| | 合計 | 312,548 | 307,527 | 307,518 | 321,802 | 339,498 | 370,144 | 383,629 |
| 構成比 | メディケイドと他の公的扶助 | 46.5 | 44.7 | 44.7 | 44.9 | 43.2 | 42.5 | 41.5 |
| | 子ども | 4.6 | 4.3 | 3.7 | 3.2 | 2.8 | 2.5 | 2.5 |
| | 成人 | 5.8 | 5.4 | 4.9 | 4.3 | 4.1 | 4.0 | 4.1 |
| | 高齢者 | 4.7 | 4.4 | 4.3 | 4.2 | 3.9 | 3.5 | 3.2 |
| | 障害者 | 31.5 | 30.5 | 31.8 | 33.3 | 32.4 | 32.4 | 31.8 |
| | メディケイドのみ | 53.5 | 55.3 | 55.3 | 55.0 | 56.7 | 57.5 | 57.9 |
| | 子ども | 5.9 | 6.5 | 7.0 | 7.5 | 8.5 | 9.1 | 9.5 |
| | 成人 | 4.7 | 5.2 | 5.4 | 5.5 | 6.1 | 6.8 | 7.5 |
| | 高齢者 | 29.2 | 29.5 | 28.2 | 26.8 | 25.6 | 23.4 | 22.2 |
| | 障害者 | 13.2 | 13.7 | 14.4 | 14.9 | 15.0 | 14.6 | 14.4 |
| | その他 | 0.5 | 0.3 | 0.3 | 0.2 | 0.5 | 0.6 | 0.8 |
| | ファミリーヘルスプラス | 0.0 | 0.0 | 0.0 | 0.0 | 1.1 | 2.9 | 3.6 |
| | 合計 | 100.0 | 100.0 | 100.0 | 100.0 | 100.0 | 100.0 | 100.0 |

注:1) 消費者物価指数(医療)を用いた実質額.1982 年から 1984 年の加重平均を 100 とした.
 2) 各項目を合算した金額と合計額が合わない場合がある.
出所:U.S. Census Bureau のウェブサイト (http://www.census.gov/prod/2004pubs/04statab/ のウェブサイト (http://www.bls.gov/cpi/cpid04av.pdf); New York State Department of medstat/medicaid.htm) より作成.

額が少ない子どもと成人の加入者に関する支出額の総額に占める割合は大きく増えた.一方で,障害者や高齢者の加入者 1 人当たりの支出額は子どもや成人よりも大きいにもかかわらず,ニューヨーク市の障害者や高齢者に関す

イド支出額の推移[1][2]

(万ドル, %)

| | ニューヨーク市 | | | | | | |
|---|---|---|---|---|---|---|---|
| | 1998 | 1999 | 2000 | 2001 | 2002 | 2003 | 2004 |
| | 338,265 | 346,343 | 333,378 | 345,683 | 347,654 | 360,879 | 357,274 |
| | 43,259 | 41,963 | 30,270 | 28,986 | 27,932 | 26,021 | 24,025 |
| | 60,131 | 58,889 | 55,433 | 52,238 | 50,333 | 52,155 | 52,743 |
| | 67,681 | 71,916 | 72,726 | 76,059 | 76,483 | 80,896 | 79,081 |
| | 167,195 | 173,575 | 174,949 | 188,400 | 192,905 | 201,807 | 201,426 |
| | 231,872 | 241,394 | 250,151 | 265,276 | 311,008 | 340,338 | 353,478 |
| | 35,034 | 41,882 | 46,246 | 51,383 | 60,552 | 68,716 | 66,905 |
| | 36,182 | 41,541 | 45,951 | 51,326 | 67,053 | 69,309 | 71,266 |
| | 103,077 | 100,861 | 98,451 | 100,757 | 102,483 | 104,890 | 104,709 |
| | 49,892 | 51,182 | 52,400 | 55,501 | 56,953 | 58,716 | 56,622 |
| | 7,688 | 5,928 | 7,104 | 6,309 | 21,472 | 18,005 | 21,547 |
| | 0 | 0 | 0 | 0 | 2,494 | 20,701 | 32,428 |
| | 570,137 | 587,737 | 583,529 | 613,797 | 658,661 | 701,216 | 710,752 |
| | 59.3 | 58.9 | 57.1 | 56.3 | 52.8 | 51.5 | 50.3 |
| | 7.6 | 7.1 | 5.2 | 4.7 | 4.2 | 3.7 | 3.4 |
| | 10.5 | 10.0 | 9.5 | 8.5 | 7.6 | 7.4 | 7.4 |
| | 11.9 | 12.2 | 12.5 | 12.4 | 11.6 | 11.5 | 11.1 |
| | 29.3 | 29.5 | 30.0 | 30.7 | 29.3 | 28.8 | 28.3 |
| | 40.7 | 41.1 | 42.9 | 43.2 | 47.2 | 48.5 | 49.7 |
| | 6.1 | 7.1 | 7.9 | 8.4 | 9.2 | 9.8 | 9.4 |
| | 6.3 | 7.1 | 7.9 | 8.4 | 10.2 | 9.9 | 10.0 |
| | 18.1 | 17.2 | 16.9 | 16.4 | 15.6 | 15.0 | 14.7 |
| | 8.8 | 8.7 | 9.0 | 9.0 | 8.6 | 8.4 | 8.0 |
| | 1.3 | 1.0 | 1.2 | 1.0 | 3.3 | 2.6 | 3.0 |
| | 0.0 | 0.0 | 0.0 | 0.0 | 0.4 | 3.0 | 4.6 |
| | 100.0 | 100.0 | 100.0 | 100.0 | 100.0 | 100.0 | 100.0 |

prices.pdf); U.S. Deaprtment of Labor, Bureau of Labor Statistics
Health のウェブサイト (http://www.health.state.ny.us/nysdoh/

るメディケイド支出額の総額に占める割合はこの期間に減少した.

このように，ニューヨーク市ではメディケイドとSCHIPの加入者数が増加したことで，子どもや成人に関するメディケイドやSCHIPの支出額も増

加傾向にあり，ワーキング・プア世帯の数多くの子どもや成人が医療扶助に加入したことが支出額の面からも確認できる．

### (2) 地域市場の発展に即した医療扶助の再編と自立支援

1990年代から2000年代半ばまでの期間にニューヨーク市で実施された医療扶助の再編は，地域市場で販売される民間プランを軸に，貧困者の自立という地域課題への対応策として実施された．

第1に，民間プランを軸とするSCHIPが創設されたことによって，ニューヨーク州政府やニューヨーク市政府は，以前よりも財政負担の面で有利に医療扶助を実施できるようになった．CHPAとCHPBの創設によって，以前は州政府や市政府の自主財源を用いて実施されていたチャイルドヘルスプラスの加入者や，チルドレンズ・メディケイドを含むメディケイドに加入していた子どもは，CHPAまたはCHPBの民間プランに加入することになった．すでに述べたように，SCHIPに関する連邦補助金の補助率はメディケイドのそれよりも高く設定されているので，医療扶助の実施に関する州政府と市政府の費用負担の割合は減少した．しかも，すでに述べたようにCHPBの民間プランは給付内容や患者一部負担などをメディケイドよりも柔軟に設計できるので，州政府や市政府は自らの財政状況をふまえて医療扶助の制度を設計し，それを実施できるようになった．

このような財政上の利点は全米のすべての州政府や地方政府に一律に与えられたわけではなく，SCHIPの実施は地域ごとに異なる意味を持っていた．

SCHIPの実施は，ワーキング・プア世帯の子どもに対する独自の医療扶助の創設を行わず，メディケイドの資格要件も他の州よりも厳格に設定していた（主に西部や南部の諸州の）州政府にとって，州政府や地方政府の財政負担の増加に直接に結びつくものであった．しかも，これらの州の州政府がSCHIPを実施する際には，地域市場で民間プランを販売している保険会社やマネジドケア組織との交渉や調整を通して，新たにSCHIPの民間プランを開発しなければならない．それは多大な時間や労力を要するだけでなく，

州政府や地方政府にとって大きな財政負担を伴う．

それに対して，ニューヨーク州のように，SCHIPが実施される以前からメディケイドの資格要件の寛大化や州独自の制度を通してワーキング・プア世帯の子どもに医療保障を行っていた州では，以前よりも多額の連邦補助金をもとにSCHIPをいっそう積極的に実施することが可能になった．このような財政上の利点が存在していたがゆえに，これらの州（主に北東部の諸州）の州政府はSCHIPを積極的に実施することができたのである．それに加えて，これらの州の州政府は，SCHIPの実施や民間プランの開発に関して既存制度の実績やノウハウをそのまま活用できるので，地域市場を基盤とするSCHIPの実施にスムーズかつ効率的に着手することができた．

SCHIPが実施されたことで，ニューヨーク市はこれらの多くの利点を得たのである．逆に言えば，ニューヨーク市はこれらの利点を得られたがゆえに，SCHIPを積極的な実施を通して加入者数を大きく増やすことができたといえよう．

第2に，FHPの創設は，公立病院などで無保険の低所得者や貧困者に対して行われている割引診療やフリーケアが，多額の連邦補助金を用いて実施されるメディケイドのウェイバー制度によって代替されたことを意味しており，その背景にも財政上の利点が存在していた．割引診療やフリーケアは，特に多くの低所得者や貧困者が住むニューヨーク市の医療機関を通して大規模に実施されている．その財源は，地元の医療機関と民間企業や地域住民などから集めた寄付金と州政府や地方政府の一般財源に加えて，メディケイドなどを通した連邦補助金によって賄われている．しかし，州財政と地方財政が逼迫する一方で，1990年前後から割引診療やフリーケアの提供に関して医療機関に交付されている連邦補助金の削減が段階的に進められたことで，ニューヨーク市では割引診療やフリーケアの実施が次第に困難になった．FHPの創設の目的は，低所得者や貧困者にメディケイドの受給資格を付与し，連邦補助金を用いて包括的な医療保障を行うことであった．FHPの実施に関して連邦補助金が交付されることで，州政府と市政府は以前よりも財

政負担の面で有利にこれらの人々に対して医療保障を行うことが可能になった．

それだけでなく，FHP の創設は，様々な種類のマネジドケアプランが販売されているというニューヨーク市の地域市場の特性を活用しながら地域課題に取り組むための手段として，有効性を大きく期待できる改革であった．FHP の民間プランの内容は，地域課題に即して従来型のメディケイドよりも柔軟に設計されており，それは地域市場の発展に即して開発されたものである．全米の中でも特に多くの医療機関が存在するニューヨーク市では，多様なニーズを抱える FHP の加入者はそれらの医療機関を利用することが可能になり，最低限の医療保障という自立の条件が効果的に整備されたと評価できよう．

第 3 に，一連の医療扶助の再編は，ニューヨーク市という数多くの移民で成り立つ地域社会の地域課題に即した医療保障として重要な意味を持っている．すでに述べたように，PCAP や CHPB の受給資格は不法滞在者にも認められており，ニューヨーク市に住む数多くの不法滞在者はこれらの医療扶助を通して，子どもを生んで育てながら自立した生活を送るための最低限の条件を保障されているのである．すなわち，アメリカでは，出産費や育児費の保障は低所得者や貧困者が世帯を構えるとともに，親の就労を通して家族が自立した生活を送るための大前提であるとみなされているのである．同時に，低賃金で働く労働力の存在は，アメリカ経済の中心をなすニューヨーク市の経済社会を支えるための条件でもある．FHP は数多くの貧困者を福祉に依存させるのではなく，市場に参加して就労し，それによって所得を得ることで自立した生活を送ることを支援する役割を果たしている．

以上のように，1990 年代後半から 2000 年代半ばにかけてニューヨーク市で実施された医療扶助の再編は，貧困者の福祉依存を断ち切り，市場における就労を軸として自立を促すことを重視する福祉改革の理念と整合的であった．とはいえ，AFDC から TANF への再編に伴い現金扶助の資格要件が厳格化されたこととは逆に，医療扶助の資格要件はワーキング・プアやその子

どもを中心に寛大化した．実際に，TANFの受給者数が1997年以降に減少傾向にあったのに対して，医療扶助の加入者数は子どもを中心に次第に増加した．このような医療扶助の再編の背景にはニューヨーク市にとっての財政上の利点が存在しており，以前よりも多額の連邦補助金を用いて地域課題への対応策が実施されるようになったのである．

とはいえ，ニューヨーク市の医療扶助は経済成長から不況に転換するとともに苦しい局面を迎えた．2005年1月20日付のニューヨーク・タイムズ紙では，パタキ州知事の2005年度予算案の内容が示されていた．予算案ではメディケイドの支出額を11億ドル削減することが提案され，その支出削減の手段として，保険会社やマネジドケア組織に支払われる民間プランの保険料の引き下げや在宅医療の重視などによって，多額の費用を要する長期介護の費用を抑制することが挙げられていた．FHPについては，精神科医療の給付の廃止，資格要件の厳格化，入院医療に関する年額250ドルの定額控除の導入が提案された．さらに，メディケイドの成人の加入者に関して，メディケイドの民間プランに関してマネジドケア組織などと契約していない歯科医から歯科医療を受けることを禁止するとともに，臨床心理サービスや付き添い看護などを給付内容から除外することが明記されていた[23]．

ニューヨーク州政府やニューヨーク市政府は深刻な財政難に直面しているがゆえに，医療扶助の資格要件の寛大化や保障の充実を様々な形で行ってきたにもかかわらず，それらの支出の削減が最も重要な課題になっている．なぜなら，ニューヨーク州政府やニューヨーク市政府は多額の連邦補助金を用いて医療扶助を実施できるとはいえ，加入者数が増えれば州政府や市政府の財政負担は増すからである．経済における選択と個人の責任を重視して保守派の立場から政策提言を行うマンハッタン研究所（Manhattan Institute）のエドムンド・J. マクマホン（Edmund J. McMahon）研究員は，仮にパタキ州知事の予算案の通りに改革が実施されたとしても，メディケイド支出は約

---

23) *The New York Times*, January 20, 2005.

445億ドルから次年度には約448億ドルに3億5,300万ドルも増加するであろうと述べている．さらに，医療産業はメディケイド支出の削減に反対しており[24]，これらのことからもメディケイド支出の削減はかなり難しいことがわかる．

以上のように，ニューヨーク市の医療扶助は地域市場で販売されている民間プランを軸として数多くの無保険者に医療保障を提供してきたが，それらは不安定な州財政や地方財政を背景に実施されている．最近では，ニューヨーク市の医療扶助は州財政と市財政の逼迫に直面しており，政策方針の転換を迫られている．しかし，州財政や市財政を安定させるために医療扶助の資格要件の厳格化や給付の削減を行えば，数多くの低所得者が再び無保険の状態に陥ることになる．仮に支出削減策を実施しても，地域市場を基盤とする医療扶助の支出は容易には削減できないであろう．無保険者の減少という課題を掲げるアメリカの医療保障システムは，国民皆保険が実現している他の先進諸国とは大きく異なるアメリカの理念に沿う形で実施されており，しかもそれは地域市場に投入される財政資金の規模の拡大を伴いながら維持されているのである[25]．

## 4. むすびにかえて

ニューヨーク市の事例に象徴されるように，アメリカの医療扶助の再編は，貧困者の自立が重点的に取り組むべき地域課題として掲げられたことに伴い，自立支援政策の一環として実施された．その再編は，様々な種類のマネジドケアプランが販売されている地域市場を背景に，地域課題に即して開発され

---

24) *Ibid*.
25) その後，ニューヨーク州政府はCHPAとCHPBのさらなる改革を行い，CHPAが廃止されるとともに，CHPBの所得要件がFPLの400％にまで寛大化された．序章で述べたように，時限立法であるCHIPの実施期間の延長や，CHIPに関する地域レベルでのアウトリーチ活動に対する連邦レベルでの財政支援も含めて，2000年代後半以降の動向やその意義についての本格的な検討は今後の課題としたい．

たマネジドケアプランへの加入を軸として実施された．その結果，数多くの低所得者や貧困者が医療扶助の民間プランに加入し，地域市場に基づく自立支援政策が実施されることになった．メディケアと同様に，アメリカの医療扶助は，地域市場の発展の成果であるマネジドケアを活用する方向で再編されたのである．

　ニューヨーク市の医療扶助の再編は，地域課題に取り組む様々なコミュニティ組織による支援活動を積極的に活用することで実現した．第4章では，ニューヨーク市のコミュニティ組織による支援活動を地域課題の具体的な内容に即して検討することで，医療扶助におけるコミュニティ組織の活用の意義を明らかにする．

# 第4章
# ニューヨーク市の医療扶助とコミュニティ組織

　本章の課題は，ニューヨーク州ニューヨーク市の医療扶助の再編をコミュニティ組織によるアウトリーチ活動との関係に焦点を当てて検討することで，地域市場の発展に即した医療扶助の再編がコミュニティ組織の積極的な活用を条件として実現したことを明らかにすることである．第3章で明らかにしたように，ニューヨーク市で地域課題に即した民間プランの柔軟な設計を軸とする医療扶助の再編が行われた結果，医療扶助の加入者数が急速に増加したが，その背景には数多くのコミュニティ組織によるアウトリーチ活動が存在していた．ニューヨーク市は様々な境遇の人々が同居する「人種のるつぼ」の大都市であり，住民が抱える生活上の困難はそれぞれ異なる．低所得者や医療困窮者などを支援するコミュニティ組織は別々の目的を持って活動しており，これらのコミュニティ組織による活動は住民生活の重要な部分を担っている．コミュニティ組織によるアウトリーチ活動が医療扶助の加入者数の大幅な増加に結びつき，民間プランへの加入が促されることで，地域市場は多様性を内包し，それをいっそう強める医療保障の基盤として発展し続けている．

　本章では，ニューヨーク市の低所得者や貧困者の地区別分布や地域市場の特徴について検討した上で，医療扶助に関してコミュニティ組織が行っているアウトリーチ活動の内容と意義を明らかにする．

## 1. ニューヨーク市の低所得者・貧困者と医療扶助

### (1) 医療扶助の申請を妨げる要因

ニューヨーク市には，市場経済における「勝ち組」とともに，他の地域とは比較にならないほど数多くの低所得者や貧困者が暮らしており，これらの人々の多くは医療扶助の資格要件を満たしているが，すべての有資格者が医療扶助の申請を行っているわけではない．ニューヨーク市には数多くの移民や様々な人種の人々や多様な信仰を持つ人々などが生活しており，それぞれの市民の歴史的，文化的な背景はそれぞれ異なる[1]．これらの住民の中には，様々な困難や理由から医療扶助の申請を行わない者が数多く存在する．

第1に，ニューヨーク市の低所得者や貧困者が抱えている主な困難とは，英語をうまく用いることができないという言語的な制約に直面しているがゆえに，制度に関する正確な情報を把握することが難しいことや，そもそも制度の存在自体を知らないことから，医療扶助の申請手続きを行わないことである．Feinbergらが1998年8月から1999年5月までの間にチャイルドヘルスプラス（Child Health Plus）[2]に加入していた子どもの親を対象に行った調査によると，これらの家族の32%が自宅で英語以外の言語を用いており，そのうち22%がスペイン語，4%がポルトガル語，残りの6%が他の言語を使用していた．これらの人々は英語をうまく話せる人々に比べて，医療機関で医療扶助の制度の内容について教えてもらう機会に乏しく，申請手続きの支援を受けることも少なかった[3]．

第2に，これらの人々は制度の存在を知っていたとしても，資格要件などに関して誤った認識を持っていることなどの理由から，申請手続きを行わないことが多い．ニューヨーク市の医療扶助の申請に関して1998年に行われ

---

1) Glazer and Moynihan (1970) を参照．
2) ニューヨーク州の医療扶助については本書の第3章を参照．
3) Feinberg et al. (2002).

たヒアリング調査によると，低所得者や貧困者の多くが申請手続きを行わない理由として，制度の詳しい内容やその存在自体を知らず，特に自分や家族が資格要件を満たしているかどうかを知らないことや，医療扶助を通して自分や家族が世話になっている医師の診察を受けられなくなることを懸念していることなどが挙げられた[4]．

　第3に，低所得者や貧困者の中には，自分や家族の不法滞在が発覚してしまうことを恐れ，医療扶助の申請手続きを行わない者も数多く存在する．アメリカに移住した後に生まれた子どもを持つ親が自らの不法滞在を摘発された際に，親だけが出身国に強制送還され，子どもがアメリカに取り残されるという事態も起こりうることなどから，このような懸念が生じるのである[5]．

　しかも，低所得者や貧困者の数とそれらの人々の住民全体に占める割合は地区ごとに異なり，医療扶助の有資格者数や申請状況も地区ごとにかなりの違いがある．ニューヨーク市の医療扶助に関するコミュニティ組織のアウトリーチ活動も，それぞれの地区の実情をふまえて行われている．

　ニューヨーク市における医療扶助とコミュニティ組織の関係について検討する前に，ニューヨーク市で暮らす低所得者や貧困者の数やそれらの人々の医療扶助の有資格率，医療扶助の申請状況を確認した上で，医療扶助のマネジドケアプランの加入状況を考察する．

### (2) 低所得者・貧困者の分布

　図4-1に示されるように，ニューヨーク市は5つの区（Borough）で構成されており，2003年10月の時点では，公的医療保障制度の受給資格を満たしているにもかかわらず，それらに加入していない数多くの有資格未加入者が，それぞれの区の中にあるコミュニティ地区（Community District）[6]で暮

---

[4) Feld and Courtney (1998), pp. 12-3.
5) 医療扶助に関して移民の家族が抱えている困難についてはCapps et al. (2003)を参照．
6) コミュニティ地区はいくつか存在する行政区分の1つであり，本章で取り上げる医療扶助にかかわる行政活動はコミュニティ地区を単位として行われている．

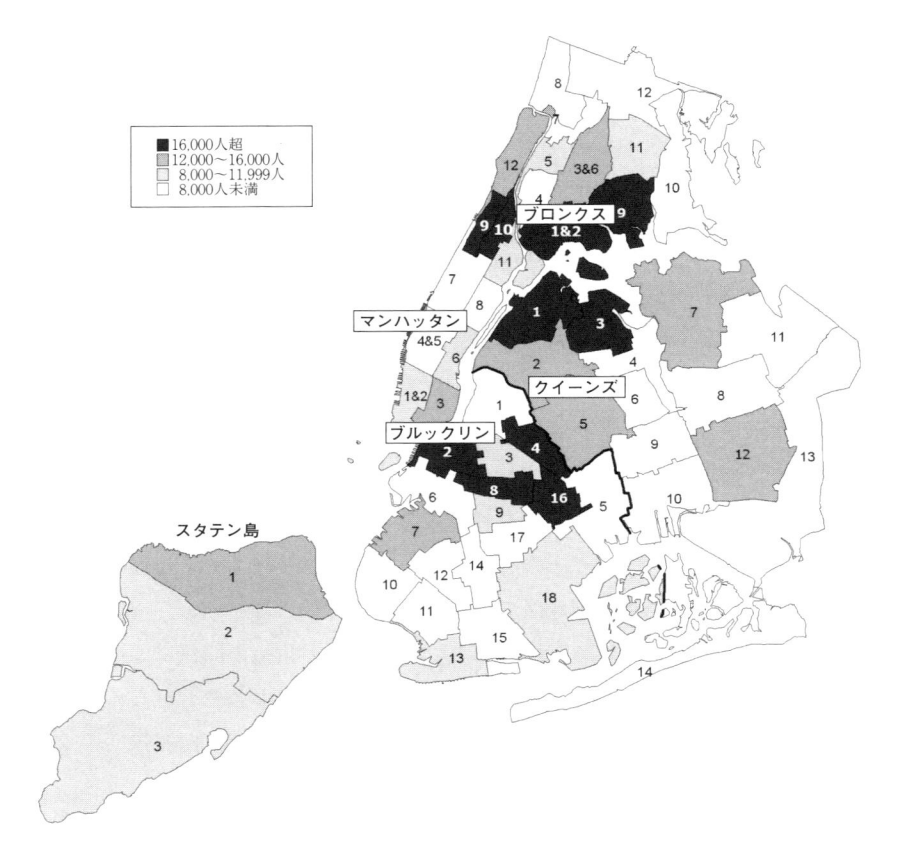

注：*有資格未加入者とは，公的医療保障制度の受給資格を持っているにもかかわらず，それらの制度に加入していない人々である．
出所：New York City, Mayer's Office of Health Insurance Access（2004）より作成．

**図 4-1** ニューヨーク市の子どもと成人に関するコミュニティ地区別の有資格未加入者数*（2003 年 10 月）

らしていた．マンハッタンの北部に位置する第 9 地区（ハーレム周辺）や第 10 地区（セントラルハーレム周辺）などには，特に多くの有資格未加入者が住んでいた．ブルックリンの第 2 地区（ブルックリンハイツやフォートグリーン周辺），第 4 地区（ブッシュウィック周辺），第 8 地区（北クラウンハイツ周辺），第 16 地区（ブラウンズヴィルやオーシャンヒル周辺）も有資格

未加入者の住民の数が多い地区であり，クイーンズの第1地区（アストリアやロングアイランドシティ周辺）と第3地区（ジャクソンハイツや北コロナ周辺）や，ブロンクスの第1／2地区（メルローズやハンツポイント周辺）と第9地区（サウンドビューやパークチェスター周辺）も同様であった．スタテン島に住む有資格未加入者の数は比較的少ないが，後述するように有資格者の総数に占める未加入者の割合は5つの区の中で最も高かった．

このような有資格未加入者の地理的分布は，所得水準の地域差と大きく関係している．表4-1は，1999年のニューヨーク市の低所得者や貧困者の数とそれらの人々の住民に占める割合を5つの区ごとに示したものである．

所得の把握が可能なニューヨーク市民の数は約785万人であり，そのうち所得が連邦貧困線（FPL）以下に該当する者は約167万人であった．所得がFPL以下のニューヨーク市民の全市民に占める割合は21.2%であり，それは同年の全米平均の12.4%とニューヨーク州の14.6%を大きく上回っていた[7]．所得がFPLの200%以下に該当するニューヨーク市民の数は約312万人であり，全市民に占める割合は39.8%であった．

ニューヨーク市の低所得者や貧困者の数を5つの区ごとにみると，低所得者や貧困者の住民全体に占める割合が最も大きいのはブロンクスであった．ブロンクスでは，所得がFPL以下に該当する者の割合は住民全体の30.7%であり，FPLの200%の者の割合は51.7%にも上っていた．低所得者と貧困者の数が最も多いのはブルックリンであり，所得がFPL以下の者は約61万人，FPLの200%以下の者は約111万人も存在していた．ブルックリンの低所得者や貧困者の住民全体に占める割合はブロンクスに次いで高く，所得がFPLの200%以下の者は住民全体の45.6%であった．

---

[7] 全米平均とニューヨーク州の貧困率についてはU.S. Census Bureau, *United States Census 2000: Demographic Profiles* (http://censtats.census.gov/pub/Profiles.shtml) を参照．

表 4-1　ニューヨーク市の低所得者や貧困者の数とその構成（1999年）

(人，%)

|  |  | ブロンクス | ブルックリン | マンハッタン | クイーンズ | スタテン島 | 合計 |
|---|---|---|---|---|---|---|---|
| 人数 | 人口* | 1,288,234 | 2,434,939 | 1,491,423 | 2,203,306 | 436,628 | 7,854,530 |
|  | ～FPL | 395,263 | 610,476 | 298,231 | 321,102 | 43,866 | 1,668,938 |
|  | ～FPLの200% | 665,924 | 1,110,050 | 532,938 | 720,655 | 95,327 | 3,124,894 |
| 構成比 | 人口* | 100.0 | 100.0 | 100.0 | 100.0 | 100.0 | 100.0 |
|  | ～FPL | 30.7 | 25.1 | 20.0 | 14.6 | 10.0 | 21.2 |
|  | ～FPLの200% | 51.7 | 45.6 | 35.7 | 32.7 | 21.8 | 39.8 |

注：*調査によって所得が明らかになった者のみ．
出所：New York City, Department of City Planning のウェブサイト（http://www.nyc.gov/html/dcp/pdf/census/sf3povp2.pdf）より作成．

### （3）　医療扶助の申請状況と地域差

　次に，表4-2を用いて，2003年10月時点での65歳未満のニューヨーク市民に関する医療扶助の有資格者数と申請状況を考察する．

　ニューヨーク市の65歳未満の人口は約700万人であったが，そのうち約269万人が医療扶助の資格要件を満たしており，医療扶助の有資格率は38.5%であった．ニューヨーク市に住む低所得者や貧困者の全市民に占める割合は全米平均やニューヨーク州全域のそれよりも高く，市民の3人に1人を超える人々が医療扶助の資格要件を満たすほど低い所得で暮らしている状況であった．ブロンクスは低所得者や貧困者の割合が高い区であるがゆえに，ブロンクスの医療扶助の有資格率はニューヨーク市で最も高い51.4%であり，ブルックリンにも数多くの有資格者が住んでいた．

　しかし，医療扶助の資格要件を満たしている場合でも，有資格者が自動的に医療扶助の加入者になるわけではない．有資格者は医療扶助に関する申請手続きを行い，受給資格の審査の後に申請が受理されることで医療扶助の加入者になり，各種の給付を受けることが可能になるのである．ニューヨーク市に住む65歳未満の人々のうち，加入者は約217万人であり，有資格者の申請率は80.5%であった．ニューヨーク市政府が医療扶助の申請状況に関して行った調査によると，当時のニューヨーク市ではアメリカの他の地域に

**表 4-2** ニューヨーク市の医療扶助の有資格者数と申請状況（2003年10月）

(人, %)

|  |  | ブロンクス | ブルックリン | マンハッタン | クイーンズ | スタテン島 | 合計 |
|---|---|---|---|---|---|---|---|
| 人数 | 65歳未満の人口（A） | 1,187,233 | 2,154,413 | 1,342,621 | 1,919,204 | 392,262 | 6,995,733 |
|  | 有資格者（B） |  |  |  |  |  |  |
|  | 　0～18歳 | 317,935 | 480,489 | 176,629 | 305,143 | 48,337 | 1,328,532 |
|  | 　19～64歳 | 292,308 | 463,308 | 255,143 | 306,666 | 47,290 | 1,364,714 |
|  | 　65歳未満 | 610,242 | 943,797 | 431,771 | 611,809 | 95,627 | 2,693,246 |
|  | 加入者（C） |  |  |  |  |  |  |
|  | 　0～18歳 | 266,091 | 410,070 | 145,166 | 266,275 | 34,535 | 1,122,137 |
|  | 　19～64歳 | 245,556 | 359,484 | 186,996 | 224,329 | 29,253 | 1,045,619 |
|  | 　65歳未満 | 511,647 | 769,554 | 332,162 | 490,604 | 63,788 | 2,167,756 |
|  | 未加入者（D） |  |  |  |  |  |  |
|  | 　0～18歳 | 51,843 | 73,234 | 31,796 | 43,285 | 13,802 | 213,960 |
|  | 　19～64歳 | 47,652 | 105,121 | 68,147 | 83,164 | 18,036 | 322,120 |
|  | 　65歳未満 | 99,495 | 178,355 | 99,943 | 126,449 | 31,838 | 536,080 |
| 構成比 | 有資格率（B/A） |  |  |  |  |  |  |
|  | 　65歳未満 | 51.4 | 43.8 | 32.2 | 31.9 | 24.4 | 38.5 |
|  | 申請率（C/B） |  |  |  |  |  |  |
|  | 　0～18歳 | 83.7 | 85.3 | 82.2 | 87.3 | 71.4 | 84.5 |
|  | 　19～64歳 | 84.0 | 77.6 | 73.3 | 73.2 | 61.9 | 76.6 |
|  | 　65歳未満 | 83.8 | 81.5 | 76.9 | 80.2 | 66.7 | 80.5 |
|  | 未申請率（D/B） |  |  |  |  |  |  |
|  | 　0～18歳 | 16.3 | 15.2 | 18.0 | 14.2 | 28.6 | 16.1 |
|  | 　19～64歳 | 16.3 | 22.7 | 26.7 | 27.1 | 38.1 | 23.6 |
|  | 　65歳未満 | 16.3 | 18.9 | 23.1 | 20.7 | 33.3 | 19.9 |

注：1）0～18歳と19～64歳の人数の合計と65歳未満の人数や，加入者数と未加入者数の合計と有資格者数などが合わない場合がある．
　　2）不法滞在者を除く．
出所：New York City, Mayer's Office of Health Insurance Access（2004）より作成．

比べて医療扶助の申請率が高く，数多くの低所得者や貧困者が医療扶助を通して医療保障を獲得していた[8]．申請率が特に高いのはブロンクスであり，有資格者の83.8%が申請手続きを行うことで医療扶助に加入していた．それに対して，スタテン島の申請率はニューヨーク市の5つの区の中で最も低

---

8) New York City, Mayer's Office of Health Insurance Access（2004）, p. iv.

く，65歳未満の有資格者の33.3％が申請を行っていなかった．申請率を年齢別にみると，19歳未満の子どもの申請率は概ね65歳未満の者の申請率よりも高かった．

　医療扶助の有資格者数と申請率の間には明確な関係がみられず，申請状況は地域ごとに異なる．それに，医療扶助の有資格率が相対的に高い区では申請率が高い傾向を見出すこともできるが，有資格率と申請率は必ずしも完全に連動しておらず，それらも区ごとに異なる．

　しかも，図4-1に示されるように，医療扶助の申請状況は同じ区の中でも地区ごとにかなりの違いが存在していた．表4-3は，2003年10月時点で有資格未加入者数が特に多かったコミュニティ地区を年齢別にまとめたものであり，地区ごとの多様性が明確に表れている．

　第1に，65歳未満の有資格未加入者が最も多いのは，ブルックリンのブラウンズヴィルやオーシャンヒル周辺の第16地区であった．この地区はニューヨーク市の中でも貧困率が突出して高い地区の1つであり，かなり多くの低所得者や貧困者が住んでいた．ブルックリンの第2地区と第4地区と第8地区にも数多くの有資格者が公的医療保障制度に加入しないまま暮らしており，クイーンズの第1地区や第3地区，ブロンクスの第1／2地区や第9地区，マンハッタンの第9地区や第10地区も有資格未加入者の数が多い地区であった．

　第2に，19歳から64歳までの成人の有資格未加入者が最も多く住んでいるのもブルックリンの第16地区であったが，それらの人々はクイーンズの第1地区やマンハッタンの第9地区などにも多く，成人の有資格未加入者の分布は，後述する0歳から18歳までの子どもや子どもを含めた65歳未満の人々のそれとは異なっていた．

　第3に，0歳から18歳までの子どもの有資格未加入者についてもブルックリンの第16地区が最多であったが，ブロンクスの第9地区とマンハッタンの第12地区がそれに次いで有資格未加入者の数が多い地区であり，成人を含めた65歳未満の人々の分布とは異なる結果が表れた．

**表 4-3** ニューヨーク市の医療扶助の有資格未加入者数が多いコミュニティ地区（2003 年 10 月）

| | 子ども（0～18 歳） | 成人（19～64 歳） | 子どもと成人（0～64 歳） |
|---|---|---|---|
| 1位 | ブルックリンの第 16 地区（ブラウンズヴィル・オーシャンヒル周辺） | ブルックリンの第 16 地区（ブラウンズヴィル・オーシャンヒル周辺） | ブルックリンの第 16 地区（ブラウンズヴィル・オーシャンヒル周辺） |
| 2位 | ブロンクスの第 9 地区（サウンドビュー・パークチェスター周辺） | クイーンズの第 1 地区（アストリア・ロングアイランドシティ周辺） | ブルックリンの第 2 地区（ブルックリンハイツ・フォートグリーン周辺） |
| 3位 | マンハッタンの第 12 地区（ワシントンハイツ・インウッド周辺） | マンハッタンの第 9 地区（マンハッタンヴィル・ハミルトンハイツ周辺） | ブルックリンの第 8 地区（北クラウンハイツ周辺） |
| 4位 | ブルックリンの第 8 地区（北クラウンハイツ周辺） | ブルックリンの第 2 地区（ブルックリンハイツ・フォートグリーン周辺） | クイーンズの第 1 地区（アストリア・ロングアイランドシティ周辺） |
| 5位 | ブルックリンの第 4 地区（ブッシュウィック周辺） | ブロンクスの第 1/2 地区（メルローズ・ハンツポイント周辺） | ブロンクスの第 1/2 地区（メルローズ・ハンツポイント周辺） |
| 6位 | ブルックリンの第 2 地区（ブルックリンハイツ・フォートグリーン周辺） | クイーンズの第 2 地区（サニーサイド・ウッドサイド周辺） | マンハッタンの第 9 地区（マンハッタンヴィル・ハミルトンハイツ周辺） |
| 7位 | ブルックリンの第 13 地区（コニーアイランド・ブライトンビーチ周辺） | クイーンズの第 3 地区（ジャクソンハイツ・北コロナ周辺） | ブロンクスの第 9 地区（サウンドビュー・パークチェスター周辺） |
| 8位 | ブロンクスの第 8 地区（リバーデイル・キングスブリッジ周辺） | ブルックリンの第 7 地区（サンセットパーク・ウィンザーテラス周辺） | ブルックリンの第 4 地区（ブッシュウィック周辺） |
| 9位 | ブロンクスの第 5 地区（ユニバーシティハイツ・フォーハム周辺） | マンハッタンの第 3 地区（ロウアーイーストサイド・チャイナタウン周辺） | マンハッタンの第 10 地区（セントラルハーレム周辺） |
| 10位 | ブロンクスの第 1/2 地区（メルローズ・ハンツポイント周辺） | ブルックリンの第 8 地区（北クラウンハイツ周辺） | クイーンズの第 3 地区（ジャクソンハイツ・北コロナ周辺） |

出所：New York City, Mayer's Office of Health Insurance Access（2004）より作成.

　以上のように，ニューヨーク市の低所得者や貧困者に関する医療扶助の有資格率は地区ごとに異なり，申請状況にも大きな地域差が存在していた．とはいえ，ニューヨーク市全体では，他の地域に比べて医療扶助の有資格者の申請率が高く，それはニューヨーク市の医療扶助の大きな特徴である．

　ニューヨーク市の医療扶助に関する有資格者の申請率の高さや申請状況の地域差には，コミュニティ組織によるアウトリーチ活動が深く関係している．ニューヨーク市の医療扶助にかかわるコミュニティ組織は，申請手続きに関

する支援だけでなく，マネジドケアプランに関する情報の提供や各プランへの加入の支援も行っている．さらに，それらとは別に，保険会社やマネジドケア組織も地域住民に対して，民間プランを売り込むことを目的とする営業活動を積極的に行っている．

次に，ニューヨーク市の医療扶助におけるマネジドケアの仕組みを確認した上で，マネジドケアプランの加入状況を考察する．

### (4) マネジドケアプランと地域市場

ニューヨーク市政府は，HIV 感染者やその他の障害者などを除くすべての医療扶助の加入者に対して，地域保険市場で販売されているいずれかのマネジドケアプランへの加入を義務づけている．これは社会保障法（Social Security Act）の 1115 条項に基づくウェイバー制度を通して行われており，1997 年 7 月にメディケア・メディケイド・サービス・センター（CMS）の承認を得た．ニューヨーク市では，このウェイバー制度は 1999 年から段階的に実施され，2002 年 9 月以降には原則としてすべての加入者がマネジドケアプランへの加入を義務づけられている[9]．

各種の医療扶助のマネジドケアプランは，ニューヨーク州政府と契約する保険会社やマネジドケア組織によって，ニューヨーク市の 5 つの区で販売されている．医療扶助の加入者は，自らの居住区で販売されているマネジドケアプランの中から，自らの健康状態などをふまえて 1 種類を選び，そのプランを販売するマネジドケア組織などと契約している医師の中からプライマリ・ケア医師を選ぶ．プライマリケア医師はゲート・キーパー（gate keeper）の役割を担い，加入者の健康や傷病に関する相談を受け付けるほか，必要が生じた際には専門医への紹介などを行う．メディカル・ホーム（Medical Home）と呼ばれるこの仕組みは，自らの体質や病歴を把握する医師を持つことで加入者の健康の保持を促すとともに，プライマリケアを重視

---

[9] ニューヨーク市のメディケイドに関するマネジドケアについては Sandman（1999）を参照．

することで病気の発生を未然に防ぎ，不必要な医療サービスの提供を減らすことを目的に実施されている．

　各プランの給付内容とは別に，ニューヨーク市は医療扶助の保険プランの給付内容に歯科医療を含めることを義務づけており，加入者は加入者証を持参することで，各プランの給付に関して保険会社などと契約するすべての歯科医師から歯科医療が受けられる．さらに，家族計画や産科医療の給付を受ける際には，加入者は自らの加入するプランやプライマリケア医師の承諾を受ける必要はなく，自らのプランと契約関係にある医療機関だけでなく，いずれかの医療扶助に関して契約を交わしているすべての医療機関で直接に給付を受けられる．給付内容に家族計画の給付が含まれていないプラン（ニューヨーク市では「FidelisCare」のみ）の加入者は，家族計画の給付を受ける方法を保険会社またはマネジドケア組織に問い合わせる必要がある．

　コミュニティ組織によるアウトリーチ活動について検討する前に，ニューヨーク市のマネジドケアプランの加入者数と，地域保険市場におけるそれぞれの民間プランの占有状況を考察する．

　第1に，表4-4はニューヨーク市における2004年12月時点でのマネジドケアプランの加入者数とその構成を，ニューヨーク市を除くニューヨーク州全域やニューヨーク州全域と比較したものである．ニューヨーク州では，約771万人が公的医療保障制度またはそれ以外のマネジドケアプランに加入していたが，そのうちニューヨーク市の加入者数は約350万人であり，ニューヨーク市だけで州全域の加入者数の半数近くを占めていた．ニューヨーク市全体の加入者数の構成をみると，公的医療保障制度の民間プランを除くマネジドケアプランである民間HMOプラン，民間POSプラン，直接支払いプラン（direct payment plans）[10]の加入者数の合計は全体の38.0%を占めていたが，ニューヨーク市を除く州全域の同比率は73.1%であった．このことからわかるように，ニューヨーク市では，民間医療保険のマネジドケアプラ

---

10) 個人事業主（自営業者）や個人が保険会社から直接に購入するマネジドケアプラン．

表 4-4 ニューヨーク州のマネジドケアプランの加入者数とその構成（2004

| | | NY市 | | | | | |
|---|---|---|---|---|---|---|---|
| | | ブロンクス | ブルックリン | マンハッタン | クイーンズ | スタテン島 | 合計 |
| 加入者数 | 民間 HMO | 115,260 | 195,823 | 125,191 | 205,315 | 54,568 | 696,157 |
| | 民間 POS | 57,283 | 147,878 | 227,239 | 144,510 | 36,971 | 613,881 |
| | 直接支払い[2] | 1,286 | 3,992 | 9,496 | 5,409 | 1,708 | 21,891 |
| | メディケア | 36,239 | 65,451 | 32,767 | 74,211 | 20,912 | 229,580 |
| | ヘルシー・ニューヨーク | 989 | 4,500 | 4,592 | 4,728 | 1,342 | 16,151 |
| | チャイルドヘルスプラス | 27,714 | 59,917 | 15,474 | 64,974 | 7,928 | 176,007 |
| | ファミリーヘルスプラス | 45,548 | 114,833 | 46,322 | 111,780 | 10,379 | 328,862 |
| | メディケイド | 345,149 | 524,934 | 194,781 | 311,207 | 40,860 | 1,416,931 |
| | 合計 | 629,468 | 1,117,328 | 655,862 | 922,134 | 174,668 | 3,499,460 |
| 構成比 | 民間 HMO | 18.3 | 17.5 | 19.1 | 22.3 | 31.2 | 19.9 |
| | 民間 POS | 9.1 | 13.2 | 34.6 | 15.7 | 21.2 | 17.5 |
| | 直接支払い[2] | 0.2 | 0.4 | 1.4 | 0.6 | 1.0 | 0.6 |
| | メディケア | 5.8 | 5.9 | 5.0 | 8.0 | 12.0 | 6.6 |
| | ヘルシー・ニューヨーク | 0.2 | 0.4 | 0.7 | 0.5 | 0.8 | 0.5 |
| | チャイルドヘルスプラス | 4.4 | 5.4 | 2.4 | 7.0 | 4.5 | 5.0 |
| | ファミリーヘルスプラス | 7.2 | 10.3 | 7.1 | 12.1 | 5.9 | 9.4 |
| | メディケイド | 54.8 | 47.0 | 29.7 | 33.7 | 23.4 | 40.5 |
| | 合計 | 100.0 | 100.0 | 100.0 | 100.0 | 100.0 | 100.0 |

注：1) 分類が不可能な加入者を含む．
2) 個人事業主（自営業者）や個人が保険会社から直接に購入するマネジドケアプラン．
出所：New York State, Department of Health のウェブサイト（http://www.health.state.ny.us/care/report/2004/2004annual.htm）より作成．

ンに加入する者の全体に占める割合はかなり低かった．それに対して，ニューヨーク市では公的医療保障制度のマネジドケアプランの加入率は62.0%にも上り，特にメディケイドとファミリーヘルスプラス（Family Health Plus; FHP）の加入率がニューヨーク市を除く州全域のそれよりも高かった．ニューヨーク市におけるマネジドケアプランの加入者数の構成を5つの区ごとにみると，マンハッタンとスタテン島の加入者数の構成は州全域とそれほど大きくは変わらなかった．それに対して，ブロンクス，ブルックリン，クイーンズでは，公的医療保障制度の民間プランを除くマネジドケアプランの加入率が相対的に低い一方で，公的医療保障制度のプランの加入率が他の区

第4章　ニューヨーク市の医療扶助とコミュニティ組織

| 年12月） | （人，％） |
|---|---|
| NY市以外 | NY州[1] |
| 2,052,193 | 2,748,350 |
| 990,542 | 1,604,423 |
| 31,727 | 53,618 |
| 262,409 | 491,989 |
| 60,724 | 76,875 |
| 168,700 | 344,707 |
| 128,937 | 458,262 |
| 513,856 | 1,933,172 |
| 4,209,088 | 7,711,396 |
| 48.8 | 35.6 |
| 23.5 | 20.8 |
| 0.8 | 0.7 |
| 6.2 | 6.4 |
| 1.4 | 1.0 |
| 4.0 | 4.5 |
| 3.1 | 5.9 |
| 12.2 | 25.1 |
| 100.0 | 100.0 |

health_care/managed_

よりも高く，ニューヨーク市全体の特徴が際立って表れていた．

第2に，ニューヨーク市のマネジドケアプランの加入状況を，メディケイドに関して詳しく考察する．表4-5に示されるように，ニューヨーク州で実施されているメディケイドの加入者のうち，マネジドケアプランへの加入を義務づけられている者の数は2004年4月の時点で約284万人であり，そのうち約195万人がマネジドケアプランに加入していた．残りの約89万人は，申請手続きを経て医療扶助に加入しているもののいずれの民間プランにも加入していない人々であり，後述するようにこれらの人々に対するアウトリーチが重視されている．

ニューヨーク州では，メディケイドのマネジドケアプランへの加入を義務づけられている者に関するマネジドケアプランの加入率は68.8％であり，それはニューヨーク市を除く州全域の56.9％よりも11.9ポイントも高かった．それに対して，ニューヨーク市のメディケイド加入者のうち，マネジドケアプランへの加入が義務づけられている人々のマネジドケアプランの加入率は74.8％であり，それはニューヨーク州全域の加入率を6.0ポイントも上回っていた．ニューヨーク市のマネジドケアプランの加入率を区ごとにみると，加入率が最も高いのはスタテン島の84.0％であり，クイーンズの78.6％がそれについで高かった．加入者数が最も多かったのはブルックリンの約52万人であり，メディケイドの民間プランを販売する保険会社やマネジドケア組織にとって，ブルックリンが相対的に大規模な市場であったことがわかる．

加入者の規模が特に大きいプランは，「HealthFirst PHSP」，「Health Plus」，「Health Insurance Plan of Greater New York」，「MetroPlus Health Plan」であり，加入者の規模でみた各プランの市場シェアはそれぞ

表 4-5 ニューヨーク州のメディケイドの有資格者に関するプラン別の加入者数と加入率（2004年4月）

(人, %)

|  | 有資格者数[1] (A) | 加入者数 (B) | 加入率 (B/A) | 市場シェア[2] |
|---|---|---|---|---|
| 【ニューヨーク市】 |  |  |  |  |
| ABC Health Plan | — | 7,138 | 0.4 | 0.5 |
| Affinity Health Plan | — | 102,448 | 5.4 | 7.3 |
| Americhoice of New York | — | 94,625 | 5.0 | 6.7 |
| Careplus, LLC | — | 73,361 | 3.9 | 5.2 |
| CenterCare | — | 66,460 | 3.5 | 4.7 |
| Community Choice Health Plan Of Westchester | — | 4,071 | 0.2 | 0.3 |
| Community Premier Plus | — | 60,136 | 3.2 | 4.3 |
| FidelisCare HealthierLife SN | — | 5 | 0.0 | 0.0 |
| GHI HMO Select | — | 2,097 | 0.1 | 0.1 |
| HealthFirst PHSP | — | 186,180 | 9.9 | 13.2 |
| HealthFirst PHSP SN | — | 224 | 0.0 | 0.0 |
| Health Plus | — | 180,728 | 9.6 | 12.8 |
| Health Insurance Plan of Greater New York | — | 170,139 | 9.0 | 12.1 |
| Managed Health Inc/A+Health Plan | — | 2,192 | 0.1 | 0.2 |
| MetroPlus Health Plan | — | 169,515 | 9.0 | 12.0 |
| MetroPlus Health Plan SN | — | 287 | 0.0 | 0.0 |
| Neighborhood Health Providers | — | 74,370 | 3.9 | 5.3 |
| NYPS Select Health SN | — | 485 | 0.0 | 0.0 |
| NYS Catholic Health Plan | — | 78,984 | 4.2 | 5.6 |
| St.Barnabas Community Health/Partners In Health | — | 23,005 | 1.2 | 1.6 |
| The New York Presbyterian Community Health Plan | — | 46,752 | 2.5 | 3.3 |
| United Healthcare Plan Of NY | — | 35,359 | 1.9 | 2.5 |
| VidaCare Inc.SN | — | 164 | 0.0 | 0.0 |
| Wellcare Of New York | — | 32,272 | 1.7 | 2.3 |
| 合計 | 1,886,854 | 1,410,997 | 74.8 | 100.0 |
| ブロンクス | 469,665 | 343,797 | 73.2 | — |
| ブルックリン | 685,990 | 520,194 | 75.8 | — |
| マンハッタン | 289,008 | 196,722 | 68.1 | — |
| クイーンズ | 393,890 | 309,707 | 78.6 | — |
| スタテン島 | 48,301 | 40,577 | 84.0 | — |
| 合計 | 1,886,854 | 1,410,997 | 74.8 | — |
| 【ニューヨーク市以外】 |  |  |  |  |
|  | 950,112 | 540,477 | 56.9 | — |
| 【ニューヨーク州】 |  |  |  |  |
|  | 2,836,966 | 1,951,474 | 68.8 | — |

注：1) メディケイドの有資格者のうち，民間プランへの加入を義務づけられている者であり，HIV感染者やその他の障害者などを除く．
　　2) メディケイドの民間プランへの加入を義務づけられている人々のうち，実際にいずれかのプランに加入している者の割合．
出所：New York State, Department of Health のウェブサイト (http://www.health.state.ny.us/health_care/managed_care/reports/enrollment/monthly/2005/docs/en1_05.pdf) より作成．

れ13.2％，12.8％，12.1％，12.0％であった．これらのうち，「Health Insurance Plan of Greater New York」は同名のHIP社によって販売されている民間プランである．HIP社はニューヨーク市で主に市政府の職員向けの民間プランや公的医療保障制度の民間プランを販売してきた実績を持っている[11]．「MetroPlus Health Plan」は，ニューヨーク市の保健病院公社（Health and Hospital Corporation; HHC）の下部組織であるメトロプラス社（MetroPlus Health Plan, Inc.）によって販売されている民間プランであり，メトロプラス社はメディケアの民間プランや保健病院公社の職員向けの医療保険プランなども販売している[12]．

以上のように，ニューヨーク市の各地区には，医療扶助の受給資格を持っているにもかかわらず，様々な事情から申請を行わない者が存在する．すでに述べたように，制度の仕組みが複雑であることや，多くの人々にとってマネジドケアプランに関する情報を得ることが困難であることなどから，申請手続きを行わない者も多く，マネジドケアプランの加入率には地域差が存在する．それゆえに，医療扶助の有資格者の申請率やマネジドケアプランの加入率は地区ごとに異なるのである．

次節では，ニューヨーク市の医療扶助に関してコミュニティ組織が行っているアウトリーチ活動の内容を具体的に考察する．

## 2. ニューヨーク市の医療扶助とアウトリーチ活動

最初に，ニューヨーク市の医療扶助に関する事例を紹介したい．2005年12月2日付のニューヨーク・タイムズ紙では，5人の息子を出産し，医療扶助を含む各種の公的扶助の給付を受けながら，息子たちとともにブロンクスに住む母親へのインタビューが紹介されている．5人の息子のうち2人は生まれつき深刻な持病を抱えており，母親自身も日常的に治療を受けることが

---

11) HIP社や保健病院公社については櫻井（2011）を参照．
12) 詳細はメトロプラス社のウェブサイト（http://www.metroplus.org/）を参照．

必要である．少し長い引用になるが，この記事の要旨は以下のような内容であった．

　この世には天国と地獄がある．デボラ・ウェブはその両方を体験してきた者であり，他の多くの人々と同様に，現在は両者の狭間で暮らしている．彼女は 21 歳の時に会計学校を 4 年間で卒業し，銀行に正社員として就職した後に結婚した．彼女は 31 歳で失職し，結婚生活は困難になっていった．その時，彼女はハーレムでの幼少期に身内の者がやっていたように，コカインやアルコールに浸っていた．…35 歳になった薬物依存のウェブは 1994 年 7 月 28 日に四男を出産し，ジャマルと名づけられた．…ジャマルは先天性心疾患を患って生まれ，生後 3 年間は病院の入退院を繰り返す状態であった．さらにウェブは，…息子の血液から抗体が検出されたことで，自分も HIV に感染していることを知った．…それにもかかわらず，彼女は近所に住む男性との性交渉によって再び妊娠した．五男のクライド・クック・ジュニアは 1995 年 7 月に生まれた．…ウェブにとって，クライドの誕生は息子たちとのまっとうな生活を思い描く良いきっかけになった．…法廷で（クライドの父親と）争った後，ウェブはクライドを手放さないことを認めてくれる薬物依存治療プログラムに参加した．彼女はまた，ニューヨーク・タイムズ貧困救済基金が支援する 7 つの慈善組織の 1 つである「Federation of Protestant Welfare Agencies」の構成組織の「New Alternatives for Children」という社会福祉団体と連絡を取っていた．ジャマルはその団体を通して里子に出された．…当時は 10 代であった長男と次男と三男は，親戚や友人の家に身を寄せた．…ウェブは数年に渡って「New Alternatives for Children」に世話になり，現在では彼女は，彼女のように薬物依存の克服と育児に取り組む女性に対して指導やカウンセリングを行っている．…ウェブは現在も，医療の必要を抱える四男と五男の育児に専念している．…（1999 年にはジャマルが預け先から戻ってきた）…彼女は

第4章　ニューヨーク市の医療扶助とコミュニティ組織　　　193

現在，月額324ドルのフード・スタンプ（Food Stamp）と月額622ドルの補足的保障所得（Supplemental Security Income; SSI）の給付に加えて，クライドの父親から50ドルの生活費を毎月受け取っている．彼女が毎日使用する薬剤の費用は，ジャマルのミルクと減菌溶液の費用を含む医療費とともに，メディケイドによって賄われている．ウェブは，（自分と息子を）手助けしてくれる看護師を探すのに苦労している．彼女は，自分の住む地域に働きにきてくれる者など誰もいないと述べている．それゆえに，彼女は自らの持病と息子たちの育児の負担を抱えて暮らしているのである（括弧内の日本語と団体名の鍵括弧は引用者による補足）[13]．

　この記事には，ニューヨーク市における医療扶助の役割を考える上できわめて重要な事柄が示されている．このような貧困層の1人親家庭にとって，出産と育児は自立した生活を送る上での重大な試練であるとともに，大きな経済的，肉体的，精神的負担でもある．この記事で紹介されているウェブ氏と5人の息子の場合，生まれてきた息子が重大な疾患を抱えているだけでなく，母親自身も日頃から医療を必要としている．この母親にとって，自らの労働によって得た所得で自分の医療費と5人の息子の育児費や医療費などを賄うという形で，就労と育児を両立させることはかなり困難であろう．それにもかかわらず，以前に世話になったNPOで相談員やカウンセラーとして活動する母親の姿からは，たとえ持病を抱える身であっても，できる限り労働を続けながら社会生活を送る意思があることが伺える．すなわち，自らも持病を抱える母親は，各種の公的扶助の給付を受けながらも，深刻な持病を持って生まれた息子を養い，何とか自立した生活を送ろうとしているのである．医療扶助はこの1人親家庭にとって，ニューヨーク市のブロンクスという地域社会で自立した生活を送るために不可欠な条件であるといえよう．

---

13)　*The New York Times*, December 2, 2005.

もっと重要なのは，こうした１人親の貧困家庭を支えるコミュニティ組織の存在である．「New Alternatives for Children」をはじめとするコミュニティ組織によるアウトリーチ活動は，この１人親家庭が可能な限りでの自立を目指す重要なきっかけになったと同時に，各種の公的扶助の申請を行う際にも様々な支援がこのコミュニティ組織を通して行われたはずである．ニューヨーク市では，医療扶助に関して数多くのコミュニティ組織が様々なアウトリーチ活動を積極的に行っており，ニューヨーク市政府は各種の情報の提供や補助金の交付などの形でコミュニティ組織による活動を推進している．

本節では，ニューヨーク市政府による医療扶助の申請を促す取り組みとともに，医療扶助に関するコミュニティ組織のアウトリーチ活動を地域の具体的な現実に即して考察する．

### (1) 申請支援制度：コミュニティ組織に対する財政支援

ニューヨーク州政府は，医療扶助に関するコミュニティ組織のアウトリーチ活動を促すことを目的に，申請支援制度（Facilitated Enrollment）というウェイバー制度を 2000 年４月から実施している．その当時は，医療扶助のアウトリーチ活動に関するウェイバー制度が実施されている州はニューヨーク州だけであった．ニューヨーク市に住む数多くの低所得者や貧困者は，申請支援制度を通して医療扶助の申請や１年ごとの更新の手続きなどを行い，医療扶助を通して医療保障を得ていた．2011 年現在では，子ども医療保険加入支援制度（Children's Health Insurance Program; CHIP）に関する地域レベルでのアウトリーチ活動を促すために連邦補助金が交付されており，ニューヨーク州の申請支援制度はそのモデルになった先進的な制度である．

ニューヨーク市では，申請支援制度が実施される以前にも，医療扶助に関して数多くのコミュニティ組織がアウトリーチ活動を行っており，それらが申請支援制度のモデルになった．たとえば，マンハッタンのワシントン・ハイツを含む第 12 地区やハーレムを中心とする第 9 地区などの北部を中心とする地域では，「Children's Defense Fund-New York」というコミュニティ

組織が，コロンビア大学（Columbia University）の学生を主体とする実験的な取り組みとして，学生医療アウトリーチ（Student Health OUTreach; SHOUT）というプロジェクトを1998年から1999年にかけて実施していた．これらの学生は7種類のコミュニティ組織のいずれかに所属しており，すべての学生がボランティアの協力者としてSHOUTを通したアウトリーチ活動を行っていた．SHOUTを通したアウトリーチ活動の内容は，チャイルドヘルスプラスに関する受給資格の調査，申請手続きの支援，マネジドケアプランへの加入の支援などであった[14]．SHOUTをはじめとするアウトリーチ活動の有効性や，その効率的なアウトリーチ活動による州政府や市政府の財政支出額の削減効果が認められた結果，これらのコミュニティ組織によるアウトリーチ活動を州政府が推進することになり，CMSによる承認を経て申請支援制度が創設されたのである．

申請支援制度は，SHOUTなどの地域レベルでの実験的な取り組みを参考にして設計された．申請支援制度への参加を希望するコミュニティ組織の構成員やボランティア協力者などは，州子ども医療保険加入支援制度（State Children's Health Insurance Program; SCHIP）[15]とメディケイドの内容を正確に理解するためにかなり厳しい訓練を受けなくてはならなかったが，それはSHOUTなどの研修システムとほぼ同様の仕組みである．

2000年4月に申請支援制度が創設された当初には，この制度の対象は従来型のメディケイド，チャイルドヘルスプラスA（Child Health Plus A; CHPA），チャイルドヘルスプラスB（Child Health Plus B; CHPB）であったが，2001年10月からはその対象範囲が拡大し，新たに創設されたFHPと出産援助制度（Prenatal Care Assistance Program; PCAP）も対象になった．ニューヨーク市では，2002年1月にFHPが実施されたのと同時に，申請支援制度を通したアウトリーチ活動がFHPについても開始された．2005

---

14) SHOUTの詳細はDutton et al.（2000）を参照．
15) 第3章と同様に，本章も主にSCHIPが創設された1990年代から2000年代前半までの期間について検討するので，特に断らない限りSCHIPと表記する．

表 4-6 申請支援制度を通した州補助金の配分額とその構成 (2001 年度)

(ドル, %)

| | 配分額 | 構成比 |
|---|---:|---:|
| 【ニューヨーク市】 | | |
| Children's Aid Society | 500,000 | 5.3 |
| Bronx Perinatal Consortium, Inc. | 800,000 | 8.5 |
| The Northern Brooklyn Coalition Child Health Access Mobilization Project | 700,000 | 7.4 |
| Mertopolitan New York Coodinating Council on Jewish Poverty | 650,000 | 6.9 |
| The Center for Children and Families | 575,000 | 6.1 |
| Alianza Dominicana, Inc. | 500,000 | 5.3 |
| Jewish Community Center of Staten Island | 340,000 | 3.6 |
| Joseph Addabbo Family Health Center | 255,000 | 2.7 |
| Ridgewood-Bushwick Senior Citizens Council | 150,000 | 1.6 |
| 合計 | 4,470,000 | 47.6 |
| 【ニューヨーク市以外】 | 4,926,967 | 52.4 |
| 【ニューヨーク州】 | 9,396,967 | 100.0 |

出所：New York State, Office of Governor のウェブサイト (http://www.state.ny.us/governor/press/00/dec17_00.htm) より作成．

年2月には，43種類の主導組織 (lead agency) と72種類の下部組織 (sub-contracting agency) からなるコミュニティ組織が申請支援制度を通してアウトリーチ活動を行っていた．

ニューヨーク州政府から申請支援制度に参加してアウトリーチ活動を行うコミュニティ組織に交付される補助金は，メディケイドとSCHIPの財源から賄われる．それゆえに，申請支援制度は，州政府や市政府または郡政府の自主財源に加えて，連邦補助金も用いて実施されている．

表4-6に示されるように，2001年度には申請支援制度を通して約940万ドルの補助金が30種類のコミュニティ組織に交付された．ニューヨーク市で申請支援制度を通して活動する9種類のコミュニティ組織は州政府から447万ドルの補助金を交付され，その交付額はすべてのコミュニティ組織に交付された補助金の総額の47.6%を占めていた．このことからも，ニューヨーク市ではアウトリーチ活動が特に大規模に実施されていたことがわかる．

第 4 章　ニューヨーク市の医療扶助とコミュニティ組織　　197

　さらに，FHP の創設に伴い，FHP に関するアウトリーチ活動にも約 1,000 万ドルの補助金が交付され，申請支援制度に関する毎年度の補助金の総額は約 2,000 万ドルに増えた．

　申請支援制度は，ニューヨーク市に住む低所得者や貧困者による医療扶助という医療保障の獲得に関して，きわめて重要な役割を果たしていた．

　第 1 に，1999 年 10 月 18 日の報道発表でジョージ・E. パタキ（George E. Pataki）州知事は，申請支援制度に先立って子どもを対象に実施されていた SHOUT などの実験的な取り組みを，「家族を援助し，家族に働きかける草の根のアプローチ」と積極的に評価していた[16]．すなわち，申請支援制度はニューヨーク州に住む低所得世帯や貧困世帯の数多くの子どもが医療扶助に加入することに大きく貢献しており，コミュニティ組織を活用した「草の根のアプローチ」が，ニューヨーク州に住む「家族を援助し，家族に働きかける」仕組みとしてふさわしいという見解が示されたのである．

　第 2 に，2002 年 5 月 30 日に行われたパタキ州知事の報道発表でも，CHPA や CHPB などの場合と同様に，FHP の加入者の増加に申請支援制度が重要な貢献を果たしたことが繰り返し強調されていた[17]．この記事からも，「家族を援助し，家族に働きかける草の根のアプローチ」である申請支援制度は，低所得や貧困の状態にある労働者とその家族に医療扶助への加入を促すための重要な制度であると考えられていたことがみてとれる．

　申請支援制度を通したコミュニティ組織のアウトリーチ活動は，市政府や郡政府による従来の業務に比べて，地域住民の要望にもっと的確に応える形で実施されている．特にニューヨーク市は人種や文化などが多様な人々で構成される「人種のるつぼ」の大都市であるがゆえに，各地域の多様な実情をふまえた対応が求められる[18]．次に，ニューヨーク市の医療扶助におけるコ

---

16）　New York State, Office of Governor（http://www.ny.gov/governor/press/99/oct18_2_99.htm）.
17）　New York State, Office of Governor（http://www.ny.gov/governor/press/01/may30_2_01.htm）.
18）　U.S. General Accounting Office（2000a）は，ニューヨーク州の医療扶助に関する

ミュニティ組織の役割を明らかにするために，ニューヨーク市の低所得者や貧困者が抱える個別の問題やアウトリーチ活動の具体的な内容を考察する．

### (2) アウトリーチ活動の内容

申請支援制度を通したアウトリーチ活動の実施主体は，活動の目的や内容がそれぞれ異なるコミュニティ組織で構成される．

第1に，主な実施主体は，自らの健康などに関してそれぞれ異なる問題を抱えているニューヨーク市の住民を様々な形で支援するNPOである．たとえば，「Children's Aid Society」は「子どもとその家族の肉体的・精神的な健康を確保するとともに，それぞれの子どもが幸福で健康で生産的な大人になるために必要な支援と機会を提供する」ことを目標に，ニューヨーク市で活動するNPOである．「Children's Aid Society」は子どもを支援するコミュニティ組織であるがゆえに，その主な活動は，低所得世帯や貧困世帯の子どもがSCHIPに加入するために必要な手続きの支援である．他にも，ニューヨーク市に住むユダヤ人を支援する「Metropolitan New York Coordinating Council on Jewish Poverty」や，ドミニカ人を中心に経済面での困難を抱える人々を対象に活動する「Alianza Dominicana, Inc.」などのNPOが，申請支援制度を通してアウトリーチ活動を実施している[19]．

第2に，申請支援制度は地域市場の競争原理を活用することで，医療扶助への加入を促す工夫も行っている．すなわち，ニューヨーク市の医療扶助を通して各種の医療サービスを提供する一部の医療機関や，地域保険市場でマネジドケアプランを販売している一部の保険会社やマネジドケア組織も，

---

　　資格要件や申請手続きやアウトリーチ活動などの内容を，他の州における取り組みと比較しながら紹介している．
19) 詳しくはそれぞれのNPOのウェブサイトを参照．Children's Aid Society (http://www.childrensaidsociety.org/); Metropolitan New York Coordinating Council on Jewish Poverty (http://www.enterprisefoundation.org/model%20documents/e460.htm); Alianza Dominicana, Inc. (http://www.alianzadom.org/aboutus.html).

NPOを創設して申請支援制度を通したアウトリーチ活動を行っている．これらの医療機関や保険会社やマネジドケア組織にとって，医療扶助の申請やマネジドケアプランへの加入の手続きなどの支援は，地域市場で自らの顧客を確保するための重要な手段である．さらに，多くのコミュニティ組織はこれらの医療機関や保険会社やマネジドケア組織との間に密接な関係を築いており，これらのコミュニティ組織による活動も医療機関などにとっての顧客の確保につながっているといえよう．

アウトリーチ活動の主な内容は，資格要件や給付内容などに関する情報の提供，受給資格の調査，申請に関する個人面談，申請書への必要事項の記入，マネジドケアプランに関する情報の提供とプランへの加入の手続き，給付の対象となる医療サービスや利用可能な医療機関に関する情報の提供，個々の加入者にふさわしい医療機関の紹介，年度ごとの更新に関する手続きの支援，医療扶助に関する質問やトラブルへの対応などである[20]．

すでに述べたように，医療扶助の受給資格を満たしているにもかかわらず，数多くの低所得者や貧困者が無保険である主な理由は，医療扶助の存在を知らないことや，自分や家族が医療扶助の資格要件を満たしているかどうかがわからないことである．それらに加えて，ニューヨーク市には他の地域よりも多くの移民が暮らしており，それらの移民の多くは英語の読み書きが不得意であるがゆえに，英語で書かれた医療扶助に関する説明を正確に理解することや，申請書に必要事項を英語で記入することが困難である場合が多い．さらに，多くの場合，ワーキング・プアの人々の勤務時間は不規則であり，それらの人々にとって，市政府や郡政府の事務所が開いている平日の業務時間帯に自分や家族の医療扶助の申請に赴くことは難しい．しかも，それらの窓口は常に混雑しており，その中で申請手続きを時間内に済ませることも困難である[21]．

---

20) これらのアウトリーチ活動についてはAndrulis et al. (1999) も参照．
21) ニューヨーク市で長年にわたってソーシャルワークの業務を行ってきた砂金令子氏は自らの著書で，ニューヨーク市の福祉事務所が終日にわたって混乱を極めており，

コミュニティ組織は，これらの事情をふまえた上で活動内容や活動場所を決定している．すなわち，コミュニティ組織は看板や刊行物などの様々な広告媒体を活用して医療扶助に関する情報を提供したり，様々な言語に対応できるよう協力者を確保したり，休日や夜間を含めた24時間体制でのアウトリーチ活動を行ったりすることで，医療扶助に関する手続きが困難な無保険者に対応している．

　コミュニティ組織によるアウトリーチ活動は，低所得者や貧困者の生活圏で行われている．すなわち，その主な活動場所は，市政府や郡政府の事務所に加えて，各地域の医療機関，地域保健センター（community health center），税務署，保育所，スーパー・マーケット，公園，図書館，職業訓練施設，学校，教会などである[22]．

　「Children's Aid Society」が「Children's Defense Fund」とともに2005年2月に発行した報告書では，「Children's Aid Society」がニューヨーク市で行ってきたアウトリーチ活動の具体的な内容が紹介されている．そのアウトリーチ活動に関する記述は以下の通りである．

> 学校は無保険の家族を探し出すのに絶好の場所である．ニューヨーク市において，「Children's Aid Society」は各地域の学校を舞台に，無保険の子どもとその家族に対して（医療扶助の）申請に関するアウトリーチ活動を1998年から行ってきた．活動員によるアウトリーチ活動には，親に対する教育的な意味合いの講習会，入学手続き時における受付業務，父母懇談会での広報活動が含まれる．早朝過ぎや学校でコンサートが開催される日時など，多くの親が学校にやって来る時には，読みやすく，しかも2ヵ国語で書かれた（医療扶助に関する）小冊子が配布される．

---

訪問者に支援業務を行うことがいかに困難であるかを雄弁に語っている．砂金（1997）を参照．
22）　これらの他にも，妊婦や乳幼児などに対して栄養上の支援を行うための補助制度（Women, Infant, and Children; WIC）を管轄するWICセンターや中小企業の事務所なども重要な活動場所として注目されていた．Sieben et al.（2000）を参照．

教員や保護者対応係，その他の学校職員，ソーシャルワーカー，医師などの学校内の専門家は，学校を拠点に活動するコミュニティ組織の活動員に無保険の学生やその家族を取り次ぐことが容易なのである（括弧内の日本語や団体名の鍵括弧は引用者による補足）[23]．

この事例から，申請支援制度の特徴と政策目標がみてとれる．

第1に，コミュニティ組織が学校を活動の拠点としているのは，子どもだけでなく，その親にも医療扶助の申請を呼びかけることができるからである．そもそも，子どもが単独で医療扶助の申請を行うことはかなり難しく，ほとんどの場合は親が子どもの申請手続きを代行している[24]．だからこそ，子どもの医療扶助の申請を促すためには親との接触が何よりも重要であり，コミュニティ組織は資格要件や給付内容などの医療扶助に関する様々な情報を親に提供している．その際に，コミュニティ組織は様々な言語に対応できるように活動員を配置している．さらに，こうした活動は親自身の医療扶助の申請にもつながるのである．

第2に，申請支援制度では，ワーキング・プアとその家族に対して医療扶助の申請を促すことが最も重要な課題とされている．低所得者や貧困者が市政府や郡政府の事務所で医療扶助の申請を行う場合，医療扶助の存在や制度に関する知識を持ち，平日の限られた業務時間に都合をあわせて，なおかつ申請に必要なすべての書類を原則として自分で用意しなければならない．無保険者の大半が，勤務時間や勤務地などが不規則なワーキング・プアであることをふまえると[25]，これらはニューヨーク市に住む低所得者や貧困者にと

---

23) Children's Aid Society and Children's Defense Fund New York (2005), p. 11.
24) これに関して，子どもの親がワーキング・プアである場合には，親と同様に子どもも無保険である場合が多く，その主な理由の1つが医療扶助に関する申請手続きを行っていないことであった．Guyer and Mann (1999)．
25) 2005年時点ではニューヨーク州の無保険者の約80％が労働者とその家族であった．Children's Defense Fund New York のウェブサイト (http://www.cdfny.org/Issues/Tools/Health/NYSeeksCMSpdf.pdf) を参照．

ってかなり厳しい条件である．低所得層や貧困層の家族を医療扶助に加入させるためには，多くの子どもが集まる学校という場所，親が子どもの送迎を行う早朝や放課後などの時間帯，学校で催し物が開催される日時など，低所得者や貧困者の生活習慣をふまえた柔軟なアウトリーチ活動が求められる．これらの活動は，市政府や郡政府の職員によって行われるよりも，地域に根ざしたコミュニティ組織によって担われることがふさわしく，また効率的でもある．申請支援制度は，こうした地域に根ざしたアウトリーチ活動を支援しているのである．

以上のようなコミュニティ組織によるアウトリーチ活動の結果，ニューヨーク市では医療扶助の有資格者による申請が次々に行われ，医療扶助の加入者数が急速に増加した．

## 3. ニューヨーク市の医療扶助の再編と申請支援制度

### (1) 申請支援制度の意義

第3章で述べたように，ニューヨーク市では子どもと妊婦とワーキング・プアを中心に各種の医療扶助の加入者数が1990年代から2000年代半ばにかけて急速に増加したが，コミュニティ組織によるアウトリーチ活動はそれに大きく貢献した．

第1に，「Children's Defense Fund New York」の発表によると，申請支援制度が実施された2000年から2005年までの期間に行われた医療扶助の申請の過半数が申請支援制度を通して行われ，CHPBに関してはすべての申請がこの制度を通して行われた[26]．ニューヨーク市では，FHPに関する85％以上の申請が申請支援制度を通して行われ，その中にはもちろん，以前は無保険の状態のまま生活していた多数の移民も含まれていた．ニューヨーク市の各地域で医療扶助の加入者数が増えていく過程で，申請支援制度は

---

26) 詳細はChildren's Defense Fund New Yorkのウェブサイト (http://www.cdfny.org/Issues/Tools/Health/NYSeeksCMSpdf.pdf) を参照．

きわめて重要な貢献を果たしたのである．

　第2に，ニューヨーク市では子どもを対象とするアウトリーチ活動が特に積極的に行われた結果，低所得世帯と貧困世帯の子どもに関する医療扶助の加入率が大きく増加した．ニューヨーク市を拠点にアウトリーチ活動を行う「Children's Aid Society」と「Children's Defense Fund New York」が2005年に合同で発表した報告書によると，申請支援制度を通した医療扶助の申請は60万件を超え，そのうち40万件以上が子どもに関する申請であった．また，この報告書では，申請支援制度が「最も費用節約的なアウトリーチ活動の形態の1つ」であると指摘されており，行財政の観点からも申請支援制度の有効性が強調されている[27]．

　ニューヨーク市の医療扶助における申請支援制度の意義は，以下のように整理することができる．

　第1に，申請支援制度は，ワーキング・プア世帯の人々に医療保障を提供するという医療扶助の政策目標を達成するために不可欠な手段として創設された．第3章で述べたように，アメリカでは貧困者だけでなくワーキング・プア世帯の人々にも医療扶助の受給資格を付与することで，それらの人々が市場に参加し，就労によって得た所得をもとに，自立した生活を可能にすることが政策目標とされている．申請支援制度を通したアウトリーチ活動がワーキング・プア世帯の生活圏で行われたことはきわめて効果的であった．

　第2に，ワーキング・プア世帯に対するアウトリーチの必要性が強く認識されているがゆえに，州政府や市政府には各地域の実情に沿う形での制度的対応が求められた．ニューヨーク州の中でも，ニューヨーク市の医療扶助に関するアウトリーチ活動を行う際には「人種のるつぼ」への配慮が特に重要であり，その配慮を欠いては低所得者や貧困者を対象とする医療扶助という医療保障制度はうまく機能しないであろう．このような理由から，ニューヨーク市ではコミュニティ組織が申請支援制度を通してアウトリーチ活動を行

---

27) Children's Aid Society and Children's Defense Fund New York (2005), p. 19.

うという重要な役割を担うことになったのである．

　そして第3に，地域の諸条件をふまえて医療扶助のシステムを構築するためには，医療扶助という制度を通して資金が用意されるだけでは不十分であり，医療扶助をうまく機能させるためにアウトリーチ活動を通した医療扶助の加入者の増加や，それに伴う医療機関の整備などの再編も必要である．これらのアウトリーチ活動が行われ，地域保険市場で販売されているマネジドケアプランの加入者が増加した結果，ニューヨーク市の地域市場でマネジドケアがいっそう浸透した．

　ニューヨーク市の医療扶助において，コミュニティ組織によってアウトリーチ活動が効果的かつ効率的に行われたという事実は，地域市場を基盤とするアメリカの医療保障システムの特質を象徴的に示している．

### (2)　申請支援制度と医療財政

　しかし，申請支援制度は，制度の創設から5年余りしか経過していないにもかかわらず，医療扶助に関する財政問題を引き起こした．

　第1に，2005年12月6日付のニューヨーク・タイムズ紙は，ニューヨーク州の申請支援制度の継続的な実施に関して問題が生じていることを紹介していた．この記事の要旨は以下の通りであった．

> 　数カ月の動揺の後，パタキ（州知事）は連邦政府に対して，メディケイド（をはじめとする医療扶助）の申請を容易にすることで加入者数の大幅な増加に貢献してきたニューヨーク州の（ウェイバー）制度の継続を求めた．しかし，ニューヨーク州の関係者や制度の支持者は，ブッシュ政権から承認を勝ち取るのは困難であろうと述べている．彼らは，「申請支援制度」と呼ばれるこの制度が廃止された場合には，数十万人もの人々が無保険の状態に陥ることになるであろうと述べている．ニューヨーク州は，それぞれの地域で（マネジドケア）組織や診療所を構えるHMOに対して，低所得者（や貧困者）を対象とする公的医療保障制度

のメディケイド（など）に関する申請書への必要事項の記入を手伝うことを認めている唯一の州である．こうした活動は，州全体の百万人を超えるメディケイド（など）の加入者の増加に貢献してきた．連邦法は政府職員を除くすべての者にメディケイド（など）の加入を促す活動を禁止しているが，クリントン政権は5年前にニューヨーク州に対して，この規則の適用を除外することを承認した．この適用除外は3月31日に失効しており，12月1日までに更新を申請しなければならなかったが，パタキは（この記事が公表された12月6日の）2週間前まで更新を行うことを決定していなかった．…「申請支援制度」は，低所得者やミドル・クラスが多く住む地域をはじめとして，多くの地域で専門的な支援を提供してきた．メディケイド（など）の医療保険プランを販売するHMOは今や，ニューヨークの相当数の加入者を獲得している．HMOは街角や学校，公園での申請の呼びかけを特に積極的に行ってきた．このことはいくつかの点で物議を醸している．ナッソー郡のトマス・R・スオジ（Thomas R. Suozzi）氏は，HMOの職員がメディケイドの受給資格を得るために所得を隠す方法を人々に指導していたという事実を郡政府の職員が明らかにしたことを最近になって公表した（括弧内の日本語や制度名の鍵括弧は引用者による補足)[28]．

この記事から，申請支援制度にかかわる問題点が窺える．

　第1に，ニューヨーク州議会が更新期限の切れる直前までこのウェイバー制度の更新を躊躇していたのは，危機に瀕している州財政のさらなる悪化を懸念したからである．申請支援制度の実施によって各種の医療扶助の加入者が増加すれば，それに伴い医療サービスの利用も増加し，医療扶助の給付費が増えることで支出額は膨張することになる．そうなれば，メディケイドやSCHIPの財源の半分以上が連邦補助金によって賄われるとはいえ，州政府

---

28) *The New York Times*, December 6, 2005.

と市政府や郡政府の財政負担も増加する．それゆえに，申請支援制度の更新によって，財政支出が州政府と市政府や郡政府の財政力では賄いきれないほど大きく膨張していくことが懸念されたのである．さらに，ブッシュ政権はメディケイドやSCHIPに関する連邦補助金の交付額の抑制を重要な政策目標として掲げており，多額の連邦補助金が交付されているニューヨーク州について，医療扶助に関する申請支援制度の更新には難色を示すのではないかと憂慮されていた．

　第2に，申請支援制度を通したアウトリーチ活動は数々の不正行為を伴いながら実施されており，それらの不正行為も医療扶助に関する財政問題をもたらすものとして問題視されている．医療機関やマネジドケア組織などにとって，できるだけ多くの顧客を獲得することは地域市場において競争に打ち勝つための重要な条件であり，申請支援制度はそれと密接に結びついている．医療扶助を地域市場の競争原理に委ねることは，医療扶助において医療機関や保険会社やマネジドケア組織などの利益が優先される程度が強まることを意味しており，その結果として顧客を増やすための不正行為がしばしば行われる．

　2005年7月18日付のニューヨーク・タイムズ紙では，医療扶助における不正請求の疑惑が取り上げられ，その中には申請支援制度と密接にかかわる事例も紹介されていた．1つはブルックリンの歯科医師に関する疑惑であり，この歯科医師は活動員を雇って街角で医療扶助の申請を支援する活動を行っていた．活動員は，医療扶助の申請を行った者にはCDプレーヤーを無料で提供するという特典をつけて申請を呼びかけていた．この歯科医師は，実際にはそれらの加入者に対して歯科医療を提供していないにもかかわらず，診療報酬の架空請求を行った疑いをかけられている．他の事例として，医療扶助の加入者を医療機関まで輸送することを業務とする会社も，実際には行わなかった輸送サービスについて診療報酬を請求した疑いを持たれている[29]．

---

29) *The New York Times,* July 18, 2005.

これらの不正請求は州政府と市政府や郡政府の財政負担を増加させる要因の1つであり，州政府は不正請求を撲滅するための様々な取り組みを行っている．ここで取り上げた事例は，地域市場を基盤とする制度の構造を前提としてコミュニティ組織の活用を重視するニューヨーク州の医療扶助に内在する問題点を明確に示しているといえよう．

　第2に，第3章でも述べたように，パタキ州知事による2005年度の予算案にはメディケイド支出の11億ドルの削減が明記されており，支出削減の手段として，保険会社やマネジドケア組織に支払われる保険料の引き下げ，FHPの資格要件の厳格化，給付内容の引き下げなどに加えて，申請支援制度を通して交付される補助金の削減が提案されている[30]．この補助金の削減案に対して，医療産業やコミュニティ組織は激しく反発している．

　「Children's Aid Society」によって実施される医療アクセス・プログラム（Health Care Access Program）のプログラム・ディレクターであるケイト・ローラー（Kate Lawler）氏は，2005年2月16日に行われたニューヨーク州議会の医療・保険委員会（Committees on Health and Insurance）で以下のような証言を行った．

　　あなたがたの目にどう移ろうと，それ（申請支援制度：引用者）はニューヨークにとって前進である．重層的に設計され，なおかつ加入することが容易な公的医療保障制度のおかげで，ニューヨークは健康な家族，健全なコミュニティ，健全な労働力という計り知れないほどの恩恵を受けている．我々はこうした投資を積み重ねるとともに，アウトリーチ活動の縮小，資格要件の厳格化，加入の制限，給付の引き下げから公的医療保障制度を守らなくてはならない[31]．

---

30) *The New York Times*, January 20, 2005.
31) Children's Aid Societyのウェブサイト（http://www.childrensaidsociety.org/press/think/wwt_article/33479）を参照．

このように，ローラー氏は申請支援制度を通してアウトリーチ活動を行うコミュニティ組織の代表として，補助金の削減に反対している．確かに，申請支援制度を通して医療扶助の加入者が増加することで，「ニューヨークは健康な家族，健全なコミュニティ，健全な労働力という計り知れないほどの恩恵を受けている」といえよう．しかし，加入者の増加は即座に州政府と市政府や郡政府の財政負担を増加させ，州財政や地方財政の逼迫に直接に結びつく．それゆえに，ニューヨーク州では申請支援制度の規模の縮小への圧力が強まりつつある．

ニューヨーク州政府は，ワーキング・プア世帯に対する医療扶助の加入の促進と医療扶助に関する財政支出の削減という2つの相互に対立しがちな課題を抱えており，ニューヨーク市で行われているコミュニティ組織のアウトリーチ活動は岐路に立たされている．しかも，申請支援制度の財源には連邦補助金が用いられていることから，申請支援制度は連邦財政も巻き込んだ深刻な問題になっているのである[32]．

## 4. むすびにかえて

メディケアと同様に，医療扶助におけるコミュニティ組織の活用は地域市場における取引の活発化に結びついており，マネジドケアプランへの加入を前提とする医療扶助の再編を実現するための重要な条件であった．連邦政府は州政府や地方政府に対して連邦補助金を交付し，その補助金がコミュニティ組織によるアウトリーチ活動に使われることで，地域レベルでのアウトリーチ活動が積極的に促されている．1990年代後半以降における医療保障システムの再編において，コミュニティ組織の活用がいっそう注目されている

---

32) その後，CHIPにおけるアウトリーチの推進がいっそう重要な課題になり，全米の各地域で行われるアウトリーチ活動を促すために，連邦補助金が交付されることになった．連邦レベルのアウトリーチ活動の推進策と地域市場の関係については今後の研究課題としたい．アウトリーチ活動への支援も含めたCHIPの現状についてはMedicaid Institute at United Hospital Fund（2009）を参照．

のは，20世紀の福祉拡充の中でアメリカの家族とコミュニティの役割が機能しなくなったと危惧する保守派を中心とする人々から，それらの機能の復活に期待が寄せられていることを示している．

　先に引用したブロンクスの1人親家庭の事例は，貧困層の家族が医療扶助をはじめとする各種の公的扶助やコミュニティ組織の支援を受けながら，自立を目指して懸命に努力する姿を象徴的に示している．この母親が以前に世話になったNPOで活動していることも，自立を目指して次のステップに進むための就労経験を積む行為であることも含めて，アメリカで暮らす貧困者に特有の美談であり，また真実であるともいえよう．

　アメリカの理念にとって，福祉に依存して生きることは地獄での生活に等しい．逆にアメリカ・モデルにとっての天国とは，それほど裕福ではないにしても家族が同じ家に住み，親の労働によって得た所得で幸せに暮らすというささやかなアメリカン・ドリームそのものであり，アメリカン・ドリームという目標に向かって努力する姿こそが家族の理想的な生活とされているのである．この母親も，医療扶助をはじめとする各種の公的扶助やコミュニティ組織による支援を受けながら，健康上の問題を抱えているにもかかわらず，コミュニティ組織で活動を続けていこうという意思を持って暮らしている．その意味では，この母親と5人の息子たちは「他の多くの人々と同様に，現在は両者（天国と地獄）の狭間で暮らしている」のである．

　一方で，医療扶助におけるコミュニティ組織の活用は多額の財政支出を伴いながら行われており，そのための公的補助金に削減の圧力が強まっていることも事実である．本章で得られた成果をふまえて，オバマ政権期に実施される医療保障システムの改革が，医療扶助における地域市場とコミュニティ組織と政府部門の相互関係に及ぼす影響を明らかにすることを今後の課題としたい．

# 第5章
# 医療保障システムにおける地域市場の規定性

　本章の課題は，1990年代以降に行われたメディケアとメディケイドと子ども医療保険加入支援制度（CHIP）の再編の意義に関して整理を行った上で，メディケアと医療扶助の検討を通して得られた地域市場の規定性という問題意識をもとに他の医療保障制度の内容と各地域における実施状況にまで視野を広げてアプローチすることで，医療保障システムの全体が地域市場を最大限に尊重しながら機能していることを明らかにすることである．メディケアと医療扶助の再編は，制度の効率化を通した財政支出の抑制を動機として，地域市場の発展の成果であるマネジドケアの活用と，地域課題に取り組む数多くのコミュニティ組織の活用を軸に行われた．地域市場は医療保障システムの全体の基盤として機能しており，そのような観点から雇用主提供医療保険や他の公的医療保障制度や地域レベルで提供されている割引診療やフリーケアを検討することで，地域市場に強く規定される医療保障システムの構造と制度間の関係がいっそう明確になるであろう．

## 1.　地域市場の発展に即したメディケアと医療扶助の再編

　メディケアと医療扶助（メディケイドとCHIP）の再編の目的は，連邦政府や州政府の支出額の抑制を，高齢者や貧困者に対する医療保障の充実と同時に達成することであった．
　第1に，1980年代から1990年代半ばにかけて，医療物価の上昇や医療サ

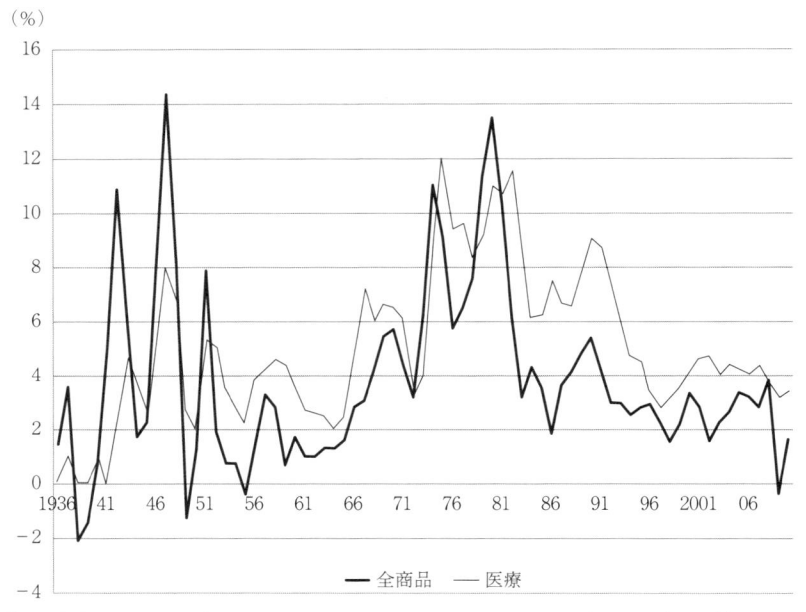

出所：U.S. Department of Labor, Bureau of Labor Statistics のウェブサイト（http://www.bls.gov/cps/#data）より作成．

図 5-1　消費者物価指数の対前年比増加率の推移

ービスの消費量の増加などを背景に，メディケアと医療扶助の支出額が急速に増加した．図 5-1 に示されるように，1980 年代初頭から 1990 年代半ば頃までの期間には医療の消費者物価指数の増加幅が特に大きく，それは全商品の平均の増加幅を大きく上回っていた．それと並行して医療サービスの消費量も増加した結果，表 5-1 に示されるように，メディケアと医療扶助の支出額は，雇用主提供医療保険を中心とする民間医療保険の支出額よりも急速に増加した．1980 年から 1995 年にかけて，民間医療保険の支出額は約 690 億ドルから約 3,270 億ドルへと約 2,580 億ドルも増加し，その増加幅は 4.74 倍であった．一方で，メディケアと医療扶助（メディケイド）の支出額は同期間に民間医療保険の支出額よりも急速に増加し，その増加幅はそれぞれ 4.97 倍と 5.58 倍にも上った．特に，1990 年から 1995 年までの期間には国民医療

第5章 医療保障システムにおける地域市場の規定性

表5-1 国民医療支出の推移

(10億ドル,％)

| | | 1960 | 1970 | 1980 | 1985 | 1990 | 1995 | 2000 | 2005 | 2009 |
|---|---|---|---|---|---|---|---|---|---|---|
| 金額 | 民間医療保険 | 6 | 15 | 69 | 131 | 234 | 327 | 458 | 697 | 801 |
| | メディケア | ― | 8 | 37 | 72 | 110 | 184 | 224 | 340 | 502 |
| | 医療扶助（メディケイドとCHIP） | ― | 5 | 26 | 41 | 74 | 145 | 203 | 317 | 385 |
| | 軍人関連の医療保障 | 1 | 4 | 10 | 15 | 21 | 27 | 33 | 56 | 78 |
| | その他(患者負担,研究,建設など) | 20 | 43 | 113 | 185 | 285 | 344 | 460 | 611 | 718 |
| | 合計 | 27 | 75 | 256 | 444 | 724 | 1,027 | 1,378 | 2,021 | 2,486 |
| 構成比 | 民間医療保険／支出総額 | 22.2 | 20.0 | 27.0 | 29.5 | 32.3 | 31.8 | 33.2 | 34.5 | 32.2 |
| | メディケアと医療扶助／支出総額 | ― | 17.3 | 24.6 | 25.5 | 25.4 | 32.0 | 31.0 | 32.5 | 35.7 |
| | 国民医療支出の対GDP比率 | 5.1 | 7.2 | 9.2 | 10.5 | 12.5 | 13.9 | 13.8 | 16.0 | 17.6 |

注：統一的な資料に基づいて推移を示すために，CMSによる集計が開始された1960年以降の実績を示した．
出所：U.S. Department of Health and Human Servicesのウェブサイト（http://www.cms.gov/ NationalHealthExpendData/02_NationalHealthAccountsHistorical.asp # TopOfPage）；U.S. Department of Labor, Bureau of Labor Statisticsのウェブサイト（http://www.bls.gov/cpi/#data）；U.S. Department of Commerce, Bureau of Economic Analysisのウェブサイト（http://www.bea.gov/national/nipaweb/TableView.asp?SelectedTable=5&ViewSeries=NO&Java=no&Request3Place=N&3Place=N&FromView=YES&Freq=Year&FirstYear=1929&LastYear=2010&3Place=N&AllYearsChk=YES&Update=Update&JavaBox=no）より作成.

支出の増加幅が1.42倍に抑制される中で，民間医療保険の支出額の増加幅もそれとほぼ等しい1.40倍に縮小したのに対して，メディケアとメディケイドの支出額はそれぞれ1.67倍と1.96倍にも上り，支出額の膨張が続いた．1980年にはメディケアとメディケイドの支出額は国民医療支出の24.6％を占めており，それは民間医療保険の支出額の割合よりも低かったが，1995年にはメディケアと医療扶助の支出額の割合は32.0％へと7.4ポイントも増加し，民間医療保険の支出額の割合を上回っていた．

第2に，同じく1980年代から1990年代半ばまでの期間には，雇用主提供医療保険を通して十分で確実な医療保障を獲得できない人々が増加し，無保険者や不十分な医療保障しか持たない人々の増加という問題が深刻化した．序章でも述べたように，1980年代以降には多くの企業の雇用主が福利給付費の負担を抑えるために，雇用主提供医療保険の加入資格の厳格化，雇用主による保険料の拠出額の固定化，給付水準の引き下げなどを行った[1]．その

表 5-2　医療保障の

| | | 1987 | 1988 | 1989 | 1990 | 1991 | 1992 | 1993 | 1994 | 1995 | 1996 |
|---|---|---|---|---|---|---|---|---|---|---|---|
| 人数 | 民間医療保険 | 18,216 | 18,202 | 18,361 | 18,214 | 18,138 | 18,147 | 18,235 | 18,432 | 18,588 | 18,740 |
| | 　雇用主提供医療保険 | 14,974 | 15,094 | 15,164 | 15,022 | 15,008 | 14,880 | 14,832 | 15,963 | 16,145 | 16,322 |
| | 　個人加入医療保険 | N/A | N/A | N/A | N/A | N/A | N/A | N/A | 3,135 | 3,019 | 2,834 |
| | 公的医療保障 | 5,628 | 5,685 | 5,738 | 6,097 | 6,388 | 6,624 | 6,855 | 7,016 | 6,978 | 6,900 |
| | 　メディケイドとCHIP | 2,021 | 2,073 | 2,119 | 2,426 | 2,688 | 2,942 | 3,175 | 3,165 | 3,188 | 3,145 |
| | 　メディケア | 3,046 | 3,093 | 3,150 | 3,226 | 3,291 | 3,323 | 3,310 | 3,390 | 3,466 | 3,523 |
| | 　軍人関連の医療保障 | 1,054 | 1,011 | 987 | 992 | 982 | 951 | 956 | 1,117 | 938 | 871 |
| | 無保険 | 3,103 | 3,268 | 3,339 | 3,472 | 3,545 | 3,864 | 3,971 | 3,972 | 4,058 | 4,172 |
| | 合計 | 24,119 | 24,369 | 24,619 | 24,889 | 25,145 | 25,683 | 25,975 | 26,211 | 26,431 | 26,679 |
| 構成比 | 民間医療保険 | 75.5 | 74.7 | 74.6 | 73.2 | 72.1 | 70.7 | 70.2 | 70.3 | 70.3 | 70.2 |
| | 　雇用主提供医療保険 | 62.1 | 61.9 | 61.6 | 60.4 | 59.7 | 57.9 | 57.1 | 60.9 | 61.1 | 61.2 |
| | 　個人加入医療保険 | N/A | N/A | N/A | N/A | N/A | N/A | N/A | 12.0 | 11.4 | 10.6 |
| | 公的医療保障 | 23.3 | 23.3 | 23.3 | 24.5 | 25.4 | 25.8 | 26.4 | 26.8 | 26.4 | 25.9 |
| | 　メディケイドとCHIP | 8.4 | 8.5 | 8.6 | 9.7 | 10.7 | 11.5 | 12.2 | 12.1 | 12.1 | 11.8 |
| | 　メディケア | 12.6 | 12.7 | 12.8 | 13.0 | 13.1 | 12.9 | 12.7 | 12.9 | 13.1 | 13.2 |
| | 　軍人関連の医療保障 | 4.4 | 4.1 | 4.0 | 4.0 | 3.9 | 3.7 | 3.7 | 4.3 | 3.5 | 3.3 |
| | 無保険 | 12.9 | 13.4 | 13.6 | 13.9 | 14.1 | 15.0 | 15.3 | 15.2 | 15.4 | 15.6 |
| | 合計 | 100.0 | 100.0 | 100.0 | 100.0 | 100.0 | 100.0 | 100.0 | 100.0 | 100.0 | 100.0 |

注：1)　同じ者が複数の医療保障を得ている場合があるので，各項目を足し合わせた人数と合計の人数
　　2)　統一的な資料に基づいて推移を示すために，CMSによる集計が開始された1987年以降の実績
出所：U.S. Department of Health and Human Services, Centers for Medicare and Medicaid html；
　　　html.http://www.census.gov/hhes/www/hlthins/data/historical/index.html) より作成．

結果，雇用主提供医療保険に加入できない数多くのワーキング・プアとその家族が十分で確実な医療保障を持たずに生活することを余儀なくされた．表5-2に示されるように，すべての国民に占める雇用主提供医療保険の加入者の割合は1987年には62.1%であったが1993年には57.1%になり，この6年間に5.0ポイントも減少した．一方で，全国民に占めるメディケイドの加入者の割合が同期間に8.4%から12.2%へと3.8ポイント増えたが，その増加幅は雇用主提供医療保険の加入率の減少分をすべて補うほど大きくはなかった．その結果，全米の無保険率は同期間に12.9%から15.3%へと2.4ポ

---

1)　1980年代以降に行われた雇用主提供医療保険の改革については長谷川（2010a）を参照．

加入状況の推移

(万人，％)

| 1997 | 1998 | 1999 | 2000 | 2001 | 2002 | 2003 | 2004 | 2005 | 2006 | 2007 | 2008 | 2009 |
|---|---|---|---|---|---|---|---|---|---|---|---|---|
| 18,853 | 19,086 | 20,072 | 20,279 | 20,170 | 20,089 | 19,987 | 20,092 | 20,117 | 20,169 | 20,199 | 20,099 | 19,455 |
| 16,509 | 16,858 | 17,684 | 17,944 | 17,826 | 17,710 | 17,584 | 17,625 | 17,692 | 17,715 | 17,745 | 17,633 | 16,969 |
| 2,716 | 2,595 | 2,773 | 2,680 | 2,631 | 2,685 | 2,678 | 2,755 | 2,706 | 2,707 | 2,667 | 2,678 | 2,722 |
| 6,669 | 6,609 | 6,768 | 6,904 | 7,130 | 7,362 | 7,676 | 7,949 | 8,021 | 8,027 | 8,303 | 8,741 | 9,317 |
| 2,896 | 2,785 | 2,851 | 2,953 | 3,160 | 3,325 | 3,565 | 3,796 | 3,910 | 3,828 | 3,955 | 4,264 | 4,776 |
| 3,559 | 3,589 | 3,692 | 3,774 | 3,804 | 3,845 | 3,946 | 3,970 | 4,018 | 4,034 | 4,138 | 4,303 | 4,344 |
| 853 | 875 | 865 | 910 | 955 | 1,006 | 998 | 1,079 | 1,117 | 1,055 | 1,096 | 1,156 | 1,241 |
| 4,345 | 4,428 | 3,877 | 3,843 | 3,976 | 4,202 | 4,340 | 4,350 | 4,482 | 4,700 | 4,566 | 4,634 | 5,067 |
| 26,909 | 27,174 | 27,680 | 27,952 | 28,593 | 28,593 | 28,828 | 29,117 | 29,383 | 29,682 | 29,911 | 30,148 | 30,428 |
| 70.1 | 70.2 | 72.5 | 72.5 | 70.5 | 70.3 | 69.3 | 69.0 | 68.5 | 68.0 | 67.5 | 66.7 | 63.9 |
| 61.4 | 62.0 | 63.9 | 64.2 | 62.3 | 61.9 | 61.0 | 60.5 | 60.2 | 59.7 | 59.3 | 58.5 | 55.8 |
| 10.1 | 9.5 | 10.0 | 9.6 | 9.2 | 9.4 | 9.3 | 9.5 | 9.2 | 9.1 | 8.9 | 8.9 | 8.9 |
| 24.8 | 24.3 | 24.5 | 24.7 | 24.9 | 25.7 | 26.6 | 27.3 | 27.3 | 27.0 | 27.8 | 29.0 | 30.6 |
| 10.8 | 10.2 | 10.3 | 10.6 | 11.1 | 11.6 | 12.4 | 13.0 | 13.3 | 12.9 | 13.2 | 14.1 | 15.7 |
| 13.2 | 13.2 | 13.3 | 13.5 | 13.3 | 13.4 | 13.7 | 13.6 | 13.7 | 13.6 | 13.8 | 14.3 | 14.3 |
| 3.2 | 3.2 | 3.1 | 3.3 | 3.3 | 3.5 | 3.5 | 3.7 | 3.8 | 3.6 | 3.7 | 3.8 | 4.1 |
| 16.1 | 16.3 | 14.0 | 13.7 | 13.9 | 14.7 | 15.1 | 14.9 | 15.3 | 15.8 | 15.3 | 15.4 | 16.7 |
| 100.0 | 100.0 | 100.0 | 100.0 | 100.0 | 100.0 | 100.0 | 100.0 | 100.0 | 100.0 | 100.0 | 100.0 | 100.0 |

が異なる．
を示した．
Servicesのウェブサイト（http://www.census.gov/hhes/www/hlthins/data/historical/original．

イントも増加した．それと同時に，第1章で明らかにしたように，退職者に提供される雇用主提供医療保険の給付水準も引き下げられ，ワーキング・プアや貧困者や高齢者に関する医療保障の不安定性と不確実性が高まった．

　このような背景の下で，メディケアと医療扶助の支出額を抑制しながら医療保障を充実させることが課題になり，1990年代後半以降にメディケアと医療扶助の再編が行われた．第1章から第4章で明らかにしたように，その再編の軸はマネジドケアとコミュニティ組織の活用であった．

　第1に，マネジドケアの開発と普及という地域市場の構造変化は，メディケアと医療扶助の再編において最も重要な要因であった．

　マネジドケアの主眼は，地域市場で開発されたマネジドケアプランを通し

て加入者に効率的に保険給付を行い，診療コストの削減と医療サービスの利用の制限によって保険給付費の抑制を目指すものである．保険会社やマネジドケア組織は，各地域の多様なニーズをふまえて様々な種類のマネジドケアプランを開発する．地域住民はそれらのプランの中から自らのニーズに合うものを選び，そのプランに加入する．その際に，人々は自らの体質や持病などをふまえて，健康を維持しながら生活するために必要な医療サービスがプランの給付内容に含まれていることや，そのプランを通して自らが利用したい医療機関を利用できることなどを確認する．同時に，多くの人々は給付内容が充実している一方で保険料が高額なプランに加入することが難しいので，自らに必要な医療サービスの優先度を決めた上で，できる限り多くの条件を満たしており，なおかつ自分にとって手が届く金額の保険料のプランに加入する．次に，各プランの加入者は自らのニーズに沿って医療サービスを利用し，保険給付を受けるが，保険会社やマネジドケア組織は保険者としての立場から，それぞれの加入者にとって必要な給付のみを行い，給付費をできるだけ抑えようとする（地域市場におけるマネジドケアの詳細な仕組みについては今後の課題としたい）．

　メディケアと医療扶助の再編は，地域市場の構造変化の成果である民間のマネジドケアプランを活用することで制度を効率化し，支出額を抑制しようとする試みであったといえよう．序章で述べたように，メディケアにおけるプライバタイゼーションは，民間の保険会社やマネジドケア組織が連邦政府よりも加入者への給付を効率的に行うことができるという認識の下で行われ，医療扶助の場合も同様であった．そのような認識をもとに，連邦政府と州政府は保険会社やマネジドケア組織に保険者としての役割を委託し，支出額を抑えようとした．

　このような支出額の抑制策は医療保障の充実と一体的に行われ，それがメディケアと医療扶助におけるマネジドケアの活用を強力に推進した．メディケアにおける医療保障の充実は処方薬給付の追加として行われた一方で，医療扶助においては低所得層や貧困層の子どもや妊婦を中心とする資格要件の

寛大化がそのための手段であった．第 1 章で明らかにしたように，メディケアのパート D の創設は，多くのメディケア加入者の補足保障に関して処方薬保障の水準が引き下げられたことへの対応であり，その制度内容はマネジドケアプランを中心とする民間プランへの加入を前提として設計された．医療扶助の充実は，第 3 章のニューヨーク市の事例に象徴されるように，貧困者に対する自立支援政策の一環として，地域市場の構造変化に即して行われた．州政府と地方政府は各種のウェイバー制度を通してメディケイドの柔軟な制度設計を行うとともに，制度設計や実施において州政府と地方政府による裁量がメディケイドよりも大きい CHIP を創設し，それらの改革をマネジドケアプランの活用を軸に行ったのである．

第 2 に，メディケアと医療扶助におけるコミュニティ組織の活用は，高齢者や貧困者にマネジドケアプランへの加入を促し，地域市場の構造変化に即した再編を各地域で効率的かつ円滑に進めることを重要なねらいとして行われた．

メディケアのプライバタイゼーションは加入者にとってのアウトリーチのニーズを高め，コミュニティ組織の活用を通したアウトリーチの推進が課題になった．メディケアに加入している高齢者は，以前よりも多くの保険プランの中から自らにふさわしいプランを選べるようになったが，多くの高齢者にとって，メディケアの複雑な制度を理解した上で各プランの詳細な内容を正確に把握し，自らにふさわしいプランを選択することは困難な作業であった．しかも，第 2 章でサンフランシスコ市／郡の実態に即して述べたように，言語的制約を抱える数多くの移民は制度内容や各プランの詳細を理解することや申請手続きを自力で行うことがかなり難しく，自らにふさわしいプランに加入できていないことが懸念されている．これらの問題は低所得層や貧困層の加入者にとって特に深刻であり，低所得者や貧困者に対するアウトリーチによる支援が強く求められた．

一方で，数多くの低所得者や貧困者は医療扶助の申請手続きなどに関して様々な困難を抱えており，医療扶助におけるアウトリーチのニーズはメディ

ケアの場合よりも高く，マネジドケアの活用を軸とする再編を進める上でそのニーズの充足がいっそう重要な課題になった．第4章で検討したニューヨーク市の実態は，言語的制約や制度に関する誤った知識や不法滞在の発覚の懸念などを抱えているがゆえに，数多くの低所得者や貧困者が医療扶助の資格要件を満たしているにもかかわらず申請手続きを行わないという問題を如実に表している．医療扶助におけるコミュニティ組織の活用は，これらの人々に対して制度の周知や申請手続きの支援などを行うことで，マネジドケアプランへの加入を前提とする医療扶助の再編を促した．

かくして，メディケアと医療扶助の再編はコミュニティ組織の積極的な活用を伴いながら進められ，それらの支援活動が地域市場における取引の活発化に結びついている．コミュニティ組織によるアウトリーチ活動の推進は，地域市場の構造変化に即した再編の不可欠な条件であった．

以上のように，メディケアと医療扶助の再編は，地域市場の構造変化に即してマネジドケアとコミュニティ組織の活用を軸として行われた．これらは，医療価格の上昇や医療費の膨張と不十分で不確実な医療保障という問題を解決するために1990年代以降に行われた医療保障政策のアメリカ的な特質を象徴的に示すものであるといえよう．

メディケアとメディケイドとCHIPだけでなく，他の医療保障制度も地域市場を基盤として成り立っており，医療保障システムにおける地域市場の規定性は制度の枠組みと不可分な関係にある．以下では，雇用主提供医療保険，連邦・州・地方政府が実施している各種の公的医療保障制度，地域で提供されている割引診療やフリーケアの内容を地域市場の規定性に着目してそれぞれ具体的に検討することで，地域市場に強く規定された医療保障システムの全体像と制度間の関係を明らかにする．

## 2. 雇用主提供医療保険と地域市場

### (1) 雇用主提供医療保険と地域市場の相互発展

　アメリカの医療保障システムの主軸をなす雇用主提供医療保険は，地域の医療団体や保険会社と雇用主である地元企業または政府の間の契約に基づいて構築される医療保障制度であり，地域市場を基盤として誕生した．雇用主提供医療保険の誕生と発展は，各地域の病院や医師の主導性に基づいて設立されたブルークロス（Blue Cross）とブルーシールド（Blue Shield）という医療保険プランを販売する組織の創立やそれらの発展と不可分の関係にあり，雇用主である企業の論理だけでなく，各地域における医師や病院の主導性が強く発揮されることで雇用主提供医療保険のプランが開発された．

　ブルークロスは，テキサス州ダラスのベイラー大学病院（Baylor University hospital）が大不況に伴う地域病院の経営難を背景に，安定的な収入や医学教育の機会の確保を重要な動機として 1929 年に開発した前払いプラン（prepaid plan）を嚆矢としている．すなわち，そのプランは地元の教員の団体を対象に，月額 50 セントの保険料でベイラー大学病院での入院にかかわる費用を保障するものであった．この入院保障のプランは他の地域でも次々に開発され，後にブルークロスプランと呼ばれるようになった[2]．

　一方で，ブルーシールドは医師の診療にかかわる費用を保障するブルーシールドプランの販売を開始した．ブルーシールドプランの開発と発展は，1930 年代にカリフォルニア州で医師の診療にかかわるプランの販売が開始されたことを契機としている．ブルークロスプランと同様に，ブルーシールド・プランも全米の各地域で急速に加入者を増やしていった[3]．

　各地域のブルークロスとブルーシールドは合併を繰り返し，2011 年には

---

[2]　Cunningham and Cunningham (1997), pp. 3-33.
[3]　*Ibid*., pp. 35-55. ブルークロスとブルーシールドの歴史については Anderson (1975); Law (1976); Schaal (1999); Starr (1982) も参照．

全米の各地域に39社のブルークロスやブルーシールドが存在している．各地域のブルークロスやブルーシールドは，それらを統括する全米組織のブルークロス・ブルーシールド協会（BlueCross BlueShield Association; BCBSA）に加盟している．ブルークロスとブルーシールドはNPOとして誕生したが，1980年代以降には両者の営利の保険会社への転換が進み，現在では非営利と営利のブルークロスやブルーシールドが並存している．ウェルポイント社（WellPoint）は営利の保険会社に転換した事例として特に有名であり，その本部はインディアナ州インディアナポリス市にある．ウェルポイント社は，コネティカット，ニューハンプシャー，メイン，ニューヨーク，インディアナ，ウィスコンシン，オハイオ，ミズーリ，ジョージア，ヴァージニア，ケンタッキー，コロラド，ネヴァダ，カリフォルニア各州など，全米の多くの地域市場で営業活動を行っており，2011年にはフォーチュン500社（Fortune 500）の第42位に位置している[4]．

1920年代頃から1970年代まで，雇用主提供医療保険のプランの大半は出来高払制（FFS）プランであったが，1980年代頃から多くの雇用主によってマネジドケアプランが被用者に提供されるようになり，1990年代半ばには雇用主提供医療保険の加入者の大半がマネジドケアプランに加入するようになった．序章でも述べたように，マネジドケアプランはカイザー・パーマネンテ社（Kaiser Permanente）やエトナ社（Aetna），シグナ社（Cigna），ヒューマナ社（Humana）などの保険会社によって積極的に販売されていたが，現在ではブルークロスやブルーシールドもマネジドケアプランを販売している．

地域市場を基盤として誕生した雇用主提供医療保険は，租税優遇措置をはじめとする数々の公的支援を受けながら，地域市場と相互に発展してきた．

第1に，1940年代と1950年代には雇用主提供医療保険に関するいくつか

---

[4] CNN社のウェブサイト（http://money.cnn.com/magazines/fortune/fortune500/2011/index.html）．ウェルポイント社の設立の経緯についてはウェルポイント社のウェブサイト（http://www.wellpoint.com/AboutWellPoint/index.htm）を参照．

の租税優遇措置が，内国歳入庁（Internal Revenue Service）による規定や連邦議会による立法を通して行われ，それらが雇用主提供医療保険の普及と地域市場の発展に大いに貢献した．戦時体制の下で1942年安定化法（Stabilization Act of 1942）によって賃金統制が行われると，多くの企業の雇用主は労働者を確保するための手段として，賃金統制が適用されない付加給付に注目し，雇用主提供医療保険を被用者に提供するようになった．その直後の1943年に内国歳入庁は，現金給与の支払いに代えて，雇用主から被用者に対して提供される団体医療保険の保険料を雇用主が拠出した場合に，その全額を損金として算入することを正式に認め，雇用主の拠出額が連邦の法人所得税の課税所得には含まれないことになった[5]．さらに1954年には，そのような雇用主の拠出が行われた場合，雇用主にとっての社会保障税（Social Security Tax）という賃金税の課税所得にも含まれず，同時に被用者にとっての連邦の個人所得税や社会保障税の課税所得にも含まれないことが内国歳入庁によって認められた．これらの租税優遇措置は，雇用主から被用者への医療保険の提供を強力に後押しした[6]．

第2に，一部の大企業は自家保険（self-insurance）という制度を構築し，租税優遇措置などの公的支援を受けながら自家保険を通して被用者に対する医療保障を行っている．連邦法の1974年被用者退職所得保障法（Employee Retirement Income Security Act of 1974; ERISA）が制定され，ERISAが州保険法よりも優先されるようになると，自家保険は州保険法による規制の対象から外された．すなわち，自家保険を採用する企業は，州保険法による規制の下で州保険税[7]の納税義務を課されていたが，ERISAの制定によって州

---

5) すなわち，内国歳入庁は1913年から，雇用主による被用者のための医療保険などの保険料の拠出額を損金として算入することが可能な福利給付として扱っていたが，それが1943年に正式に規定されたのである．Congressional Budget Office (1994), p. 5.
6) 雇用主提供医療保険にかかわる租税優遇措置についてはCongressional Budget Office (1994) や関口 (2007) を参照．
7) それぞれの州政府は，地域保険市場でプランを販売している保険会社やマネジドケ

保険税の納税義務が免除されることになった．保険会社は，プランを購入した企業や個人などに自らの州保険税の負担を転嫁するものとして考えるとすれば，自家保険を通して被用者に医療保障を行う企業はその負担を回避できる．それに加えて，その企業は州保険法で定められた法定医療給付を保障する義務も免除される．さらに，医療給付準備金を保有することが可能であり，その準備金を用いて連邦債や株式などを購入し，資金運用を行うことで利子収入を得ることもできる．

医療価格の高騰が続いた1980年代以降には，急速に増加する保険プランの保険料を支払う代わりに，自家保険を採用する大企業が急増した．2010年には全米の各地域に住む被用者の59％が自家保険のプランに加入しており，被用者数が1,000人から4,999人までの企業と5,000人以上の企業では，被用者の加入率はそれぞれ80％と93％にも上る[8]．多くの場合，自家保険のプランは保険会社やマネジドケア組織によって販売されるプランと併存しており，それらのプランの両方が選択肢として被用者に提供されている．

自家保険も地域市場を基盤として構築されており，地域性が反映される．自家保険では，企業が各地域の医療機関との間で医療サービスの提供や診療報酬などに関する契約を直接に結び，その契約内容に基づいて被用者に医療給付が行われる．実際には，自家保険を採用している企業の大半が自家保険の管理を各地域の保険会社やマネジドケア組織などに委託しており，このことからも自家保険が地域市場に規定された制度であることがわかる[9]．

第3に，20人以上の被用者を雇用し，なおかつ雇用主提供医療保険を提供する雇用主は，加入者に対して離職後の一定期間（少なくとも18ヵ月間）に限り，離職前のプランに継続して加入する権利を保障することを義務づけ

---

　　ア組織などに対して，保険料の収入を課税ベースとする州保険税を課税している．州保険税の制度は多様であり，ブルークロスやブルーシールドに対して保険税の納税を免除している州政府や，保険会社などよりも低い税率を課している州政府も存在する．
8) Henry J. Kaiser Family Foundation and Health Research & Educational Trust (2010), p. 155.
9) 自家保険についてはEmployee Benefit Research Institute (1995) を参照．

られている．この継続加入の制度は 1985 年統合包括財政調整法（Consolidated Omnibus Budget Reconciliation Act of 1985; COBRA）によって創設された．ただし，多くの雇用主は離職者の継続加入に関して保険料の拠出を行っておらず，加入者は保険料の全額を支払うことになる．

　これらの公的支援が，雇用主提供医療保険の普及と同時に，地域市場の発展を強力に支えた．地域市場を基盤とするアメリカの医療保障システムは，政府部門による数々の支援策を不可欠な条件として構築されたのである．

### (2) 雇用主提供医療保険の地域差

　雇用主提供医療保険の加入率の主な規定要因は，企業の提供率（offer rate），被用者の有資格率（eligibility rate），被用者の利用率（take-up rate）の 3 つであり，これらが地域ごとに異なるがゆえに加入率の地域差が生じている[10]．提供率は，「企業の総数」を「被用者に医療保険のプランを提供している企業の数」で除したものであり，有資格率は「雇用主提供医療保険のプランへの加入資格を持つ者（有資格者）の数」を「被用者の総数」で除したものとして算出される．利用率は，「雇用主提供医療保険のプランの加入者数」を「有資格者数」で除したものである．

　第 1 に，表 5-3 を用いて 2010 年の全米の状況をみると，提供率と利用率は被用者数でみた企業の規模が大きくなるにつれて高く，結果として加入率（雇用主提供医療保険のプランの加入者数を，プランを提供されていない者も含むすべての被用者の総数で除したもの）も企業規模の大きさに応じて高くなる．企業の提供率は 3 人から 9 人までの被用者数を雇用する零細企業では 59％ であり，被用者数が 10 人から 24 人までの小規模な企業では 76％ であるのに対して，50 人以上の被用者を抱えるほぼすべての企業が医療保険を提供している．被用者の利用率には提供率ほどの差はないが，零細企業や

---

[10] 長谷川（2010a）は，産業構造のサービス業へのシフトに伴う非正規雇用の増加が有資格率の減少をもたらすとともに，低賃金の被用者の増加が利用率の主な減少要因であることを指摘している．長谷川（2010a），153-64 頁．

**表 5-3** 雇用主提供医療保険の企業規模(被用者数)別の加入率とその要因*(2010 年)

(%)

|  | 企業の提供率 | 被用者の有資格率 | 被用者の利用率 | 被用者の加入率 |
| --- | --- | --- | --- | --- |
| 3～9 人 | 59 | N/A | N/A | N/A |
| 10～24 人 | 76 | N/A | N/A | N/A |
| 3～24 人 | N/A | 83 | 76 | 44 |
| 25～49 人 | 92 | 84 | 77 | 59 |
| 50～199 人 | 95 | 80 | 79 | 60 |
| 200～999 人 | 98 | 76 | 81 | 61 |
| 1,000～4,999 人 | 99 | 80 | 83 | 66 |
| 5,000 人以上 | 99 | 76 | 82 | 63 |
| 全体 | 69 | 79 | 80 | 59 |

注:*企業の提供率,被用者の有資格率,被用者の受給率,被用者の加入率については本書の 223 頁を参照.
出所:Henry J. Kaiser Family Foundation and Health Research & Educational Trust(2010)より作成.

　小規模な企業の被用者の利用率は相対的に低く,それよりも大きな企業では比較的高い.提供率の違いが加入率の相違をもたらす大きな要因であり,被用者の平均加入率が 59% であるのに対して,零細企業や小企業の被用者の加入率は 44% に過ぎない.2001 年以降には提供率や利用率が減少傾向にあり,それらが雇用主提供医療保険の加入率の減少要因になっている[11].

　第 2 に,表 5-4 に示されるように,企業の提供率は地域ごとに異なり,それが加入率の地域差の主な要因になっている.北東部の提供率は 78% であり,全米平均の 69% よりも 9 ポイントも高い.一方で,中西部の提供率は 63% しかなく,北東部との差は 15 ポイントにも上る.有資格率や利用率にはこれらの地域の間で大きな差はみられず,加入率もこれらの地域の間でほぼ同じである(資料の制約上,この加入率は「雇用主提供医療保険のプランの加入者数」を「保険を提供している企業の被用者の総数」で除したものと

---

[11] Henry J. Kaiser Family Foundation and Health Research & Educational Trust (2010), p. 48; p. 53. Fronstin (2010) は,2000 年以降の景気後退と不況の継続に伴う雇用主提供医療保険の加入率の減少を雇用関係に基づく医療給付の「侵食」(erosion) と表現している.

第5章　医療保障システムにおける地域市場の規定性

**表5-4**　雇用主提供医療保険の加入率の地域差とその要因（2010年）

(%)

|  | 企業の提供率 | 被用者の有資格率 | 被用者の利用率 | 被用者の加入率* |
|---|---|---|---|---|
| 北東部 | 78 | 78 | 83 | 64 |
| 中西部 | 63 | 78 | 80 | 62 |
| 南部 | 67 | 80 | 79 | 63 |
| 西部 | 70 | 79 | 81 | 64 |
| 全米 | 69 | 79 | 80 | 63 |

注：*雇用主提供医療保険の各プランの加入者数を，提供企業の被用者の総数で除したもの．
出所：Henry J. Kaiser Family Foundation and Health Research & Educational Trust（2010）より作成．

して算出しており，表5-3の加入率とは異なる）．ただし，同じ地域の中でも加入率は州ごとにかなりの違いがあり，有資格率や利用率の地域間の多様性が加入率の地域差をもたらしていると考えられる．

　保険プランが地域市場を基盤とするものであるがゆえに，プランの種類別の加入状況には地域差が存在している．表5-5は，雇用主提供医療保険として提供されている各プランの加入状況や保険料や患者一部負担について，全米を4つの地域に分けて比較したものである．

　第1に，雇用主提供医療保険の各プランの加入状況には地域差があり，西部と北東部ではHMOプランの加入率（加入者の総数に占める各プランの加入者の割合）が相対的に高いのに対して，中西部と南部ではPPOプランの加入率が北東部や西部よりも高い．中西部のHDHPの加入率は20%であり，全米平均の13%よりも7ポイントも高い．こうした提供率の地域差は，地域保険市場における保険会社やマネジドケア組織の編成，各プランの販売状況，各プランの保険料や患者一部負担の条件などがそれぞれ異なるがゆえに生じている．たとえば，第2章で述べたように，最古参のHMOの1つであるカイザー・パーマネンテ社はカリフォルニア州やその周辺州で圧倒的に高い市場シェアを持っており，それが西部におけるHMOプランの加入率の高さに寄与している．

**表 5-5** 雇用主提供医療保険のプランの種類別の加入状況と地域差（2010 年）

(％，ドル)

| | | 北東部 | 中西部 | 南部 | 西部 | 全米 |
|---|---|---|---|---|---|---|
| 構成比 | 加入者の構成[1] | 100 | 100 | 100 | 100 | 100 |
| | FFS プラン | 1 | 1 | 1 | 1 | 1 |
| | HMO プラン | 26 | 11 | 12 | 33 | 19 |
| | PPO プラン | 53 | 62 | 67 | 47 | 58 |
| | POS プラン | 8 | 6 | 10 | 7 | 8 |
| | HDHP | 13 | 20 | 10 | 12 | 13 |
| 金額 | 月額保険料の平均[2] | 1,123 | 876 | 822 | 841 | 899 |
| | FFS プラン | N/A | N/A | N/A | N/A | N/A |
| | HMO プラン | 1,333 | 908 | 929 | 916 | 1,028 |
| | PPO プラン | 998 | 947 | 848 | 882 | 905 |
| | POS プラン | 2,000 | 808 | 628 | 907 | 974 |
| | HDHP | 707 | 658 | 710 | 382 | 632 |
| | 定額控除の負担額の平均 | N/A | N/A | N/A | N/A | N/A |
| | FFS プラン | N/A | N/A | N/A | N/A | N/A |
| | HMO プラン | 693 | 516 | 696 | N/A | 601 |
| | PPO プラン | 561 | 660 | 673 | 814 | 675 |
| | POS プラン | N/A | 908 | 1,065 | N/A | 1,048 |
| | HDHP | 1,765 | 2,000 | 1,902 | 1,868 | 1,903 |

注：1) 各プランの加入者数を加入者の総数で除したもの．小数点第一位を四捨五入しているので，各プランの加入者の割合を足し合わせたものが 100 にならない場合もある．
　　2) 単身者が加入する場合．
出所：Henry J. Kaiser Family Foundation and Health Research & Educational Trust (2010) より作成．

　第 2 に，地域市場において設定されている医療サービスの料金や保険プランの保険料の水準がそれぞれ異なることなどを反映して，雇用主提供医療保険の各プランに関する保険料の月額も地域ごとに異なる．北東部では HMO プランの保険料の平均額が他の地域よりも高く，全米のすべての HMO プランにおける保険料の平均額との差額は 305 ドルである．PPO プランの保険料も北東部で相対的に高額であるが，HMO プランに比べると地域差は小さい．POS プランの保険料は同じく北東部で格段に高く，全米のすべての POS プランにおける保険料の平均額が 974 ドルであるのに対して，北東部のそれは 2,000 ドルにも上る．一方で，南部の POS プランの保険料は 628

ドルであり，全米の平均額よりも346ドルも少なく，HMOプランやPPOプランの保険料も全米の平均額よりも安価である．HDHPの保険料が相対的に安価なのは西部であり，それは全米の平均額の632ドルよりも250ドルも少ない．

　第3に，雇用主提供医療保険の各プランが地域市場を基盤としてそれぞれ異なる内容のプランとして開発されるものであるがゆえに，加入者による定額控除の負担額も地域ごとに異なる．資料の制約ゆえに統一的な比較が困難であるが，北東部ではHMOプランの負担額が相対的に高い一方でHDHPのそれは他の地域よりも少ない．南部でもHMOプランの負担額が相対的に高いが，他のプランについては全米平均とほぼ同額である．中西部ではHMOプランとPOSプランの負担額が全米平均よりも少なく，HDHPの定額控除の負担額は他の地域よりも高額である．西部については，この地域で大きな市場シェアを誇るHMOプランの負担額が不明であるが，PPOプランの負担額は他の地域よりも高く，全米平均よりも139ドルも高い．

　以上のように，雇用主提供医療保険の普及に伴う地域市場の発展が医療保険プランの多様化をもたらし，それが医療保障システムの全体の多様性を強めている．雇用主提供医療保険は単に多くの国民を対象としているからではなく，それが地域市場と相互に発展し，システム全体を貫く地域性とそれに基づく多様性をいっそう強める推進力であるがゆえに，システムの主軸として存続しているのである．

　民間企業だけでなく，雇用主としての政府も政府職員に対して雇用主提供医療保険を提供しており，代表的なものとしては連邦政府職員医療給付制度（Federal Employees Health Benefits Program; FEHBP）と州政府職員医療給付制度（State Health Benefits Program; SHBP）がある．後に詳しく述べるように，FEHBPは加入者数が全米で最も多い雇用主提供医療保険であり，それぞれの州政府が実施しているSHBPの加入者数も，各州に存在している雇用主提供医療保険の中でも特に多い．以下では，FEHBPとSHBPという雇用主提供医療保険が地域市場を基盤として成り立っていることを具体

的に明らかにする．なお，FEHBPやSHBPは公的医療保障制度に分類することもできるが，これらが各地域における雇用関係に基づいて成り立っていることをふまえて，本書ではこれらを雇用主提供医療保険として分類し，メディケアやメディケイドやCHIPなどの公的医療保障制度とは区別する．

### (3) 連邦政府職員医療給付制度：テキサス州の事例

　FEHBPは連邦政府の人事院（Office of Personnel Management）によって運営される雇用主提供医療保険であり，ほぼすべての現役の文官の連邦職員や退職者とそれらの人々の家族を対象としている[12]．2010年時点での加入者数は約900万人であり，FEHBPは全米で最も多くの加入者数を持つ最大規模の雇用主提供医療保険である．FEHBPの収入と支出は連邦の公務員医療給付基金（Employee Health Benefits Fund）で管理されている．

　メディケアのパートDと同様に，FEHBPも地域市場で販売されている民間プランへの加入を前提とする制度であり，マネジドケアの活用が重視されている．すなわち，地域保険市場において，雇用主である連邦政府と各地域の保険会社やマネジドケア組織の契約に基づいて様々な種類のFEHBPの民間プランが販売されており，ほぼすべてのプランでマネジドケアの手段が採用されている．表5-6に示されるように，FEHBPの民間プランは，すべての州とワシントンD.C.で販売される14種類の全米型プランと，特定の州または州内の地域で販売される地域限定型プランに大別される．全米型プランはすべてFFSプランまたはFFSを軸とするCDHPやHDHPとして販売されているが，序章でも述べたように，これらのほぼすべてがマネジドケアの手段を取り入れている．それに対して，地域限定型プランはHMOプランとHMOの仕組みに基づくCDHPで構成されている．すべての州とワシントンD.C.で少なくとも1種類の地域限定型プランが販売されており，全米型プランとあわせて15種類から29種類のプランに加入する選択肢がす

---

12) 一定期間や特定の季節のみ雇用されている人々はFEHBPの加入資格を認められていない．

べての加入者に対して保障されている．ニューヨーク州では全米型プランの数を上回る15種類の地域限定型プランが販売されており，イリノイ，ジョージア，テキサス，ペンシルヴェニア各州でも10種類以上の地域限定型プランが販売されている．

　加入者は，各プランで設定されている保険料の約25%を支払い，雇用主である連邦政府が残りの約75%を負担する．すなわち，保険料に関する連邦政府の拠出割合は，すべてのプランの加重平均保険料の72%分と，各プランの保険料の75%分のうち少ないほうに設定される．加入者は保険料の約4分の1を支払うことでいずれかのプランに加入できるのであり，プランの選択肢が豊富であることに加えて，FEHBPは雇用主の拠出割合についても被用者にとって条件の良い雇用主提供医療保険であるといえよう[13]．さらに，プランごとに違いがあるとはいえ，FEHBPの各プランの給付内容は総じて，他の医療保障制度における同じ種類のプランに比べて充実した内容である[14]．

　FEHBPのプランの多様性については序章でも示したが，ここでは加入者数と販売されているプラン数が南部で最も多いテキサス州における運用の事例に即して詳しく検討する．表5-7は，テキサス州の地域保険市場で販売されているFEHBPのプランの種類や保険料についてまとめたものである．

　テキサス州では，14種類（複数のオプションの存在もふまえると17種類）の全米型プランに加えて10種類（同じく14種類）の地域限定型プランが販売されている．全米型プランのうち3種類と地域限定型プランのうち5種類がCDHPまたはHDHPであり，それらの保険料は多くのFFSプランやHMOプランに比べて安価である代わりに，定額控除がそれらのプランよりも高額に設定されている．単身でプランに加入する場合，全米郵便配達

---

13) アメリカ郵便公社（U.S. Postal Service）の職員などについては資格要件や雇用主の拠出率が異なる．

14) FEHBPの詳細な内容についてはU.S. Office of Personnel Management（2009）を参照．

表5-6　各州の連邦政府職員医療給付制度の民間プラン数（2011年）

| | | 全米型*<br>FFSプラン | 地域限定型<br>HMOプラン・<br>CDHP・HDHP | 合計 |
|---|---|---|---|---|
| 北東部 | 【ニュー・イングランド】 | | | |
| | コネティカット | 14 | 1 | 15 |
| | ニューハンプシャー | 14 | 1 | 15 |
| | ヴァーモント | 14 | 1 | 15 |
| | マサチューセッツ | 14 | 2 | 16 |
| | メイン | 14 | 1 | 15 |
| | ロードアイランド | 14 | 1 | 15 |
| | 【ミドル・アトランティック】 | | | |
| | ニュージャージー | 14 | 4 | 18 |
| | ニューヨーク | 14 | 15 | 29 |
| | ペンシルヴェニア | 14 | 10 | 24 |
| 中西部 | 【東北中央部】 | | | |
| | イリノイ | 14 | 11 | 25 |
| | インディアナ | 14 | 9 | 23 |
| | ウィスコンシン | 14 | 6 | 20 |
| | オハイオ | 14 | 5 | 19 |
| | ミシガン | 14 | 9 | 23 |
| | 【西北中央部】 | | | |
| | アイオワ | 14 | 7 | 21 |
| | カンザス | 14 | 5 | 19 |
| | サウスダコタ | 14 | 3 | 17 |
| | ネブラスカ | 14 | 1 | 15 |
| | ノースダコタ | 14 | 3 | 17 |
| | ミズーリ | 14 | 7 | 21 |
| | ミネソタ | 14 | 3 | 17 |
| 南部 | 【サウス・アトランティック】 | | | |
| | ウェストヴァージニア | 14 | 2 | 16 |
| | サウスカロライナ | 14 | 1 | 15 |
| | ジョージア | 14 | 10 | 24 |
| | デラウェア | 14 | 2 | 16 |
| | ノースカロライナ | 14 | 1 | 15 |
| | ヴァージニア | 14 | 7 | 21 |
| | フロリダ | 14 | 8 | 22 |
| | メリーランド | 14 | 7 | 21 |
| | ワシントンD.C. | 14 | 5 | 19 |
| | 【東南中央部】 | | | |
| | アラバマ | 14 | 1 | 15 |
| | ケンタッキー | 14 | 5 | 19 |
| | テネシー | 14 | 2 | 16 |

第5章　医療保障システムにおける地域市場の規定性

| | | | | |
|---|---|---|---|---|
| | ミシシッピ | 14 | 1 | 15 |
| | 【西南中央部】 | | | |
| | アーカンソー | 14 | 2 | 16 |
| | オクラホマ | 14 | 2 | 16 |
| | テキサス | 14 | 10 | 24 |
| | ルイジアナ | 14 | 2 | 16 |
| 西部 | 【山岳部】 | | | |
| | アイダホ | 14 | 4 | 18 |
| | アリゾナ | 14 | 3 | 17 |
| | コロラド | 14 | 2 | 16 |
| | ニューメキシコ | 14 | 3 | 17 |
| | ネヴァダ | 14 | 2 | 16 |
| | モンタナ | 14 | 2 | 16 |
| | ユタ | 14 | 4 | 18 |
| | ワイオミング | 14 | 3 | 17 |
| | 【海洋部】 | | | |
| | アラスカ | 14 | 1 | 15 |
| | オレゴン | 14 | 2 | 16 |
| | カリフォルニア | 14 | 9 | 23 |
| | ハワイ | 14 | 3 | 17 |
| | ワシントン | 14 | 5 | 19 |

注：*特定の者のみが加入できるプランを含む．
出所：U.S. Office of Personnel Management のウェブサイト（http://www.opm.gov/insure/health/rates/index.asp）; U.S. Census Bureau のウェブサイト（http://www.census.gov/geo/www/us_regdiv.pdf#search=_census bureau region map_）より作成．

労働組合（National Postal Mail Handlers Union）によって販売されている配達労働組合給付プラン（Mail Handlers Benefit Plan）のバリュー型の全米型プランの月額保険料は285.91ドルであり，この地域で最安値のFEHBPのプランである．一方で，ヒューマナ社がサンアントニオ市の周辺地域とオースティン市の周辺地域で限定的に販売しているヒューマナ医療プラン（Humana Health Plan of Texas San Antonio）のハイ型の月額保険料は最高値の768.54ドルであり，それは配達労働組合給付プランのバリュー型の保険料の約2.7倍にも上る．

　テキサス州のFEHBPの加入者は，保険料の金額，医療機関のネットワーク，患者一部負担などを比較した上で24種類のプランの中から1つを選択し，各プランで提示される保険料のうち本人の負担分を支払う．エトナ社

**表 5-7** テキサス州で販売されている連邦政府職員医療給付制度の民間プラン（2011 年）

(ドル)

| | プランの名称 | オプション | 種類 | 月額保険料 本人 | 月額保険料 本人と家族 |
|---|---|---|---|---|---|
| 全米型 (14)* | APWU Health Plan | High<br>CDHP | FFS<br>CDHP | 477.08<br>336.70 | 1078.72<br>757.47 |
| | Blue Cross and Blue Shield Service Benefit Plan (Basic) | Basic | FFS | 453.48 | 1061.97 |
| | Blue Cross and Blue Shield Service Benefit Plan (Standard) | Standard | FFS | 578.61 | 1306.89 |
| | Compass Rose Health Plan* | High | FFS | 510.49 | 1184.93 |
| | Foreign Service Benefit Plan* | High | FFS | 493.96 | 1181.46 |
| | GEHA Benefit Plan | High<br>Standard | FFS<br>FFS | 567.62<br>346.62 | 1290.97<br>788.28 |
| | GEHA High Deductible Health Plan | HDHP | HDHP/FFS | 380.81 | 869.79 |
| | Mail Handlers Benefit Plan | Standard | FFS | 611.20 | 1398.76 |
| | Mail Handlers Benefit Plan Consumer Option | HDHP | HDHP/FFS | 394.77 | 894.51 |
| | Mail Handlers Benefit Plan Value | Value | FFS | 285.91 | 681.63 |
| | NALC | High | FFS | 552.07 | 1202.61 |
| | Panama Canal Area Benefit Plan* | High | FFS | 409.24 | 854.21 |
| | Rural Carrier Benefit Plan* | High | FFS | 565.83 | 1155.79 |
| | SAMBA | High<br>Standard | FFS<br>FFS | 661.68<br>501.78 | 1558.25<br>1145.95 |
| 地域限定型 (10) | Aetna HealthFund | CDHP<br>HDHP | CDHP<br>HDHP | 500.48<br>341.38 | 1175.42<br>747.63 |
| | Aetna Open Access | High | HMO | 610.05 | 1536.80 |
| | Firstcare | High | HMO | 489.08 | 1467.29 |
| | Humana CoverageFirst Austin Area | CDHP | CDHP | 493.22 | 1109.72 |
| | Humana CoverageFirst Corpus Christi Area | CDHP | CDHP | 417.54 | 939.47 |
| | Humana CoverageFirst San Antonio Area | CDHP | CDHP | 470.84 | 1059.39 |
| | Humana Health Plan of Texas Austin | High<br>Standard | HMO<br>HMO | 590.92<br>511.85 | 1329.55<br>1151.65 |
| | Humana Health Plan of Texas Corpus Christi | High<br>Standard | HMO<br>HMO | 524.40<br>463.08 | 1179.92<br>1041.95 |
| | Humana Health Plan of Texas San Antonio | High<br>Standard | HMO<br>HMO | 768.54<br>487.46 | 1729.24<br>1096.79 |
| | Pacificare of Texas | High | HMO | 543.25 | 1249.95 |

注：*特定の者のみが加入できるプランを含む。
出所：U.S. Office of Personnel Management のウェブサイト（http://www.opm.gov/insure/health/planinfo/2011/states/tx.asp）より作成。

が販売するエトナ OA プラン（Aetna Open Access）のハイ型の HMO プランに単身で加入する場合，雇用主の拠出割合を 75% とすると，加入者は月額 610.05 ドルの保険料の 25% に相当する 152.51 ドルを支払う．

このように，複数の民間プランが地域保険市場で販売されることで，FEHBP の資格要件を満たす各地域の連邦職員とその家族に対して豊富な選択肢が提供されている．第 1 章で詳しく述べたように，メディケアのプライバタイゼーションを主な議題とする 2003 年メディケア処方薬改善現代化法（MMA）の審議過程では，共和党の保守派の議員を中心とする多くの者が FEHBP をメディケア改革のモデルと位置づけていた．すなわち，メディケアのプライバタイゼーションの重要な課題が，メディケアの民間プランの種類と販売数を増やすことで，FEHBP と同様にメディケアの加入者に対して保険プランの選択肢を提供することであるという見解が示され，それが MMA による改革の基本路線になったのである．それは，アメリカでは医療保障においても選択の自由が特に重視されており，しかもそれが地域市場を基盤とする医療保障システムの重要な条件として確保されるべきであるという考え方を示している．ただし，こうした選択の自由や充実した給付内容は雇用主としての保険料の拠出という形で連邦政府から地域市場へと多額の財政資金が投入されることを条件として成り立っており，福祉国家の財政システムを通した財源の裏づけがあってはじめて医療保障システムが機能しているのである．

## (4) ジョージア州の州政府職員医療給付プラン

SHBP は州政府から州政府の現役職員や退職者とその家族などに対して提供される雇用主提供医療保険であり，すべての州とワシントン D.C. がそれぞれ独自の SHBP を実施している．以下では，州内の他の雇用主提供医療保険に比べて加入者数が相対的に多いジョージア州の州政府職員医療給付プラン（State Health Benefit Plan; SHBP）を事例として，州政府職員医療給付制度（SHBP）と地域市場の関係について検討する（ジョージア州の

表 5-8 ジョージア州の州政府職員医療給付プランの民間プラン（2011 年）

(ドル)

| プランの名称 | 月額保険料（加入者の負担額） | | | | 保険料の割増 | |
|---|---|---|---|---|---|---|
| | 本人のみ | ＋配偶者 | ＋子供 | ＋配偶者と子供 | タバコ | 配偶者 |
| United Healthcare HMO | 110.22 | 260.14 | 264.26 | 284.94 | 80 | 50 |
| United Healthcare HRA | 68.74 | 210.10 | 215.16 | 228.28 | 80 | 50 |
| United Healthcare HDHP | 59.84 | 194.14 | 199.02 | 210.86 | 80 | 50 |
| Cigna HMO | 110.22 | 260.14 | 264.26 | 284.94 | 80 | 50 |
| Cigna HRA | 68.74 | 210.10 | 215.16 | 228.28 | 80 | 50 |
| Cigna HDHP | 59.84 | 194.14 | 199.02 | 210.86 | 80 | 50 |

注：1） 現役の正規職員や 65 歳未満の退職者でメディケアの受給者ではない者などに適用されるものであり，パートタイム職員や教員などにはもっと高額の保険料が適用される．65 歳以上のメディケア受給者には，指定されたメディケアのパート C のプランに加入する場合に限り，州政府が保険料の一部を負担する．
2） 新規加入者は HRA プランと HDHP のいずれかに加入できる．
出所：State of Georgia, Department of Community Health のウェブサイト（http://dch.georgia.gov/00/channel_title/0,2094,31446711_52230955,00.html）より作成．

SHBP の略語は州政府職員を対象とする雇用主提供医療保険の総称と同じであるが，州政府が実施している SHBP の内容はそれぞれ異なる）．

ジョージア州の SHBP は，州政府の現役職員とその家族，州立学校の教職員，退職者とその家族を対象とする雇用主提供医療保険であり，地域保健局の公務員医療給付課（Department of Community Health, Public Employee Health Benefits Division）が運営している．加入者数は 2011 年 4 月 1 日の時点で約 69.4 万人であり，これらの者は州政府と保険会社やマネジドケア組織の間の契約に基づいて提供されるいくつかのプランの中から 1 つを選択し，所定の保険料を支払うことでそのプランに加入する．

表 5-8 は，ジョージア州の SHBP の民間プランと各プランの加入者が支払う保険料の月額をまとめたものであり，すべてがマネジドケアプランで構成されている．ジョージア州の SHBP のプランは全部で 10 種類であり，HMO プラン，健康償還口座（Health Reimbursement Account; HRA）を伴う消費者主導型医療プラン（CDHP）（以下「HRA プラン」），HDHP に加えて，「Standard」型と「Premium」型というメディケアのパート C の民間プランで構成されている（表 5-9 を参照）．これらのプランは，全米に渡っ

て様々なプランを販売しているユナイテッドヘルスケア社（UnitedHealth-Care）とシグナ社によって販売されており，2 社がそれぞれ 5 種類のマネジドケアプランを販売している（CDHP, HDHP, HRA については序章を参照）．

　ジョージア州政府は SHBP に関していくつかの独特な規定を定めており，それらの規定の主な目的は，他の医療保障制度への加入の誘導や健康的な生活を送るためのインセンティブの付与などを通して保険給付費を抑え，それによって保険料の高騰を防ぐことである．第 1 に，2009 年以降の新規加入者は HMO プランに加入できず，選択肢が HDHP と HRA プランに制限されている．第 2 に，65 歳未満の有資格者に配偶者がいる場合で，その配偶者が自らの勤務先の雇用主提供医療保険の加入資格を持つにもかかわらずそれに加入していない場合には，割増料として各プランの月額保険料に 50 ドルが上乗せされる．第 3 に，過去 1 年の間にタバコを喫煙していた者が加入する場合，各プランの月額保険料に割増料の 80 ドルが上乗せされる[15]．

　表 5-8 では各プランの保険料のうち加入者の負担額のみが示されており，SHBP の有資格者が単身で HMO プランに加入する場合，この者は月額 110.22 ドルの保険料を支払う．雇用主の拠出が行われない離職者向けのプランで設定されている保険料との比較から試算すると，これらの 5 種類のプランに関する雇用主の拠出割合は 7 割または 8 割程度であり[16]，FEHBP と同

---

15) E. コールドウェルの代表作の『タバコ・ロード』は，ノースカロライナ州をはじめとする南部の諸州にかつて存在していた広大なタバコ畑で小作農として働くプア・ホワイトが，19 世紀後半以降の急速な経済発展の中で取り残された南部の土地にしがみつきながら，物質的にも精神的にも貧しい生活を送っていた様子を鋭く描いている．21 世紀初頭の現在では，SHBP というジョージア州の地域保険市場で有数の雇用主提供医療保険の制度を通して，現役労働者や退職者によるタバコの喫煙に対して負の経済的なインセンティブが付与されている．これは，自分自身の生活を振り返ることで自らの健康を確保することを基本とする自立重視の医療保障システムへの再編を象徴的に示しており，ジョージア州という地域にとって大きな前進のための工夫とともに歴史の皮肉であるといえるかもしれない．Caldwell（1932）．

16) State of Georgia, Department of Community Health (2010a) や State of Georgia, Department of Community Health, State Health Benefit Plan のウェブサイト（http://dch.georgia.gov/00/channel_title/0,2094,31446711_32021041,00.html）の情報に基づいて試算を行った．

程度に好条件であるといえよう．ただし，これらは現役の正規職員や 65 歳未満の退職者でメディケアの加入者ではない者などに適用されるものであり，パートタイム職員や教員などはもっと高額の保険料の支払いを求められる．HRA プランと HDHP の保険料は HMO プランの保険料よりも安価である反面，HRA プランと HDHP の定額控除の金額や定率の共同負担の割合は HMO プランよりも高く設定されている．各プランの保険料のうち加入者の負担額は，同じ種類のものであればどちらの保険会社のプランであっても同額であり，患者一部負担の条件も同じである．ただし，離職者向けのプランの保険料はシグナ社のプランよりもユナイテッドヘルスケア社のプランのほうが高額である．このことをふまえると，ユナイテッドヘルスケア社のプランに関する雇用主の拠出額はシグナ社のプランの場合よりも高く設定されており，結果として加入者の負担額が同額になっていると考えられる．

　さらに，同じ種類のプランでも，ユナイテッドヘルスケア社とシグナ社によって販売されるプランの内容はそれぞれ異なる．これらのプランの独自性に関して特に注目すべきなのは，双方の保険会社の HRA プランで，予防活動や健康的な生活を奨励するための経済的なインセンティブの付与が行われていることである．すなわち，加入者が健康診断や年に一度の予防接種やオンライン上での健康指導などを受けた場合，その加入者の HRA に保険会社からの特別給付金（Extra Benefit）が繰り入れられるのである．保険料の割増制度と同様に，保険会社によるこのような保険商品の設計上の工夫は，経済的なインセンティブを通して加入者に健康の自立的な確保を促すことで保険給付費の膨張を抑え，保険料を手が届く金額に留めようとする試みであると評価できる．同時に，それは州政府と地域保険市場に参入した大手の保険会社の間の交渉を通して設計された SHBP のプランにおける工夫として行われており，医療保障システムが地域市場を基盤として構築されていることを象徴するものであるといえよう[17]．

---

17) ジョージア州の SHBP の詳細は，State of Georgia, Department of Community Health (2010a); State of Georgia, Department of Community Health (2010b);

第5章　医療保障システムにおける地域市場の規定性

表5-9　ジョージア州の州政府職員医療給付プランの加入者数とその構成（2011年4月）

(人，％)

| プランの名称 | 加入者数 | 構成比 |
| --- | --- | --- |
| United Healthcare HMO | 273,189 | 39.4 |
| United Healthcare HRA | 251,544 | 36.3 |
| United Healthcare HDHP | 22,184 | 3.2 |
| United Healthcare Standard | 38,349 | 5.5 |
| United Healthcare Premium | 37,535 | 5.4 |
| Cigna HMO | 29,723 | 4.3 |
| Cigna HRA | 34,247 | 4.9 |
| Cigna HDHP | 3,087 | 0.4 |
| Cigna MA Standard | 1,693 | 0.2 |
| Cigna MA Premium | 1,981 | 0.3 |
| 合計 | 693,532 | 100.0 |

出所：State of Georgia, Department of Community Health のウェブサイト（http://dch.georgia.gov/00/article/0,2086,31446711_32021041_33053573,00.html）より作成．

　表5-9に示されるように，加入者の約90％がユナイテッドヘルスケア社のいずれかのプランに加入しており，ユナイテッドヘルスケア社はSHBPに関してシグナ社よりもはるかに大きな市場シェアを獲得している．ユナイテッドヘルスケア社は，全米の各地域で約7,000万人の顧客にサービスを提供している全米で最大規模の保険会社である．ユナイテッドヘルスケア社はSHBPだけでなく，他のプランも含め，ジョージア州の地域保険市場のほぼ全域にわたって大きな市場シェアを獲得している[18]．

　ジョージア州政府はSHBPの実施に関して，地域市場で積極的な営業活

---

　　State of Georgia, Department of Community Health (2010c); State of Georgia, Department of Community Health, State Health Benefit Plan のウェブサイト（http://dch.georgia.gov/00/channel_title/0,2094,31446711_32021041,00.html）を参照．

18)　詳細は，ユナイテッドヘルスケア社のウェブサイト（http://www.uhc.com/home.htm）や，ジョージア州の地域保険市場で販売されている各プランや，それらのプランを販売している保険会社やマネジドケア組織に関する情報を提供する組織であるジョージア医療保険（Georgia Health Insurance）のウェブサイト（http://www.georgia-health-insurance.org/index.php）を参照．

動を行うユナイテッドヘルスケア社との間で強力なパートナーシップを結び，地域市場の利点を活かしてSHBPを実施しようとしている．ユナイテッドヘルスケア社は，SHBPなどの保険プランのネットワークに参加する契約を結んでいたジョージア州の病院や医師との間で，自らが販売している他のプランのネットワークにもそれらの病院や医師を強引な方法で参加させるなど，いくつかのトラブルを抱えていた．2005年に，ジョージア州政府とユナイテッドヘルスケア社は医療機関のネットワークに関して以下のような契約上の取り決めを交わしている．すなわち，ユナイテッドヘルスケア社はSHBPのプランのネットワークに参加している医師に対して，ユナイテッドヘルスケア社が販売している他のプランのネットワークへの参加を拒否する権利や，それらのネットワークから退出する権利を保障することと，診療報酬の計算方法などの説明を適切に行うことを義務づけられたのである[19]．これらは，州法に基づく保険規制とは別に行われた契約上の規定である．こうした取り決めを行うことで，州政府はユナイテッドヘルスケア社に対して，地域市場におけるSHBPのプランの販売を公正なルールに基づいて行うことを期待していると評価できよう．このように，州政府はSHBPの実施に関して保険会社に責任を持たせながら，地域市場を最大限に活用しようとしている．

　一方で，シグナ社はSHBPのメディケアの民間プランを販売する上で，メディケアの民間プランの販売に関して多くの実績を持つヒューマナ社と提携しており，その提携を通してユナイテッドヘルスケア社に対抗している．すなわち，SHBPのプランの販売に関して，それぞれの保険会社またはマネジドケア組織が自らのノウハウや医療機関のネットワーク網を駆使して競争を繰り広げているのである．ただし，その競争も，ジョージア州政府による各種の保険規制や契約上の取り決めによって競争条件の整備が図られるとともに，州政府から地域市場へと雇用主拠出という形で多額の財政資金が投

---

19) ジョージア州政府による2005年11月17日の報道発表（http://www.georgia.gov/00/press/detail/0,2668,78006749_79688147_93280208,00.html）を参照．

入されていることを条件として行われている．ジョージア州のSHBPでは，州政府による保険規制や契約上の取り決めと，雇用主拠出という形で地域市場に対する財政資金の投入が行われているからこそ，加入者にとって手が届く金額の保険料が実現しているのである．

## 3. 連邦政府の他の公的医療保障制度

メディケアとメディケイドとCHIPに加えて，連邦・州・地方政府のそれぞれが多種多様な公的医療保障制度を実施しており，それらも地域市場を基盤として成り立っている．連邦政府が実施するその他の主な公的医療保障制度は，トライケア（TRICARE），退役軍人省保健医療制度（Civilian Health And Medical Program of the Department of Veterans Affairs; CHAMPVA），先住民医療サービス（Indian Health Service; IHS）である．

### (1) トライケア：ミシガン州デトロイト市の事例

トライケア（TRICARE）は，国内または海外に住む現役軍人や退役軍人とその家族を対象に，連邦政府の国防省（Department of Defense）によって運営される公的医療保障制度である．2010年の時点で960万人の人々がトライケアを通して医療保障を獲得している．

トライケアは軍人の雇用主である連邦政府によって提供されるものであるが，軍務という職務を遂行する上で傷病や後遺症を抱えやすい軍人への医療保障という独特の性質も備えていることをふまえて，本書では雇用主提供医療保険とは区別する．

トライケアは国内だけでなく海外にまで及ぶ医療保障制度であり，地域ごとに医療保障のシステムが構築されている．国内におけるトライケアのサービス提供地域は，北部，南部，西部，全米ファミリー・ヘルス・プラン地域（U.S. Family Health Plan Sites）の4つに分かれている．連邦政府が各地域の地域契約委託社（region contractor）と契約し，それぞれの地域契約委

表 5-10 トライケアの各制度の内容（2011

| 名称 | 種類 | 加入資格者 |
|---|---|---|
| TRICARE Prime | HMO 型 | 現役軍人と扶養家族 退役軍人と扶養家族または遺族 |
| TRICARE Prime Remote | 僻地などにおけるマネジドケア型オプション | 現役軍人 |
| TRICARE Prime Remote for Active Duty Family Members | 僻地などにおけるマネジドケア型オプション | 現役軍人の扶養家族 |
| US Family Health Plan | 6 つの特定地域における | 現役軍人の扶養家族 退役軍人と扶養家族または遺族 |
| TRICARE Standard | TRICARE Prime の FFS 型オプション | 現役軍人の扶養家族 退役軍人と扶養家族または遺族 |
| TRICARE Exrta | TRICARE Prime の PPO 型オプション | 現役軍人の扶養家族 退役軍人と扶養家族または遺族 |
| TRICARE Reserve Select[1] | マネジドケア型 | 州兵・予備隊と扶養家族[3] |
| TRICARE Retired Reserve[1] | マネジドケア型 | 60 歳未満の退役州兵・予備隊と扶養家族[3] |
| TRICARE For Life[2] | メディケア加入者の補足保障 | 現役軍人の扶養家族 退役軍人と扶養家族または遺族 |

注：1）勤務形態などによって資格要件が異なる．
　　2）メディケアのパート B に加入していることが条件である．
　　3）連邦政府職員医療給付制度（FEHBP）に加入していないことが条件である．
　　4）国外居住者，前妻・前夫，名誉勲章の受賞者なども，いくつかの資格要件を満たしていれば該
出所：U.S. Department of Defence, TRICARE のウェブサイト（http://www.tricare.mil/mybenefit/）

託会社が各地域の医療機関との間でトライケアのサービス提供に関する契約を行う．海外のサービス提供地域は，ユーラシア・アフリカ地区，ラテンアメリカ・カナダ地区，太平洋地区の 3 つの地域に分かれている．

　表 5-10 に示されるように，トライケアはいくつかの制度で構成されており，それぞれの制度が多様な地域市場を基盤として構築されている．それぞれの制度の給付内容は全米で一律であるが，実際には各地域の医療機関との契約を通して医療サービスが提供されている．すなわち，トライケアの各制

---

20) ただし，軍人医療機関では現役の軍人による利用が優先されており，退役軍人は病床などに関して利用上の余裕がある場合に利用が可能である．

## 第5章 医療保障システムにおける地域市場の規定性

(ドル)

| 加入料の年額 | | 患者一部負担 | |
|---|---|---|---|
| 本人 | 本人と家族 | 定額控除 | 共同負担 |
| — | — | なし | なし |
| 230 | 460 | なし | あり |
| — | — | なし | なし |
| — | — | なし | なし |
| — | — | なし | なし |
| 230 | 460 | なし | あり |
| — | — | あり | あり |
| — | — | あり | あり |
| 637.92 | 2373.12 | あり | あり |
| 4896.12 | 12240.60 | あり | あり |
| — | — | なし | なし |

当する制度に加入できる.
より作成.

度の加入者は全米の各地域に存在する軍人医療機関（Military Treatment Facilities）[20]を無料で利用できることに加えて，各制度に関して連邦政府との間で契約を結ぶ他の医療機関を利用することも可能である．

他の公的医療保障制度と同様に，トライケアでも地域市場の特性や利点を最大限に活用することが重視されており，それゆえに地域市場の発展の成果であるマネジドケアやマネジドケアプランが主軸に据えられている．

第1に，主軸はHMO型のトライケア・プライム（TRICARE Prime）であり，現役軍人とその家族は加入料を支払わずに保障を受けられる一方で，退役軍人とその家族または遺族は年額230ドルまたは460ドルの加入料を支払って加入する．トライケア・プライムのすべての加入者は定額控除を支払う必要はなく，現役軍人とその扶養家族は共同負担の支払いも不要である．

第2に，現役の軍人の家族や退役軍人とその家族などは，出来高払制（FFS）に基づくトライケア・スタンダード（TRICARE Standard）やPPO型のトライケア・エクストラ（TRICARE Extra）というオプションも利用できる．これらは必要な時にいつでも利用することが可能であり，加入の手続きは不要である．これらの制度では医療機関の選択肢がトライケア・プライムよりも豊富であり，特にトライケア・スタンダードでは，トライケアの

各制度のネットワークに含まれるすべての医療機関の利用が認められている．

トライケア・スタンダードのネットワークに含まれる医療機関を利用した場合，加入者は医療サービスごとに設定されている定額控除と共同負担を支払わなければならない．外来診療の定額控除の年額は最大で1世帯当たり300ドルであり，他のサービスにも定額控除が課される場合がある．共同負担は，トライケアに関して連邦政府と医療機関の間で取り決められた各サービスの料金の20％から25％までの定率負担または定額負担である．ネットワークに含まれない医療機関を利用した場合，加入者は医療機関から料金の追加請求（balance billing）を受ける場合がある．追加請求額の上限はトライケアの料金の15％分であり，加入者はその金額を医療機関に支払う．

一方で，加入者がトライケア・エクストラのネットワークに含まれる医療機関を利用した場合，共同負担の割引が受けられる．すなわち，この加入者は，トライケア・スタンダードの共同負担から5％分を割り引いた金額を支払うことでサービスを利用できるのであり，定額負担の場合にも割引が適用されることがある．ただし，トライケア・エクストラのネットワークに含まれる医療機関が加入者の住む地域に存在していることが条件である．

第3に，トライケア・フォー・ライフ（TRICARE For Life）は，オリジナル・メディケアの加入者を対象とするメディケアの補足保障である．トライケア・フォー・ライフに加入料はなく，加入者が医療サービスを利用してメディケアの給付を受ける際に，メディケアで定められた患者一部負担の金額がトライケア・フォー・ライフを通して給付される．さらに，加入者は各サービスの患者一部負担を支払うことでトライケアの給付も受けられる[21]．

現役の軍人であるトライケア・プライムの加入者が，北部の地域に含まれるミシガン州デトロイト市のジップコード（ZIP CODE：アメリカの郵便番号）48201番に該当する都市部の1地区に住んでいるとしよう．北部の地域契約委託会社はヘルスネット社（Health Net Federal Services, LLC）であり，

---

21) その他，医療機関の数が少ない僻地または特定の地域に住む人々や現役または退役した州兵や予備兵とその家族を対象とする制度が存在する．表5-10を参照．

ヘルスネット社が北部の各地域で事業を行う医療機関との間でトライケアのサービスに関する契約を交わしている．この加入者が近郊に存在する医療機関を利用する場合，最寄りの主な軍人医療機関はウォーレン市の軍人医療産業保健センター（Military Medical Readiness & Occupational Health Center-Detroit）である．それに加えて，この都市部とその周辺にはトライケア・プライムやトライケア・スタンダードなどのネットワークに含まれる数多くの医療機関が存在しており，加入者に対して豊富な医療機関の選択肢が提供されている[22]．都市部の地域市場ではマネジドケアの導入や発展が特に顕著であり，メディケアや医療扶助と同様に，トライケアという公的医療保障制度もそのような地域市場の発展の成果を積極的に活用している．

## (2) 退役軍人省保健医療制度：コロラド州デンバー市の事例

退役軍人省保健医療制度（CHAMPVA）は，連邦政府の退役軍人省の退役軍人保健局（Department of Veterans Affairs, Veterans Health Administration）によって実施される公的医療保障制度である．対象者は退役軍人ではなく，障害を抱える退役軍人の家族や退役軍人の遺族でトライケアに加入していない者であり，トライケアとは別個に実施されている．加入料はなく，加入者は退役軍人省の医療機関（VA Medical Centers）を利用することができる．受給資格の認定や医療機関への診療報酬の支払いなどに関する業務を行う保健行政センター（Health Administration Center; HAC）はコロラド州デンバー市にある[23]．

CHAMPVAを通したサービスの利用について，保健行政センターの他にもいくつかの連邦政府の軍人関連施設が存在しており，現役軍人や退役軍人の住民の数も比較的多いコロラド州デンバー市に住む加入者を事例に考察す

---

22) トライケアのウェブサイト（http://www.tricare.mil/）の検索ツールを用いて検索を行った．
23) CHAMPVAの詳細についてはU.S. Department of Veterans Affairs, Health Administration Center（2009）を参照．

る．この加入者は，デンバー市のVA東部コロラド医療システム（VA Eastern Colorado Health Care System）という退役軍人省の医療機関を利用できる．VA東部コロラド医療システムは131の病床を抱える病院であり，CHAMPVAの課題として掲げられている自殺防止対策や医師の研修制度の充実などに積極的に取り組んでいる．デンバー市には他の退役軍人省の医療機関はなく，多くの加入者がこの地域病院を利用しながら生活している．

この病院は，近隣に住む退役軍人やその家族や遺族などに対してボランティア活動を盛んに呼びかけており，地域住民による病院の運営への参加が重視されている．そもそも，アメリカの病院は地域住民によるボランティア活動を積極的に活用してきた伝統を持っている[24]．この病院も，地域住民によるボランティア活動を積極的に取り入れることで地域病院としての役割を果たそうとしており，それはCHAMPVAを通した連邦政府による財政資金の投入を納税者に納得してもらうための仕組みであるともいえよう[25]．

軍人とその家族や遺族は，トライケアやCHAMPVAという制度と，軍人医療機関，退役軍人のための医療機関，その他の各地域の医療機関の利用を通して，現役時だけでなく退役後や退職後にも手厚い医療保障を獲得している．他の公的医療保障制度と同様に，これらの制度も連邦政府による多額の財政資金が地域市場に投入されることを条件として実現しているのである．

### (3) 先住民医療サービス：アラスカ州アンカレッジ市の事例

先住民医療サービス（IHS）は，アメリカの36州に住むアメリカ先住民とアラスカ先住民[26]を対象とする公的医療保障制度であり，連邦政府の保

---

24) アメリカの地域病院の起源や地域社会における役割についてはStevens（1999）やWeiss（2006）を参照．
25) VA東部コロラド医療システムの現状や医師の研修制度などについてはVA Eastern Colorado Health Care System（2011）を参照．
26) 自らをアメリカ先住民またはアラスカ先住民であると自称し，なおかつそのことが連邦政府によって承認された人々であり，それ以外の人々はIHSの対象には含まれない．

健福祉省の先住民医療サービス局がIHSの運営主体である．2010年の時点で約340万人の先住民がアメリカの各地域に住んでおり，その6割弱に相当する約200万人がIHSを通して医療保障を獲得している．

IHSは連邦政府と各地域の先住民族（特に断らない限り，以下では「民族」と表記する）のパートナーシップに基づいて実施されており，民族の自決（Self-Determination）を原則としてそれぞれの民族が医療機関の運営や医療サービスの提供を主導し，それらの活動を連邦政府が支援するという制度である．IHSの医療サービスは，連邦政府の直営のIHS医療機関（IHS Health Care Facilities），民族運営の医療機関（Tribally-Operated Health Care Facilities; TOHCF），IHSに関して連邦政府と契約を結ぶ民間の医療機関で提供される．主軸のTOHCFは各地域の民族によって主体的に運営されており，民族によって創設されたNPOを通してTOHCFが運営されている場合が多い．TOHCFでは，医師や看護師などの職員の約70%が先住民で構成されている．連邦政府はこれらのTOHCFに対して，運営費や人件費などに充当するための連邦補助金を交付する．このような連邦政府と各地域の民族のパートナーシップに基づくIHSも，地域市場を基盤とする医療保障システムの特質を映し出す重要な一側面である．

表5-11は，全米の中でも特に多くの先住民が住むアラスカ州のTOHCFの利用状況を，医療サービス地域（Health Service Area）ごとに整理したものである．医療サービス地域とは，それぞれのTOHCFの運営組織によって管轄されるサービス・ユニット（Service Unit）ごとに区分された地域であり，アラスカ州ではこの医療サービス地域が主な地域区分として用いられている．2007年度から2009年度までの3年間に，アラスカ州のTOHCFを少なくとも1度は利用した先住民の数は約13.9万人であり，そのうち32.9%がサウスセントラル・ファウンデーション（Southcentral Foundation）によって運営されるTOHCFの利用者であった．サウスセントラル・ファウンデーションは1982年に創設されたNPOであり，アラスカ州で最大規模のTOHCFであるアラスカ先住民医療センター（Alaska Native Medical

**表 5-11** アラスカ州の先住民医療サービスに関する医療サービス地域別の利用状況（2009 年度）

(人, %)

|  | 利用者数 | | | |
| --- | --- | --- | --- | --- |
|  | 先住民 | 構成比 | その他 | 構成比 |
| アンカレッジ | 57,977 | 41.7 | 11,891 | 38.1 |
| 　Southcentral Foundation | 45,734 | 32.9 | 4,262 | 13.7 |
| 　Kenaitze Indian Tgribe, IRA | 3,014 | 2.2 | 116 | 0.4 |
| 　Kodiak Area Native Association | 2,369 | 1.7 | 238 | 0.8 |
| 　Chugachmiut | 1,327 | 1.0 | 497 | 1.6 |
| 　Eastern Aleutian Tribes, Inc. | 1,027 | 0.7 | 2,362 | 7.6 |
| 　Ninilchik Traditional Council | 945 | 0.7 | 384 | 1.2 |
| 　Aleutian/Pribiof Islands Asoociation, Inc. | 940 | 0.7 | 240 | 0.8 |
| 　Seldovia Village Tribe | 700 | 0.5 | 1,886 | 6.0 |
| 　Cooper River Native Association | 664 | 0.5 | 32 | 0.1 |
| 　Bristol Bay Area Native Corporation（Part 1） | 473 | 0.3 | 57 | 0.2 |
| 　Eyak/Cordova | 401 | 0.3 | 1,740 | 5.6 |
| 　Native Village of Tyonek | 155 | 0.1 | 19 | 0.1 |
| 　Mt.Sanford Tribal Consortium | 128 | 0.1 | 17 | 0.1 |
| 　Chitina Traditional Village Council | 48 | 0.0 | 0 | 0.0 |
| 　Native Village of Eklutna | 35 | 0.0 | 40 | 0.1 |
| 　Chickaloon Village | 15 | 0.0 | 1 | 0.0 |
| 　Knik Tribal Council | 2 | 0.0 | 0 | 0.0 |
| アネット島 | 1,380 | 1.0 | 283 | 0.9 |
| インテリア・アラスカ | 13,640 | 9.8 | 1,262 | 4.0 |
| エッジカム山 | 15,994 | 11.5 | 10,340 | 33.1 |
| コツェブー | 7,033 | 5.1 | 975 | 3.1 |
| ノートン湾 | 8,431 | 6.1 | 62 | 0.2 |
| バロー | 4,510 | 3.2 | 1,789 | 5.7 |
| ブリストル・ベイエリア | 5,396 | 3.9 | 1,768 | 5.7 |
| ユーコン・クスコクウィム | 24,746 | 17.8 | 2,834 | 9.1 |
| アラスカ州合計 | 139,107 | 100.0 | 31,204 | 100.0 |

注：2007 年度から 2009 年度の間に民族運営の医療機関（TOHCF）を少なくとも 1 度は利用した者の数。
出所：U.S. Department of Health and Human Services, Inian Health Service のウェブサイト（http://www.ihs.gov/FacilitiesServices/AreaOffices/Alaska/dpehs/documents/FY2010IHSOfficialAIANUserPop.pdf）より作成。

Center）などを運営し，主にアンカレッジ自治市で医療サービスを提供している[27]。

---

27) サウスセントラル・ファウンデーションのウェブサイト（http://www.southcentralfoundation.com/index.ak）を参照。

TOHCF は先住民への医療サービスの提供を目的とするものであるが，先住民以外の地域住民もこれらの医療機関を利用することが可能である．アラスカ州では同期間に 3.1 万人が利用しており，そのうち 13.7% がサウスセントラル・ファウンデーションの TOHCF の利用者である．アンカレッジ自治市では，東部アリュート族医療組織（Eastern Aleutian Tribes, Inc.）の TOHCF の利用者数がサウスセントラル・ファウンデーションに次いで多く，それは先住民の利用者数を上回っている．このように，地域住民に TOHCF の利用を広く認めることで，連邦政府の財政資金が TOHCF に投入されることの正当性が担保され，各地域における医療機関の確保または整備と維持という IHS を通した医療保障の条件が整備されている．

逆に言えば，IHS を通した医療保障は，連邦政府によって多額の財政資金が地域市場に投入されることを条件として成立しているのである．IHS の予算額が 1970 年代以降に段階的に増額され，それに伴う支出額の膨張が問題視された結果，他の公的医療保障制度と同様に医療サービスの利用の効率化とそれを通した支出の抑制が課題になっている[28]．

## 4. メリーランド州の公的医療保障制度と割引・無償診療

### (1) メリーランド州の公的医療保障制度

州政府はそれぞれ特色のある公的医療保障制度を実施しており，それらは連邦政府の制度よりも多種多様な内容と形態で実施されている．以下では表 5-12 を用いて，低所得者や貧困者に対する医療保障を積極的に実施してきたメリーランド州政府の主な公的医療保障制度について考察する．

第 1 に，メリーランド州政府は家族医療扶助（Medical Assistance for Family; MA4F）やプライマリ・アダルト・ケア（Primary Adult Care; PAC）

---

28) IHS については保健福祉省のウェブサイト（http://www.ihs.gov/）や U.S. Department of Health and Human Services, Indian Health Service（2005）を参照．

表5-12 メリーランド州政府が実施している主な公的医療保障制度（2011年）

(FPLに対する比率)

| 制度の名称 | 対象 | 所得要件 |
| --- | --- | --- |
| Maryland Medical Assistance Program（メディケイド） | 現金扶助の受給者や医療困窮者（Medically Needy；MN）など | ～250%[1] |
| Medical Assistance for Families（MA4F；メディケイドのウェイバー制度） | 19歳以上の成人とCHIPのプランに加入する子どもの世話をしている扶養家族 | ～116% |
| Maryland Primary Adult Care Program（PAC；メディケイドのウェイバー制度） | 扶養家族がいない19歳以上の成人 | ～116% |
| Home and Community Based Services（メディケイドのウェイバー制度） | 施設ケアと同水準のケアを必要としていることが認定された者 | ～225% |
| Employed Individuals with Disabilities（メディケイドのウェイバー制度） | 障害を抱える労働者でメディケイドの資格要件を満たしていない者 | ～300% |
| Maryland Children's Health Program（CHIP・保険料なし） | 19歳未満の子どもと妊婦 | ～200%（子ども），～250%（妊婦） |
| Maryland Children's Health Program Premium（CHIP・保険料あり） | 19歳未満の子ども | ～300% |
| Family Planning Program（CHIPのウェイバー制度） | 妊婦としてMCHPに加入していたが，現在はメディケイドの資格要件を満たしていない女性 | [1] |
| Qualified Medicare Beneficiary（QMB） | 所得がFPL200%以下のメディケア加入者 | ～100% |
| Specified Low-Income Medicare Beneficiary（SLMBI） | | ～120% |
| Qualifying Individual（SLMBIIまたはQI） | | ～135% |
| Qualified Disabled Working Individual（QDWI） | | ～200% |
| Senior Prescription Drug Assistance Program（Affiliated Computer Services社との合同） | メディケアのパートDへの加入を希望する低所得のメディケア加入者 | ～300% |
| Health Insurance Partnership Program（HIP） | フルタイムの被用者数が2人から9人で，過去12ヵ月間に被用者に医療保険を提供していない小企業の雇用主 | なし[2] |

注：1) 年齢や障害の有無などに応じて異なる。表2-5を参照。
    2) 他にも，被用者の平均賃金が5万ドル未満でなくてはならないなどの要件が課される。
出所：State of Maryland, Department of Health and Mental Hygieneのウェブサイト (http://www.dhmh.state.md.us/mma/mmahome.html); State of Maryland, Maryland Health Care Commission, Health Insurance Partnership Programのウェブサイト (http://mhcc.maryland.gov/partnership/) より作成。

第5章　医療保障システムにおける地域市場の規定性

を含む5種類のメディケイドやCHIPのウェイバー制度を実施しており，それらはメディケイドまたはCHIPの財源で賄われている．これらの制度の所得要件は，19歳以上の成人，障害を抱える労働者，出産後の女性に関して，従来型のメディケイドやCHIPよりも寛大に設定されている．その他にも，居宅介護を主とする高齢者への地域介護システムを構築するための制度なども実施されている．

　第2に，所得がFPLの200％以下のメディケア加入者は適格メディケア加入者（Qualified Medicare Beneficiaries; QMB）や特定低所得メディケア加入者（Specified Low-Income Medicare Beneficiaries; SLMB）などと呼ばれており，これらの人々を対象とする州制度が，加入者の所得に応じてパートB保険料などの支払いに関する補助を行っている．これらはメディケイドの一部として実施されており，すべての州政府とワシントンD.C.が同様の制度を実施している．

　第3に，高齢者処方薬補助制度（Senior Prescription Drug Assistance Program）と医療保険パートナーシップ（Health Insurance Partnership; HIP）は，州政府の自主財源を用いて実施される公的医療保障制度である．これらは，州政府と地元企業や地域保険市場で保険プランを販売している保険会社やマネジドケア組織などとのパートナーシップに基づいて設計された制度であり，地元企業という地域資源や地域市場の特性を活用することが重視されている．高齢者処方薬補助制度はACS社（Affiliated Computer Services）と合同で実施されているのに対して，後述するようにHIPのプランは保険会社やマネジドケア組織によって販売されている．

　MA4FとPACとHIPは，無保険の状態に陥るリスクが高いワーキング・プアを対象とする公的医療保障制度として，特に重要な役割を果たしている．

　第1に，MA4Fは，所得がFPLの116％未満で扶養家族を持つ19歳以上の成人と，メリーランド州のCHIPのプランに加入する子どもの世話をしている扶養家族を対象とするメディケイドのウェイバー制度であり，所得

表5-13 メリーランド州のプライマリ・アダルト・ケアの民間プランを販売し

|  | Amerigroup | Jai Medical Systems | Maryland Physician Care |
|---|---|---|---|
| プラン販売地域 | アレガニー郡など6つの地域を除く州内の地域 | ボルティモア市とボルティモア郡 | 州全域 |
| 医療機関での受診 | 各プランのネットワークに含まれ | | |
| 提携している薬局 | Costco, CVS, Kaiser Permanente など | Central Avenue, CVS, Eckerd など | Anchor, CVS, Eckerd など |
| ブランド薬の共同負担 | 7.50ドル | なし | 7.50ドル |
| ジェネリック薬の共同負担 | なし | なし | 2.50ドル |
| 追加保障 | 歯科スクリーニング，眼科検診，ケース・マネジメントなど | 歯科スクリーニング，眼科検診，輸送サービスなど | 眼科検診，ケース・マネジメント，禁煙指導など |

出所：State of Maryland, Department of Health and Mental Hygiene のウェブサイト（http://www.
成．

要件がメリーランド州の従来型のメディケイドよりも寛大に設定されている．MA4Fの給付内容は従来型のメディケイドと同じであり，包括的な内容である．加入者は，後述する5社のマネジドケア組織によって販売されているMA4Fのプランの中から1つを選んで加入する．これらのマネジドケア組織はPACや従来型のメディケイドやCHIPなどのプランも販売している．

第2に，PACもメディケイドのウェイバー制度であり，所得がFPLの116%未満で扶養家族を持たない19歳以上の成人を対象としている．PACの給付内容には入院費や病院での外来診療の費用などが含まれておらず，従来型のメディケイドに比べると保障の範囲はかなり狭い．

PACの加入者は，表5-13に示される5社のマネジドケア組織によって販売されている5種類のプランのいずれかに加入している．アメリグループ社（Amerigroup）とジャイ・メディカル・システムズ社（Jai Medical Systems）のプランは特定の地域で限定的に販売されているのに対して，他のマネジドケア組織のプランは州の全域で販売されている．加入者は，それぞれのプランのネットワークに含まれる医療機関でPACを通した給付を受けられる．提携先の薬局や薬剤に関する共同負担などもプランごとに異なる．

## ているマネジドケア組織（2011年）

| Priority Partners | UnitedHealthcare |
|---|---|
| 州全域 | 州全域 |

る医療機関

| CVS, Epic, Food Lion など | CVS, Eckerd, Edgehill など |
|---|---|
| 7.50ドル | 7.50ドル |
| なし | なし |
| 歯科スクリーニング，眼科検診，禁煙指導など | 歯科スクリーニング，眼科検診，24時間体制の看護師による健康指導など |

dhh.state.md.us/mma/mmahome.html）より作

第3に，HIPは州内の零細企業の雇用主や自営業者を対象に，メリーランド州政府が自主財源を用いて独自に実施している公的医療保障制度である．すなわち，それは資格要件を満たす零細企業の雇用主や自営業者に対して，平均賃金に応じて州政府が補助金を交付することで，被用者に対する医療保険の提供を支援する制度である．主な資格要件は4点であり，①事業所が州内に存在すること，②過去12カ月の間に被用者に対して雇用主提供医療保険を提供していないこと，③被用者数が2人から9人であること，④被用者の平均賃金が5万ドル未満であることである．平均賃金が3万ドル以下の企業の被用者が単身者としてHIPのプランに加入する場合，雇用主は年間に2,500ドルの補助金を受け取る．被用者に加えて配偶者と子どもが加入する場合には，雇用主に交付される補助金は6,250ドルにも上る．

表5-14は，HIPの16種類のプランを販売する4社の保険会社と各プランの内容を比較したものである．各プランの保険料に関する情報の入手が困難であるために詳細に検討することができないが，患者一部負担の条件がプランごとに違うことから各プランの内容がそれぞれ異なることがみてとれる．さらに，各プランのネットワークに含まれる医療機関の編成もそれぞれ異なり，HIPのプランの加入者は，自らの健康状態や居住地域や選択可能なプライマリケア医師などの諸条件をふまえてプランを選択している．

このように，メリーランド州政府は連邦政府から受け取ったメディケイドやCHIPの補助金や自主財源を地域市場に投入し，地域市場の特性や利点を活用しながら無保険者に対する医療保障を行っている．MA4FとPACと

表 5-14 メリーランド州の医療保険パートナーシップの民間プラン
（2010 年 10 月）

(ドル，％)

| 保険会社 | プランの名称 | 定額控除[1] | | 共同負担 | | 患者一部負担の上限[1] | |
|---|---|---|---|---|---|---|---|
| | | in | out | in | out | in | out |
| Aetna | MD Open Access HMO HSA Compatible Plan 1.4 | 1,200 | — | 定額 | — | 2,400 | — |
| | MD Open Access HMO HSA Compatible Plan 2.4 | 1,500 | — | 定額 | — | 2,500 | — |
| | MD Open Access HMO HSA Compatible Plan 3.4 | 2,000 | — | 定額 | — | 3,000 | — |
| | MD Open Access HMO HSA Compatible Plan 4.4 | 2,500 | — | 定額 | — | 4,000 | — |
| | MD Open Access POS HSA Compatible Plan 1.4 | 1,200（合算） | | — | 30％ | 2,400（合算） | |
| | MD Open Access POS HSA Compatible Plan 2.4 | 1,500（合算） | | — | 30％ | 2,500（合算） | |
| | MD Open Access POS HSA Compatible Plan 3.4 | 1,500（合算） | | — | 30％ | 2,500（合算） | |
| CareFirst Blue Cross BlueShield and CareFirst BlueChoice, Inc. | BlueChoice HMO Open Access HSA | 1,200 | — | 定額/定率 | | 2,400 | — |
| | BlueChoice Opt-Out Plus Open Access HSA | 1,200 | 1,800 | 定額/定率 | | 2,400 | 3,600 |
| | BluePreferred・HSA Integrated Deductible | 1,200（合算） | | 定額/定率 | | 3,400（合算） | |
| Coventry Health Care of Delaware Inc. | $1,500 Deductible Open Access HRA W/Integrated RX | 1,500 | [2] | 定額/定率 | [2] | 4,900 | [2] |
| | $1,200 Deductible Open Access HSA | 1,200 | [2] | 定額/定率 | [2] | 2,400 | [2] |
| UnitedHealthCare | Pledge Plan Basic | 2,500（合算）[3] | | 80％ | 60％ | 4,900（合算） | |
| | Pledge Plan Advantage | 2,500（合算）[3] | | 100％ | 80％ | 4,900（合算） | |
| | Pledge Plan Basic HSA | 2,700（合算） | | 80％ | 60％ | 5,250（合算） | |
| | Pledge Plan Advantage HSA | 2,700（合算） | | 100％ | 80％ | 5,250（合算） | |

注：1) 被用者が単身で加入する場合の金額．
　　2) 救急医療など，ネットワークに含まれない医療機関の利用についても給付が行われる場合がある．
　　3) 処方薬に関する定額控除として 2,500 ドルが別に適用される．
出所：State of Maryland, Maryland Health Care Commission, Health Insurance Partnership Program のウェブサイト（http://mhcc.maryland.gov/partnership/）より作成．

HIP も，メディケアのパート D や FEHBP などと同じくマネジドケアプランへの加入が前提になっており，マネジドケアの活用を通してこれらの制度を効率的に実施することが特に重視されているのである[29]．

### (2) ボルティモア市の公的医療保障制度

連邦政府や州政府に比べるとかなり小規模であるが，地方政府は地域住民にとって最も身近な政府として独自の公的医療保障制度を実施しており，それらの制度でも地域市場や地域資源の活用が特に重視されている．このことを象徴的に示す事例として，州政府と同様に低所得者や貧困者への医療保障を積極的に行ってきたメリーランド州ボルティモア市政府の実態に即して考察することで，地方政府の公的医療保障制度が地域の医療問題への対応策として，マネジドケアとコミュニティ組織の活用を積極的に行いながら実施されていることを明らかにする．

ボルティモア市政府は，希望者に結核のスクリーニングを行う制度（Baltimore City Health Department's Tuberculosis）や，10歳から24歳の若者を対象に妊娠や子宮がんや HIV の検査とカウンセリングを行う制度（Healthy Teens and Young Adults）など，数多くの公的医療保障制度を実施している．

地域市場を基盤とする医療保障制度として特に興味深いのは，ボルティモア・ブリッジ・プログラム（Baltimore Bridge Program; BBP）である．BBPは，ボルティモア市に住む無保険のワーキング・プアとその家族に対して医療保険への加入を促すことを目的に，大手のマネジドケア組織のカイザー・

---

29) メリーランド州の公的医療保障制度の詳細はメリーランド州保健局（State of Maryland, Department of Health and Mental Hygiene）のウェブサイト（http://www.dhmh.state.md.us/mma/index.html）を参照．なお櫻井（2011）は，ニューヨーク州政府が独自に実施しているヘルシー・ニューヨーク（Healthy NY）や，ヘルシー・ニューヨークのウェイバー制度としてブルックリン商工会議所（Brooklyn Chamber of Commerce）が運営するブルックリン・ヘルスワークス（Brooklyn HealthWorks）に注目し，それらを21世紀の諸条件を背景として創設された地域市場を基盤とする公的医療保障制度の新たなモデルとして考察している．

表 5-15 ボルティモア・ブリッジ・プログラムの保険料と患者一部負担（2010年）

（ドル）

| | | 95％割引 | 90％割引 |
|---|---|---|---|
| 保険料 | 保険料の総額 | 387.00 | 387.00 |
| | 割引額 | 367.95 | 348.30 |
| | 加入者の負担額 | 19.35 | 38.70 |
| 共同負担 | プライマリケア/専門ケア | 0 | |
| | 眼科検診 | 0 | |
| | 眼鏡またはコンタクトレンズ | 定率 | |
| | 歯科医療 | 割引額の適用 | |
| | 救急医療 | 50 | |
| | 入院／病院外来 | 0 | |
| | 臨床検査／放射線 | 0 | |
| | 産科医療 | 0 | |
| | 外来手術 | 50 | |
| | 処方薬 | 10（上限は1,500） | |

出所：Baltimore HealthCare Access, Inc. のウェブサイト（http://www.bhca.org/）と Kaiser Permanente のウェブサイト（http://www.kpbridge.org/bridge-plan.php）より作成．

　パーマネンテ社がボルティモア市政府と合同で実施している医療保障制度である．BBP の所得要件は FPL の 300％ 未満であり，メリーランド州政府が実施する公的医療保障制度と同水準またはそれらよりも寛大である[30]．BBP の費用は，カイザー・パーマネンテ社の自己資金や地域住民からの寄付金などで賄われている．

　BBP の加入者は，地域保険市場で販売されている他のプランよりもはるかに少額の保険料を支払うことで基礎的な医療保障を受けられる．表 5-15 に示されるように，加入者は所得に応じてカイザー・パーマネンテ社からの保険料の割引を受けることが可能であり，最大で保険料の 95％ 分の割引が受けられる．すなわち，加入者は保険料の 5％ 分に相当する 19.35 ドルを月

---

30) ただし，資産要件もあり，流動資産が 1 人当たり 5,000 ドル未満（家族がいる場合には 1 人につき 2,000 ドルが上限に加算される）でなければならない．カイザー・パーマネンテ社のウェブサイト（http://www.kpbridge.org/bridge-plan.php）参照．

ごとに支払うことでBBPのプランに加入できるのである．しかも，保障の対象になるサービスも，入院や病院の外来診療や処方薬などの基礎的なサービスを含む包括的な内容である．加入者は，カイザー・パーマネンテ社の傘下の医療機関や，カイザー・パーマネンテ社と契約を結ぶ病院などを利用することができる．さらに，加入者は多くのサービスの利用に関して共同負担を支払う必要はなく，定額控除も設定されていない．保険料の割引は最長で3年間までに制限されており，それ以降は満額の保険料を支払うことでカイザー・パーマネンテ社の同等のプランに加入できる．

ボルティモア市政府は，ワーキング・プア世帯の人々を対象に，BBPに関する様々なアウトリーチ活動を行っている．ボルティモア・ヘルスケア・アクセス（Baltimore HealthCare Access, Inc.）は，ボルティモア市の保健局（Health Department）によって1997年に創設された非営利の機関であり，この機関がBBPという制度の周知，プランの内容の説明，申請手続きの支援などを担っている．ボルティモア・ヘルスケア・アクセスは，メリーランド州の他の公的医療保障制度に関するアウトリーチ活動も行っており，これらの活動を通して，ワーキング・プア世帯の人々に公的医療保障制度への加入が促されるとともに地域市場の活性化が期待されている[31]．

このように，BBPはマネジドケア組織とボルティモア市政府のパートナーシップで実施される医療保障制度であり，地域市場で大きな市場シェアを持つマネジドケア組織の主導性が強く発揮されている．ブリッジ・プログラムはメリーランド州の6つの郡や他の州でも実施されており，2010年にはメリーランド州とワシントンD.C.とヴァージニア州のいずれかに住む人々のうち，約4,100人がBBPのプランに加入している[32]．

---

31) BBPに関するボルティモア・ヘルスケア・アクセスのアウトリーチ活動の詳細はボルティモア・ヘルスケア・アクセスのウェブサイト（http://www.bhca.org/）を参照．
32) カイザー・パーマネンテ社は他の地域でも市政府や郡政府と合同で同様の制度を実施している．詳細はカイザー・パーマネンテ社のウェブサイト（http://www.kpbridge.org/）を参照．

表 5-16 メリーランド州ボルティモア市北部で割引診療またはフリーケアを提供している主な医療機関（2011 年）

| 医療機関[1] | 種類[2] |
|---|---|
| Total Health Care Doris Johnson Community Center | FQHC |
| Yorkwood Health Center | FQHC |
| Jai Medical Center | （非該当） |
| Belair Edison Family Health Center | FQHC |
| Family Health Centers of Baltimore | MQHC |
| Belvedere Site | FQHC |
| Plaza Site/Hidden Garden | FQHC |
| The Men and Family Health Center | FQHC |
| Sinai Community Care and Greenspring Pediatric Associates | FQHC |

注：1) これらの他にも，歯科医療や眼科医療などの個別の分野や，男性・女性やホームレスなどの特定の集団を対象とする公的または民間の医療機関が数多く存在する．
　　2) FQHC は連邦適格医療センター（Federally Qualified Health Center）であり，MQHC はメリーランド州適格医療センター（Maryland Qualified Health Center）である．
出所：Baltimore HealthCare Access, Inc.（2010）; Baltimore HealthCare Access, Inc.のウェブサイト（http://www.bhca.org/）より作成．

## （3）　ボルティモア市北部の割引診療とフリーケア

序章でも述べたように，確実な医療保障を持たない無保険者（uninsured）や不十分な医療保障しか持たない者（underinsured）は，地域病院や地域の診療所や地域保健センター（Community Health Center）などで提供される割引診療（discount care）やフリーケア（free care）を利用することが可能であり，それらの提供は 19 世紀やそれ以前から各地域でかなり多様な形で行われてきた．以下では，数多くの無保険者や不十分な医療保障しか持たない者が住むボルティモア市の北部で割引診療やフリーケアを提供している医療機関を取り上げて，重篤な傷病を抱えるがゆえに多額の医療費の負担を強いられている医療困窮者や無保険者などにとっての最終手段について考察する．

第 1 に，表 5-16 は，メリーランド州ボルティモア市の北部で割引診療またはフリーケアを提供している主な医療機関である．これらの 9 件の医療機関のうち 7 件が連邦適格医療センター（Federally Qualified Health Center; FQHC）であり，1 カ所がメリーランド州適格医療センター（Maryland

Qualified Health Center; MQHC) である．

　FQHC は，プライマリケアや予防ケアを中心とする医療サービスの提供に関して，連邦政府によって定められたいくつかの条件を満たすことで，連邦政府の保健福祉省による認証を受けた公的医療機関または民間の医療機関である．それらの条件には，無保険者や不十分な医療保障しか持たない者に対して，一定の連邦基準に基づいて受給者の所得に応じた割引診療またはフリーケアを提供していることが含まれる．これらの活動に関して，連邦政府は FQHC に連邦補助金の交付や医療過誤訴訟に関する費用の保障などを行っている．MQHC も，FQHC に準じた条件を満たすことでメリーランド州政府による認証を受けた医療機関であり，州政府から様々な保障を受けられる．

　これらの認証制度の当初の目的は，プライマリケアや予防ケアの充実によって他の医療サービスよりも割高な救急治療室（Emergency Room）の利用を抑制し，効率的かつ合理的な医療サービスの提供を実現することであった．現在ではそれと密接にかかわる形で，移民労働者や不法滞在者を含む無保険者や不十分な医療保障しか持たない者への医療保障が重要な目的になっている．その一環として，これらの医療機関の多くは無保険者に対して，各種の医療扶助や他の公的医療保障制度に関する申請の支援や情報提供などのアウトリーチ活動を実施している[33]．

　第 2 に，他の医療機関もそれぞれ独自の規定に基づいて割引診療やフリーケアを提供している．それらの医療機関の多くは特定の信仰や人種などの集団ごとに設立されたものであるが，多くの場合は他の信仰を持つ者や他の人種も受け入れている．

　セント・アグネス病院（Saint Agnes Hospital）は，カトリック教徒のセント・エリザベス・アン・シートン氏（St. Elizabeth Ann Seton）の理念に基づ

---

33) FQHC の詳細は U.S. Department of Health and Human Services, Health Resources and Services Administration のウェブサイト（http://bphc.hrsa.gov/index.html）を参照．

いて設立された病院であり，1862年から現在まで約150年にわたってボルティモア市北部で割引診療やフリーケアを提供してきた実績を持っている．現在ではこの病院は318の病床を抱える地域病院に発展しており，地域の診療所やコミュニティ組織と連携しながら，肺がん治療，肥満対策，妊婦や新生児への医療などに関する独自の制度を実施している．アメリカの多くの病院は，各地域の貧困層や低所得層の人々に割引診療やフリーケアを提供してきた伝統を持っており[34]，セント・アグネス病院もボルティモア市北部の低所得者や貧困者にとって最後の頼みの綱としての役割を果たしている．セント・アグネス病院はBBPの医療機関のネットワークにも含まれており，ボルティモア市北部における基幹病院として地域医療システムの核となる重要な役割を担っている．

2010年度の報告書によると，セント・アグネス病院は1,660万ドルを用いて割引診療やフリーケアを提供しており，その財源の一部は地元企業や地域住民からの寄付金によって賄われている．その69.6%に相当する1,156万ドルが無保険者や不十分な医療保障しか持たない者への割引診療やフリーケアの費用，384.2万ドル（23.1%）が公的医療保障制度の加入者に関する治療費のうち加入者の支払額では賄うことができなかった部分，98.4万ドル（5.9%）が貧困者のための医療に間接的にかかわる輸送費をはじめ，21.4万ドル（1.3%）が地域での健康指導や健康教育や地域診療所でのフリーケアなどの費用として支出された[35]．このような地域住民に対する割引診療やフリーケアの実績は，地元企業や地域住民からの継続的または新規の寄付金の獲得に結びついていく．さらに，それは病院の増改築や新たな事業の資金をNPO財団や地域住民などから集める際の有力な根拠にもなっている．

このように，割引診療やフリーケアの制度は地元組織の主導性（local ini-

---

[34] アメリカの地域病院によって提供されている割引診療やフリーケアについてはStevens（1999）やWeiss（2006）を参照．
[35] 詳細はSaint Agnes Hospital Center（2011）とセント・アグネス病院のウェブサイト（http://www.stagnes.org/）を参照．

tiatives) に基づいて地域市場を基盤として実施されており，これらの制度が無保険者や不十分な医療保障しか持たない者などにとっての最後の頼みの綱として機能することで，医療保障システムの全体の構造が維持されている．地域市場を基盤とする雇用主提供医療保険や公的医療保障制度も，こうした地元組織の主導性に基づく割引診療やフリーケアの存在を前提に，それらと密接に関連しながら発展してきたのである[36]．

## 5．「はじめに地域市場ありき」：むすびにかえて

アメリカの医療保障システムは，各地域の医療サービス市場や医療保険市場を基盤として成り立っており，地域市場という規定性が最も強いことがアメリカ的な特質である．システムの主軸である雇用主提供医療保険の発展が地域市場の多様な発展をもたらし，それらの地域市場を基盤として公的医療保障制度が創設された．雇用主提供医療保険を主軸とするシステムの枠組みを支えるものとして公的医療保障制度があり，さらにこれらの医療保障制度のすべてが，各地域の医療機関などによる割引診療やフリーケアの存在を前提としている．政府部門は，地域市場の条件整備を行うとともに，地域市場の発展を様々な手段を通して積極的に促すことで，今日まで医療保障システムを維持してきたのである．

1990年代以降の地域市場の構造変化に即したメディケアと医療扶助の再編に伴い，政府部門は地域市場への財政資金の投入や租税優遇措置などを通した公的支援の拡充などに加えて，コミュニティ組織の活動を積極的に支援するようになった．コミュニティ組織の活用は，マネジドケアの活用を軸とする医療保障システムの再編を効率的かつ円滑に進めるための条件である．

---

[36] なお櫻井 (2011) は，ニューヨーク州ニューヨーク市で実施されているHHCオプション (HHC Option) という公的制度や，ブルックリン区の市立病院のウッドハル医療センター (Woodhull Medical Center) によるアーティスト・アクセス・プログラム (Artist Access Program) というHHCオプションのウェイバー制度を，割引診療とフリーケアの新たなシステムとして検討している．

それは地域市場のいっそうの発展を促す要因であるとともに、医療保障システムの地域性に基づく多様性をいっそう強めている．マネジドケアとコミュニティ組織の活用は，オバマ政権期に行われる医療改革においても重要な論点になるはずであり，それについて検討することを次の課題としたい．

## 終章
## 本書の結論と今後の課題

　アメリカの医療保障システムは，医療費の抑制と十分で確実な医療保障の実現という課題を抱えており，これらの課題の解決に向けた医療保障政策のアメリカ的な特質が，公的医療保障制度の柱であるメディケアと医療扶助に関して1990年代後半以降に行われた政策対応の検討を通して明らかになった．本書のまとめとして，メディケアと医療扶助の再編の意義を，地域市場とコミュニティ組織と政府部門の相互関係という本書の分析視角に基づいて明らかにした上で，今後の研究課題を整理したい．

　メディケアと医療扶助の再編は，地域市場に強く規定されている医療保障システムにおいて生じる医療価格の上昇や医療費の膨張と不十分で不確実な医療保障という問題[1]に対して，地域市場を基盤として解決しようとするアメリカの医療保障政策の特質を象徴的に示すものであった．政府部門はこれらの問題を解決するために，地域市場への公的規制や財政資金の投入やコミュニティ組織の活用を積極的に行うことで，地域市場の活力を最大限に高めることを軸として成り立っている医療保障システムを維持しようとしてきた．

　第1に，それらの再編は，地域市場の規定性が強いという医療保障システム全体の特質の下で，雇用主提供医療保険の改革が先導した地域市場の構造変化に即して行われた．第5章でも述べたように，その再編の主軸はマネジ

---

1) 医療経済学の標準的な教科書であるFeldstein（2011）は，医療保障システムにおいて問題が生じる主な要因を「市場の失敗」に求めている．本書はその問題を地域社会という具体的な次元でとらえて検討するものである．

ドケアの活用であり，地域市場の発展の成果であるマネジドケアプランへの加入を軸として医療保障を充実するとともに制度の効率化も進め，それを通して支出額を抑制することが目指された．メディケアとメディケイドとCHIPの場合と同様に，他の公的医療保障制度と割引診療やフリーケアも，地域市場の構造変化に即して再編されたはずである（これらの制度に関する詳細な検討は今後の課題としたい）．

　第2に，コミュニティ組織は地域市場の構造変化に即したメディケアと医療扶助の再編を効率的かつ円滑に進め，マネジドケアプランを各地域に定着させるとともに，地域市場における取引の活発化を通して地域市場のいっそうの発展を促すという役割を果たした．コミュニティ組織の活用は，マネジドケアの活用を軸とするメディケアと医療扶助の再編が医療保障システム全体にもたらした反作用であり，今後はそれがシステム全体に普及していくことが予想される．

　第3に，政府部門の役割は，公的規制や財政資金の投入やコミュニティ組織の活用を通して地域市場が円滑に発展するための条件整備を行うことで，地域市場を基盤とするメディケアと医療扶助を通した医療保障の有効性を高めることであった．それは医療保障システム全体における政府部門の役割でもあり，1990年代後半以降にこのような役割が強化されたことがメディケアと医療扶助の再編に象徴的に表れているのである．

　地域市場とコミュニティ組織と政府部門の相互関係のあり方は，医療改革の最も重要な論点であり続けるであろう．地域市場は民間の企業や医療機関や保険会社だけでなく，地域社会においてコミュニティ組織と政府部門による関与を前提として構築されるものである．それは民間主導という側面が強調されるアメリカ的な公民協働（Public-Private Partnership）の医療保障システムの基盤であるとともに，公的部門による統制が強いヨーロッパ諸国の医療保障システムへの対抗軸として生成されたアメリカ的な医療保障の核であるといえよう．

　本書で各地域の事例に即して明らかにしたように，アメリカの医療保障シ

ステムの問題は地域ごとにそれぞれ異なる形で表れており，それゆえに地域市場の多様性に焦点を当ててシステムを検討することが重要である．今後も，地域ごとに異なる諸条件の下で，医療費の抑制と十分で確実な医療保障の実現という課題への対応が，地域市場を軸として行われるであろう．

次の研究課題は，オバマ政権期に行われる医療保障システムの改革を，地域市場を軸とする医療保障システム全体の再編という改革の前提条件とあわせて検討することである．

第1に，オバマ政権期の医療保障システムの改革は，既存の地域市場とそれを基盤とする医療保障システムを前提として実施される．つまり，本書で検討したメディケアと医療扶助の再編を含め，医療保障システム全体の再編がオバマ政権にとっての与件であり，システム全体の再編を地域市場の規定性という本書で得られた問題意識に沿って検討すべきである．

第2に，そのような検討を行うことで，オバマ政権の下で成立した2010年患者保護アフォーダブルケア法（Patient Protection and Affordable Care Act of 2010; PPACA）の詳細な検討も可能になるであろう．すなわち，2010年法による医療保障システム改革の意義と実現可能性も，本書で得られた地域市場とコミュニティ組織と政府部門の相互関係という分析視角に基づいて検討することではじめて明らかになるのであり，それを改革の前提条件の整理とあわせて次の課題としたい．

「はじめに地域市場ありき」．これがアメリカの医療保障システムの本質を明らかにするためのキーワードであり，本書における検討を通して得られた問題意識に基づいて，アメリカ・モデルの経済社会の理念と現実を具体的に検討していきたい．

# 参考文献

AARP Public Policy Institute (2004), *Out-of-Pocket Spending on Health Care by Medicare Beneficiaries Age 65 and Older in 2003*.

Achman, Lori and Marsha Gold (2002), "Medicare+Choice 1999-2001: An Analysis Of Managed Care Plan Withdrawals And Trends In Benefits And Premiums", *The Commonwealth Fund*.

Achman, Lori and Marsha Gold (2003), "Medicare+Choice Plans Continue To Shift More Costs To Enrollees", *The Commonwealth Fund*.

America's Health Insurance Plans (2009), *Individual Health Insurance 2009: A Comprehensive Survey of Premiums, Availability, and Benefits*.

Anderson, Odin W. (1975), *Blue Cross Since 1929: Accountability and the Public Trust*, Ballinger Publishing Company.

Andrulis, Dennis P., Tamar A. Bauer and Sarah Hopkins (1999), "Strategies to Increase Enrollment in Children's Health Insurance Programs: A Report of the New York Academy of Medicine", *Journal of Urban Health: Bulletin of the New York Academy of Medicine*, Vol. 76, No. 2, pp. 247-79.

Alaska Area Native Health Service, Division of Planning, Evaluation and Health Statistics (2011), *2010 Census Counts: American Indians/Alaska Natives Alone or in Combination with One or More Other Races*.

Avorn, Jerry (2003), "Advertising and Prescription Drugs: Promotion, Education, and the Public's Health", *Health Affairs Web Exclusive*, pp. w3.104-11.

Baltimore HealthCare Access, Inc. (2010), *Consumer Guide to Low Cost and No Cost Health Care and Resources in Baltimore City*.

Birenbaum, Arnold (1997), *Managed Care: Made in America*, Praeger.

Board of Trustees (1998), *1997 Annual Report of the Board of Trustees of the Federal Hospital Insurance Trust Fund*.

Boards of Trustees, Federal Hospital Insurance and Federal Supplementary Medical Insurance Trust Funds (2011), *2011 Annual Report of the Boards of Trustees of the Federal Hospital Insurance and Federal Supplementary Medical Insurance Trust Funds*.

Boards of Trustees, Federal Hospital Insurance and Federal Supplementary Medical Insurance Trust Funds, *Annual Report of the Boards of the Trustees of the Federal Hospital Insurance and Federal Supplementary Medical Insur-

ance Trust Funds, various issues.
Boccuti, Cristina and Marilyn Moon (2003), "Private, Individual Drug Coverage in the Current Medicare Market", *The Commonwealth Fund*.
Boris, Elizabeth T. and C. Eugene Steuerle eds. (1999), *Nonprofits and Government*, The Urban Institute（E.T. ボリス・C.E. スターリ編著／上野真城子・山内直人訳（2007）『NPO と政府』ミネルヴァ書房）.
Caldwell, Erskine (1932), *Tobacco Road*, Scribners（E. コールドウェル著／杉木喬訳（1958）『タバコ・ロード』岩波文庫）.
California HealthCare Foundation (1999), *Comparing Latino Seniors to All California Seniors About Their Knowledge of Medicare*.
Capps, Randy, Genevieve Kennedy and Michael Fix (2003), "Health Insurance Coverage of Children in Mixed-Status Immigrant Families", *Snapshots of America's Families III*, No. 12, Urban Institute.
Casey, Michelle, Knott Astrid and Moscovice Ira (2002), "Medicare Minus Choice: The Impact of HMO Withdrawals On Rural Medicare Beneficiaries", *Health Affairs*, Vol. 21, No. 3, pp. 192-9.
Children's Aid Society and Children's Defense Fund New York (2005), *Community-based Facilitated Enrollment: Meeting Uninsured New Yorkers Where They Are*.
Christensen, Sandra (1998), "Medicare+Choice Provisions In The Balanced Budget Act of 1997", *Health Affairs*, Vol. 17, No 4, pp. 224-31.
Congressional Budget Office (1994), *The Tax Treatment of Employment-Based Health Insurance*.
Congressional Budget Office (1997), *Budgetary Implications of the Balanced Budget Act of 1997*.
Congressional Budget Office (2004a), *A Detailed Description of CBO's Cost Estimate for the Medicare Prescription Drug Benefit*.
Congressional Budget Office (2004b), *CBO's Analysis of Regional Preferred Provider Organizations Under the Medicare Modernization Act*.
Congressional Budget Office (2006), *Consumer-Directed Health Plans: Potential Effects on Health Care Spending and Outcomes*.
Congressional Budget Office (2007), *The State Health Insurance Program*.
Coughlin, Teresa A. and Stephen Zuckerman (2003), "State's Strategies for Tapping Federal Revenues: Implications and Consequences of Medicaid Maximization", in Holahan et al. (2003), pp. 145-78.
Cunningham, Robert III and Robert M. Cunningham Jr. (1997), *The Blues: A History of the Blue Cross and Blue Shield System*, Northern Illinois University Press.
Dallek, Geraldine and Andrew Dennington (2002), "Physician Withdrawals: A

Major Source Of Instability In Medicare+Choice Program", *The Commonwealth Fund*.

Dallek, Geraldine, Andrew Dennington and Brian Biles (2002), "Geographic Inequity In Medicare+Choice Benefits: Finding From Seven Communities", *The Commonwealth Fund*.

Davidoff, Amy J., Bruce Stuart, Thomas Shaffer J., Samantha Shoemaker, Melissa Kim and Zacker Christopher (2010), "Lessons Learned: Who didn't Enroll in Medicare Drug Coverage in 2006, and Why?", *Health Affairs Web First*, pp. 1255-63.

Dulio, Adrianne and Michael Perry (2007), "Voices of Beneficiaries: Attitudes toward Medicare Part D Open Enrollment for 2008", *The Henry J. Kaiser Family Foundation*.

Dutton, Melinda, Sarah Katz and Alison Pennington (2000), "Using Community Groups and Student Volunteers to Enroll Uninsured Children in Medicaid and Child Health Plus", *The Commonwealth Fund*.

Employee Benefit Research Institute (1995), "ERISA and Health Plans", *EBRI Special Report SR-31, EBRI Issue Brief*, No. 167.

Engel, Jonathan (2006), *Poor People's Medicine: Medicaid and American Charity Care Since 1965*, Duke University Press.

Feinberg, Emily, Katherine Swartz, Alan M. Zaslavsky, Jane Gardner and Deborah Klein Walker (2002), "Language Proficiency and the Enrollment of Medicaid-Eligible Children in Publicly Funded Health Insurance Programs", *Maternal and Child Health Journal*, Vol. 6, No. 1, pp. 5-18.

Feld, Peter, Courtney Matlock and David R. Sandman (1998), "Insuring the Children of New York City's Low-Income Families: Focus Group Findings on Barriers to Enrollment in Medicaid and Child Health Plus", *The Commonwealth Fund*.

Feldstein, Paul J. (2011), *Health Care Economics Seventh Edition*, Thomson Delmar Learning.

Flowers, Linda (2008), "Improving Access to Care Among Medicare Beneficiaries with Limited English Proficiency: Can Medicare Do More?", *AARP Public Policy Institute*.

Fronstin, Paul (2010), "Sources of Health Insurance and Characteristics of the Uninsured: Analysis of the March 2010 Current Population Survey", *Employee Benefit Research Institute Issue Brief*, No. 347.

Ginsburg, Paul B. and Cara S. Lesser eds. (2001), *Understanding Health System Change: Local Markets, National Trends*, Foundation of the Amer Colledge.

Glazer, Nathan and Daniel Patrick Moynihan (1970), *Beyond the Melting Pot: Negroes, Puerto Ricans, Jews, Italians and Irish of New York City*, MIT Press

(ネイサン・グレイザー；ダニエル・P. モイニハン著／阿部斉・飯野正子訳 (1986)『人種のるつぼを超えて：多民族社会アメリカ』南雲堂).

Gold, Marsha (2009a), "An Illustrative Analysis of Medicare Options Compare: What's There and What's Not ?", *AARP Public Policy Institute*.

Gold, Marsha (2009b), "Strategies for Simplifying the Medicare Advantage Market", *The Henry J. Kaiser Family Foundation*.

Gottschalk, Marie (2000), *The Shadow Welfare State: Labor, Business, and the Politics of Health Care in the United States*, Cornell University Press.

Gruber, Jonathan (2009), "Choosing a Medicare Part D Plan: Are Medicare Beneficiaries Choosing Low-Cost Plans ?", *The Henry J. Kaiser Family Foundation*.

Guyer, Jocelyn and Cindy Mann (1999), "A New Opportunity to Provide Health Care Coverage for New York's Low-Income Families", *The Commonwealth Fund*.

Hacker, Jacob S. (1997), *The Road to Nowhere: The Genesis of President Clinton's Plan for Health Security*, Princeton University Press.

Hacker, Jacob S. (2002), *The Divided Welfare State: The Battle over Public and Private Social Benefits in the United States*, Cambridge University Press.

Health Assistance Partnership (2009), *Helping State Health Insurance Assistance Programs (SHIPs) Help Medicare Consumers*.

Health Assistance Partnership (2010), *State of the SHIPs: A Summary of Results from the 2009 SHIPs Needs Survey*.

Health Insurance Counseling & Advocacy Program (2010), *Managing My Medicare Managing My Health: Tools & Tips for Understanding, Organizing, & Taking Charge of Your Health Insurance*.

Henry Kaiser Family Foundation (2002), *Erosion of Private Health Insurance Coverage for Retirees: Findings from the 2000 and 2001 Retiree Health and Prescription Drug Coverage Survey*.

Henry J. Kaiser Family Foundation (2007), *The Role of State Pharmaceutical Assistance Programs in Serving Low-Income Medicare Beneficiaries Following the Implementation of Medicare Pert D*.

Henry J. Kaiser Family Foundation (2008), "How Does the Benefit Value of Medicare Compare to the Benefit Value of Typical Large Employer Plans?", *Medicare Issue Brief*.

Henry Kaiser Family Foundation (2009), *Medicare: Medicare Advantage Fact Sheet*.

Henry Kaiser Family Foundation (2010a), *Medicare Chartbook Fourth Edition*.

Henry Kaiser Family Foundation (2010b), *Medicare Fact Sheet: Medicare Part D Prescription Drug Plan (PDP) Availability In 2010*.

Henry J. Kaiser Family Foundation (2011a), "Holding Steady, Looking Ahead:

Annual Findings of a 50-State Survey of Eligibility Rules, Enrollment and Renewal Procedures, and Cost Sharing Practices in Medicaid and CHIP, 2010-2011", *Kaiser Commission on Medicaid and the Uninsured*.

Henry J. Kaiser Family Foundation (2011b), *Reaching for the Stars: Quality Ratings of Medicare Advantage Plans, 2011*.

Henry J. Kaiser Family Foundation (2011c), "Where are States Today ?: Medicaid and CHIP Eligibility Levels for Children and Non-Disabled Adults", *Kaiser Commission on Medicaid and the Uninsured: Key Facts*.

Henry J. Kaiser Family Foundation and Health Research & Educational Trust, *Employer Health Benefits Annual Survey, various issues*.

Henry J. Kaiser Family Foundation, The Kaiser Commission on Medicaid and the Uninsured / Georgetown University Center for Children and Families, Health Policy Institute (2009), *CHIP Tips: CHIP Financing Structure*.

Hertzlinger, Regina E. (1997), *Market-Driven Health Care: Who Wins, Who Loses in the Transformation of America's Largest Service Industry*, Perseus Books Publishing（レジナ・E. ヘルツリンガー著／岡部陽二監訳・武田悦子訳（2000）『医療サービス市場の勝者：米国の医療サービス変革に学ぶ』シュプリンガー・フェアクラーク東京）.

Hertzlinger, Regina E. (2003), *Consumer-Driven Health Care: The Role of Consumers in Consumer-Driven Health Care*, John Wiley & Sons, Inc.（レジナ・E. ヘルツリンガー著／岡部陽二監訳・武田悦子訳（2003）『消費者が動かす医療サービス市場：米国の医療サービス変革に学ぶ』シュプリンガー・フェアクラーク東京）.

Hertzlinger, Regina E. (2007), Who Killed HealthCare?: America's $2 Trillion Medical Problem—and the Consumer-Driven Care, The McGrow-Hill.（レジナ・E. ヘルツリンガー著／岡部陽二監訳・武田悦子訳（2008）『米国医療崩壊の構図：ジャック・モーガンを殺したは誰か？』一灯社）.

Hoadley, Jack (2008), "Medicare Part D: Simplifying the Program and Improving the Value of Information for Beneficiaries", *The Commonwealth Fund*.

Holahan, John (2003), "Variation in Health Insurance Coverage and Medical Expenditures: How Much is Too Much?", in Holahan et al. (2003), pp. 111-143.

Holahan, John and Mary Beth Pohl (2003), *Leaders and Laggards in State Coverage Expansions*, in Holahan et al. (2003), pp. 179-214.

Holahan, John, Alan Weil and Joshua M. Wiener eds. (2003), *Federalism & Health Policy*, the Urban Institute Press.

Howard, Christopher (1997), *The Hidden Welfare State: Tax Expenditures as Social Policy in the United States*, Princeton University Press.

Howard, Christopher (2007), *The Welfare State Nobody Knows: Debunking Myths*

*About U.S. Social Policy*, Princeton University Press.

Kongstvedt, Peter R. (2009), *Managed Care: What It Is and How It Works (Third Edition)*, Jones and Bartlett Publishers.

Laham, Nicholas (1993), *Why the United States Lacks a National Health Insurance Program*, Praeger Publishers.

Law, Sylvia A. (1976), *Blue Cross: What Went Wrong? Second Edition*, Yale University Press.

Lewis, Joy H., Matthias Schonlau, Jorge A. Muñoz, Steven M. Asch, Mayde R. Rosen, Hannah Yang and Jose J. Escarce (2002), "Compliance Among Pharmacies in California With a Prescription-Drug Discount Program for Medicine Beneficiaries", *The New England Journal of Medicine*, Vol. 346, No. 11, pp. 830 –35.

Marmor, Theodore R. (2000), *The Politics of Medicare 2nd edition*, Aldine De Gruyter.

Martin, Anne B., Lekha Whittle, Stephen Heffler, Mary Carol Barron, Andrea Sisko and Benjamin Washington (2007), "Health Spending By State of Residence, 1991-2004", *Health Affairs, Web Exclusive*, w 653.

Medicaid Institute at United Hospital Fund (2009), "Improving Enrollment and Retention in Medicaid and CHIP: Federal Options for a Changing Landscape", *United Hospital Fund*.

Medicare Payment Advisory Commission (2010), *A Databook: Healthcare Spending and the Medicare Program*.

Moon, Marilyn, Barbara Gage and Alison Evans (1997), "An Examination of Key Medicare Provisions in the Balanced Budget Act of 1997", *The Commonwealth Fund*.

National Health Policy Forum (2004), *State Pharmacy Assistance Programs*.

New York City, Mayer's Office of Health Insurance Access (2004), *Public Health Insurance Participation in the Community Districts of New York City*.

New York Forum for Child Health of the New York Academy of Medicine (2004), *Monitoring Children's Health Insurance in New York State, update no. 8, fall*.

Organization for Economic Co-operation and Development (2011), *Health at a Glance 2011: OECD Indicators*, OECD Publishing.

O'Shaughnessy, Carol V. (2010), "The State Health Insurance Assistance Program (SHIP)", *National Health Policy Forum*.

Patel, Kant and Mark Rushefsky (2006), *Health Care Politics and Policy in America(Third Edition)*, M. E. Sharpe.

Polinski, Jennifer M., Aman Bhandari, Uzaib Y. Saya, Sebastian Schneeweiss and William H. Shrank (2010), "Medicare Beneficiaries' Knowledge of and Choices

Regarding Part D, 2005-Present", *Journal of the American Geriatrics Society*, 58(5), pp. 950-66.

Putnam, Robert D. (2000), *Bowling Alone: The Collapse and Revival of American Community*, Simon and Schuster（ロバート・D.パットナム著／柴内康文訳（2006）『孤独なボウリング：米国コミュニティの崩壊と再生』柏書房).

Quadagno, Jill (2005), *One Nation, Uninsured: Why the U. S. Has No National Health Insurance*, Oxford University Press.

Resource Development Associates (2011), "Chinese Hospital Association of San Francisco Institutional Master Plan Update Analysis", *Commissioned by City and County of San Francisco, Department of Public Health*.

Rideout, Victoria, Tricia Neuman, Michelle Kitchman and Mollyann Brodie (2005), "e-Health and the Elderly: How Seniors Use the Internet for Health Information", *The Henry J. Kaiser Family Foundation*.

Safran, Dana Gelb, Patricia Neuman, Cathy Schoen, Jana E. Montgomery, Wenjun Li, Ira B. Wilson, Michelle S. Kitchman, Andrea E. Bowen and William H. Rogers (2002), "Prescription Drug Coverage And Seniors: How Well Are States Closing The Gap ?", *Health Affairs, Web Exclusive*, pp. w253-68.

Saint Agnes Hospital Center (2011), *Annual Report 2010: Brilliant Future*.

Sandman, David R. (1999), "Health Care in New York City: Understanding and Shaping Change", *The Commonwealth Fund*.

Schaal, Samuel (1999), *Lone Star Legacy: The Birth of Group Hospitalization and the Story of Blue Cross and Blue Shield of Texas*, Odenwald Press.

Scott, W. Richard, Martin Ruef, Peter J. Mendel and Carol A. Caronna (2000), *Institutional Change and Healthcare Organizations: From Professional Dominance to Managed Care*, The University of Chicago Press.

Self Help for the Elderly (2011), *Annual Report 2009-2010*.

Sieben, Inez, Terry J. Rosenberg and Yoly Bazile (2000), "The Role of WIC Centers and Small Businesses in Enrolling Uninsured Children in Medicaid and Child Health Plus", *The Commonwealth Fund*.

Skocpol, Theda (1997), *Boomerang: Health Care Reform and the Turn Against Government*, W.W. Norton & Company.

Skocpol, Theda (2003), *Diminished Democracy*, the University of Oklahoma Press（シーダ・スコッチポル著／河田潤一訳（2007）『失われた民主主義：メンバーシップからマネージメントへ』慶応義塾出版会).

Smith, David G. (2002), *Entitlement Politics: Medicare and Medicaid 1995-2001*, Aldine de Gruyter.

Smith, Madeleine T. (1997), Medicare: Payments to HMOs and Other Private Plans Under the Medicare ＋ Choice Program, *CRS Report for Congress*, 97-859

EPW.

State of California, Office of the Patient Advocate and the University of California, Berkeley (2010), *California's HMO Guide for Seniors: Getting the Most from Your Medicare HMO*.

Somers, Herman Miles and Anne Ramsay Somers (1967), *Medicare and the Hospitals: Issues and Prospects*, The Brookings Institution.

Starr, Paul (1982), *The Social Transformation of American Medicine: The Rise of a Sovereign Profession and the making of a Vast Industry*, Basic Books.

State of Georgia, Department of Community Health (2010a), *Navigating Your State Health Benefit Plan: Active Enrollee Decision Guide 2011*.

State of Georgia, Department of Community Health (2010b), *Navigating Your State Health Benefit Plan: New Enrollee Decision Guide 2011*.

State of Georgia, Department of Community Health (2010c), *Navigating Your State Health Benefit Plan: Retiree Decision Guide 2011*.

Stevens, Rosemary (1999), *In Sickness and in Wealth: American Hospitals in the Twenties Century*, The Johns Hopkins University Press.

Stuart, Bruce, Puneet K. Singhal, Cheryl Fahlman, Jalpa Doshi and Becky Briesacher (2003), "Employer-Sponsored Health Insurance And Prescription Drug Coverage For New Retirees: Dramatic Declines In Five Years", *Health Affairs, Web Exclusive*, pp. W3.334-41.

Stuber, Jennifer, Geraldine Dallek and Brian Biles (2001), "National And Local Factors Driving Health Plan Withdrawals From Medicare+Choice", *The Commonwealth Fund*.

Summer, Laura, Patricia Nemore and Jeanne Finberg (2008), "Medicare Part D: How do Vulnerable Beneficiaries Fare?", *The Commonwealth Fund*.

Swartz, Katherine (2006), *Reinsuring Health: Why More Middle-Class People Are Uninsured and What Government Can do*, Russell Sage Foundation.

Thompson, Frank J. and John J. DiIulin Jr. eds. (1998), *Medicaid and Devolution: a View from the States*, The Brookings Institution.

U.S. Bureau of Census, *March Current Population Survey, various issues*.

U.S. Bureau of Census, *Statistical Abstract of United States Government, various issues*.

U.S. Congress, House of Representatives, Committee on Ways and Means (2004), *Overview of Entitlement Programs, Green Book*.

U.S. Congress, House of Representatives, Committee on Ways and Means, *Overview of Entitlement Programs, Green Book, various issues*.

U.S. Congress, Senate, Committee on Finance (2003), *Technical Explanations of Provisions Approved by the Committee on June 12, 2003*.

U.S. Congress, Senate, Committee on Finance (2004a), *Fair Deal for Rural America: Fixing Medicare Reimbursement*.

U.S. Congress, Senate, Committee on Finance (2004b), *Strengthening and Improving the Medicare Program*.

U.S. Department of Health and Human Services, Centers for Medicare and Medicaid Services (2000), *a Profile of Medicaid Chart Book 2000*.

U.S. Department of Health and Human Services, Centers for Medicare and Medicaid Services (2011a), *Choosing a Medigap Policy: A Guide to Health Insurance for People with Medicare 2011*.

U.S. Department of Health and Human Services, Centers for Medicare and Medicaid Services (2011b), *Health Care Financing Review Medicare & Medicaid Statistical Supplement 2010*.

U.S. Department of Health and Human Services, Centers for Medicare and Medicaid Services, *Health Care Financing Review Annual Statistical Supplements, various issues*.

U.S. Department of Health and Human Services, Centers for Medicare and Medicaid Services (2011c), *Medicare & You 2011*.

U.S. Department of Health and Human Services, Centers for Medicare and Medicaid Services (2011d), *National Health Expenditures Accounts: Definitions, Sources, and Methods, 2009*.

U.S. Department of Health and Human Services, Indian Health Service (2005), *IHS Gold Book: The First 50 Years of the Indian Health Service*.

U.S. Department of Veterans Affairs, Health Administration Center (2009), *A Handbook for the CHAMPVA Program*.

U.S. Department of Veterans, Affairs Health Administration Center (2009), *A Handbook for the CHAMPVA Program: Helping You Take An Active Role in Your Health Care*.

U.S. General Accountability Office (2005), *Medicare: CMS's Beneficiary Education and Outreach Efforts for the Medicare Prescription Drug Discount Card and Transitional Assistance Program*, GAO-06-139R.

U.S. General Accounting Office (2000a), *Medicaid and SCHIP: Comparisons of Outreach, Enrollment Practices, and Benefits*, GAO/HEHS-00-86.

U.S. General Accounting Office (2000b), *State Pharmacy Programs: Assistance Designed to Target Coverage and Stretch Budgets*, GAO/HEHS-00-162.

U.S. General Accounting Office (2001a), *Medigap Insurance: Plans Are Widely Available but Have Limited Benefits and May Have High Costs*, GAO-01-941.

U.S. General Accounting Office (2001b), *Medicare+ Choice: Recent Payment Increases Had Little Effect on Benefits or Plan Availability in 2001*, GAO-02-202.

U.S. General Accounting Office (2002), *Medicaid and SCHIP: Recent HHS Approvals of Demonstration Waiver Projects Raise Concern*, GAO-02-817.
U.S. Office of Personnel Management (2009), *Federal Employees Health Benefits Program Handbook*.
U.S. Social Security Administration (2011), *Annual Statistical Supplement to the Social Security Bulletin, 2010*.
U.S. Social Security Administration, *Annual Statistical Supplement to the Social Security Bulletin, various issues*.
VA Eastern Colorado Health Care System (2011), *FT 2010 Annual Report*.
Weiss, Gregory L.(2006), *Grassroots Medicine: The Story of America's Free Health Clinics*, Rowman & Littlefield Publishers Inc.

安部雅仁（2011）「カイザー・パーマネンテのマネジドケア（1）～（3）」,『北星論集』（北星学園大学経済学部）第51巻第1号（通巻第60号），13-93頁．
天野拓（2006）『現代アメリカの医療政策と専門家集団』慶應義塾大学出版会．
天野拓（2009）『現代アメリカの医療改革と政党政治』ミネルヴァ書房．
新井光吉（2002）『アメリカの福祉国家政策：福祉切捨て政策と高齢社会日本への教訓』九州大学出版会．
砂金玲子（1997）『ニューヨークの光と影：理想と現実のはざ間から（新版増補）』マルジュ社．
岡部一明（2000）『サンフランシスコ発：社会変革NPO』御茶の水書房．
川合正兼（1998）『コミュニティの再生とNPO：サンフランシスコの住宅・福祉・まちづくり』学芸出版社．
片桐正俊（2005）『アメリカ財政の構造転換：連邦・州・地方財政関係の再編』東洋経済新報社．
木下武徳（2007）『アメリカ福祉の民間化』日本経済評論社．
櫻井潤（2006a）「アメリカの医療扶助と州・地方財政：ニューヨーク市の事例とアメリカ型福祉国家の論理」, 渋谷博史・ウェザーズ編『アメリカの貧困と福祉』日本経済評論社，123～162頁．
櫻井潤（2006b）「ニューヨーク市の医療扶助と民間組織の支援活動」, 渋谷博史・ウェザーズ編『アメリカの貧困と福祉』日本経済評論社，163～192頁．
櫻井潤（2011）「ブルックリンの芸術活動と地域主導の医療保障：公民協働の医療保障システムと芸術都市ニューヨークの芸術活動」, 渋谷博史・片山泰輔編『アメリカの芸術文化政策と公共性：民間主導と分権システム』昭和堂，160-199頁．
渋谷博史（2005）『20世紀アメリカ財政史（I～III）』東京大学出版会．
渋谷博史（2010）「アメリカ・モデル福祉国家のリスク保障」, 渋谷博史・中浜隆編『アメリカ・モデル福祉国家II：リスク保障に内在する格差』昭和堂，1-18頁．
渋谷博史・根岸毅宏・木下武徳編著（2011）『社会保障と地域（第二版）』学文社．

渋谷博史・樋口均・櫻井潤編著（2010）『グローバル化と福祉国家と地域』学文社．
渋谷博史・櫻井潤・塚谷文武（2009）『福祉国家と地域と高齢化』学文社．
渋谷博史編（2008）『日本の福祉国家財政』学文社．
渋谷博史・水野謙二・櫻井潤編著（2007）『地域の医療と福祉』学文社．
渋谷博史・安部雅仁・櫻井潤編著（2006）『地域と福祉と財政（増補版）』学文社．
渋谷博史・立岩寿一・樋口均編著（2006）『地域経済と福祉』学文社．
関口智（2007）「雇用主提供医療とアメリカ租税政策：雇用主提供年金との比較の視点から（上）（下）」，『税務弘報』中央経済社，55巻11・12号，共に106-116頁．
中浜隆（2006）『アメリカの民間医療保険』日本経済評論社．
中浜隆（2007）『アメリカにおけるメディギャップ保険の標準化』，『生命保険論集』（生命保険文化センター編）158巻，121-142頁．
中浜隆（2009）「アメリカの児童医療保険プログラム」，『損害保険研究』（損害保険事業総合研究所編）第71巻第3号，49-98頁．
根岸毅宏（2006）『アメリカの福祉改革』日本経済評論社．
長谷川千春（2010a）『アメリカの医療保障：グローバル化と企業保障のゆくえ』昭和堂．
長谷川千春（2010b）「アメリカの医療保障システム：雇用主提供医療保険の空洞化とオバマ医療保険改革」，『海外社会保障研究』（国立社会保障人口問題研究所編），171号，16-32頁．
李啓充（2004）『市場原理が医療を滅ぼす：アメリカの失敗』医学書院．

## あとがき

　本書は，東京大学大学院経済学研究科に進学してから北海道医療大学への着任を経て現在に至るまでの研究活動の成果である．
　修士論文は，1980年代から1990年代にかけて実施されたメディケアの支出抑制政策を，メディケアにおけるマネジドケアの導入を中心に検討するという内容であり，それは十分に納得できるものではなかったが，確かに本書につながる萌芽的な研究であった．博士課程に進学した後も，研究を展開するために暗中模索の苦闘を続けてきた．
　北海道医療大学看護福祉学部への着任は，福祉国家システムの地域研究という方法を見出す最高のきっかけになった．北海道医療大学の数多くの先生方や学生や卒業生から学んだことは，保健・医療・福祉のシステムが地域のシステムとして構築されるという重要な事実であり，それを特に重視して講義の内容や進め方などを工夫してきた．すなわち，医療経済や福祉財政や社会保障の経済学的な意義にかかわる講義を行う際に，学生にとって身近な「地域」の目線から，保健・医療・福祉の具体的な現実に即して制度や政策の現状を説明することに務めてきたのである．このような工夫を繰り返してきたことが，福祉国家システムを地域の視点で検討するという研究の着想を得ることにつながった．これまでの成果は，学文社のシリーズ企画である「福祉国家と地域」とその続編の「21世紀の福祉国家と地域」（参考文献を参照）への貢献などの形でまとめることができた．
　これらのすべての努力や工夫がアメリカの福祉国家システムの研究に役立ったのであり，本書は「アメリカの医療保障と地域」の研究の成果である．
　以上は偶然の積み重ねであるが，こうして本書を書き上げてから振り返ると，すべてが必然の過程であった気がしてならない．単に日本の地域研究と

## あとがき

並行して「アメリカの医療保障と地域」の研究を行ったからではなく，そのような研究の工夫に加えて，目の前の学生が興味を持って講義に参加できるように取り組むことを心掛けてきたからこそ，本書のような研究成果をまとめることができたと実感している．今後も地域に足場を置いて教育と研究を行い，研究の成果を教育に役立てるとともに，その教育の工夫を通して得られた成果を研究の推進力にしていきたい．

私をアメリカ研究の世界に導いてくれたのは，中央大学経済学部の井村進哉先生と東京大学社会科学研究所の渋谷博史先生である．

井村先生は学部生の私に対して，アメリカ社会やアメリカ研究の魅力と，何よりも学問の面白さを教えてくれた恩師であり，私の研究者としての出発を最大限に盛り上げてくれた．井村先生は，経済社会の諸問題や住宅金融システムの国際比較というご自身の主たる研究の内容などについて，事実に基づいて説得的に，しかも実に魅力的に教えてくれた．ゼミ生として勉強した3年の間に，井村先生からどれだけ厳しくも暖かい御指導を賜り，その度に井村先生の研究室にある本をどれだけ背伸びして読んだであろうか．先輩や同期の仲間や後輩と同様に，2年次から4年次までの3年間を通して行ったゼミ活動は，私の大学生活の貴重な宝物である．

渋谷先生は，実力も気迫も足りない私に対して，常に厳しく，決して手を抜かずにアメリカ研究を指南してくださっている．

思えば，渋谷先生は，私が地域研究に着手するもうひとつのきっかけを創ってくれたような気がする．大学院での勉強がうまくいかず，自分のあまりの不甲斐なさに先生の研究室で落胆していた時に，渋谷先生はある本を本棚から取り出し，それをみせてくれながらなんとか頑張るよう励ましてくれた．それは『No Easy Walk: Newark, 1980-1993』（Helen M. Stummer 著，1994年）という題名の写真集であり，1980年代から1990年代初頭にニュージャージー州ニューアーク市の地域社会が直面していた貧困や暴力や空腹の様子と，それらに立ち向かおうとする地域住民の力強さと覚悟を見事に描き

出している名著であった．その時に，アメリカ社会が地域社会であるという当たり前すぎる事実がきわめて重要であり，しかもそれが実に興味深いものであると感じたことを覚えている．渋谷先生はこのような激励と研究指導を通して，学問が決して無味乾燥なものではなく，人間味にあふれたものであることを教えてくれるとともに，地域研究への道を示してくださったのではないだろうか．

　どちらの先生も，私のような「何の必然性もない人間」を育てる天才であり，私は一生を通してもなかなか得られない学恩以上の御恩を2人の先生に感じている．本書を以って，井村先生と渋谷先生への御恩返しの一片とさせていただきたい．「良い先生を選ぶことも才能である」という仮説が正しいことを証明するために，これからも学究に邁進する所存である．


　本書の執筆にあたっては，数多くの方々から研究上のアドバイスや数々の支援を得ることができた．

　東京大学大学院経済学研究科の神野直彦先生（現在は関西学院大学）と持田信樹先生をはじめとする数多くの先生方からは，本書の出発点になった修士論文に関するご助言や審査を含め，様々な形でご指導を賜ることができた．

　日本財政学会での研究発表に関して，福山市立大学の横田茂先生，国立社会保障・人口問題研究所の西村周三先生，信州大学の樋口均先生，会津大学短期大学部の石光真先生，北星学園大学の安部雅仁先生，立教大学の関口智先生からは，それぞれのご専門の立場から，本書の問題意識を深める上で有益なコメントをいただいた．

　渋谷先生が主催するアメリカ財政・福祉国家研究会は，アメリカの福祉国家をはじめとする幅広い分野の研究者によるコミュニティであり，研究会のメンバーとの議論や，研究会を通して多くの先生方からいただいた数々のご指導や激励がなければ，本書を完成することはできなかったであろう．小樽商科大学の中浜隆先生には，本書の草稿を何度も読んでいただくとともに，日本で得られる最高水準のコメントを先生から賜ることができた．北星学園

大学の木下武徳先生，松山大学の吉田健三先生，立命館大学の長谷川千春先生からも，特に本書の仕上げの段階で実に有益なコメントを賜ることができた．國學院大學の根岸毅宏先生には，大学院生の頃に初めてお会いしてから現在まで，言葉では言い表せないほど多くの面でお世話になっている．さらに，八洲学園大学の埖武郎先生，札幌学院大学の加藤美穂子先生，福岡教育大学の久本貴志先生からは，本シリーズ「アメリカの財政と分権」の一環として世に送り出される予定のそれぞれの研究内容について大いに学ばせていただいており，本書についても有益な助言をいただいた．

北海道医療大学の教職員や学生や卒業生にも，重ねて御礼申し上げたい．保健・医療・福祉の現状や進むべき方向性について多くを教えていただいたことだけでなく，講義や研究会などでの交流は，本書を執筆する過程で大きな励みになった．

そして，札幌で出会ったすべての人々に，この場を借りて感謝の言葉を伝えたい．札幌は暖かい人間関係を構築できる地域社会であり，これまでに出会った素晴らしい人々や音楽や食べ物が，本書の執筆を応援してくれた．

本書の第3章と第4章は，2006年に日本経済評論社から出版された『アメリカの貧困と福祉』に掲載された2つの論文を大幅に加筆修正したものであり，他の章は本書のために書き下ろしたものである．第2章の調査や執筆にあたっては，財団法人かんぽ財団から調査研究助成（平成23年度）を受けた．かんぽ財団のご厚情に御礼を申し上げる次第である．

そして，厳しさを増す出版情勢の折に，日本経済評論社の清達二氏と栗原哲也社長からは，本書の出版に関して最大限のご助力を賜ることができた．大変貴重な機会を提供してくださったことに，謹んで御礼を申し上げたい．

最後に，職人気質の生き方の重要性と素晴らしさを教えてくれた父の節雄，奔放というよりも何かはっきりしない少年時代と学生時代を過ごした私を冷静かつ辛抱強く見守ってくれた母の眞佐子，常に細やかな点にまで気にかけて支えてくれた姉の麻紀，ささやかな幸せに満ちた生活を目指して数多くの

苦労や感動を一緒に楽しんでくれている妻の繭子に，本書を捧げたい．

2012 年 3 月

櫻井　潤

# 索引

## ［欧文等］

AAPCC（調整後1人当たり平均費用） 68
AFDC（要扶養子ども家族援助） 49-50, 156, 172
BBP（ボルティモア・ブリッジ・プログラム） 253-5, 258
BC/BS サービスプラン 20-2, 26-7, 29, 31-3, 35-7, 232
CCHP 社 9, 106-111, 130-1
CHA（カリフォルニア・ヘルス・アドヴォケイツ） 123, 136
CBO（議会予算局） 70, 95
CDHP（消費者主導型医療プラン） 27-30, 228-9, 232, 234-5
CHAMPVA（退役軍人省保健医療制度） 239, 243-4
Children's Aid Society 198, 200, 203, 207
Children's Defense Fund 200
Children's Defense Fund New York 202-3
CHPA（チャイルドヘルスプラス A） 148-9, 153-63, 166-7, 170, 174, 195, 197
CHPB（チャイルドヘルスプラス B） 148, 154-8, 160-2, 166, 170, 172, 174, 195, 197, 202
CMS（メディケア・メディケイド・サービス・センター） 38-9, 49, 67, 74, 76, 81, 83, 85, 107, 115-9, 125-6, 129, 132, 186, 195, 213-4
eFMAP（割増連邦医療補助率） 57-8, 160
FEHBP（連邦政府職員医療給付制度） 19-21, 31, 33, 44, 55, 73-4, 227-33, 235, 253
FFS（出来高払制） 20-2, 35, 67, 228, 240-1
FHP（ファミリーヘルスプラス） 148, 152-6, 158, 164-8, 171-3, 188, 195, 197, 202, 207

FMAP（連邦医療補助率） 52, 57-8, 150-1, 160
FPBP（家族計画給付制度） 147-8, 151-4
FQHC（連邦適格医療センター） 256-7
GAO（会計検査院） 64
HAP（ヘルス・アシスタンス・パートナーシップ） 134
HDHP（高額定額控除型医療プラン） 27-9, 31-3, 36-7, 48, 82-3, 225-9, 232, 234-7
Healthy NY（ヘルシー・ニューヨーク） 8, 148-9, 188, 253
HI 信託基金 41-2, 66, 70, 95
HICAP（医療保険相談支援制度） 17, 121-35, 136
HIP（医療保険パートナーシップ） 248-9, 251-3
HIP 社 9, 191
HMO プラン 23-7, 30, 35, 55, 67, 94-5, 187, 225-9, 233, 235-6, 241
HRA（健康償還口座） 29, 234-7
HSA（健康貯蓄口座） 29
IHS（先住民医療サービス） 239, 244-7
LIS（低所得者保険料補助制度） 83, 110-1, 114, 119, 126, 128-30
MA4F（家族医療扶助） 247-51
MA 地域保険市場 81, 84
MA-PD プラン 43-4, 81, 87-94, 104-111
MQHC（メリーランド州適格医療センター） 256-7
New Alternatives for Children 194
NPO（非営利組織） 22, 121, 123, 130-1, 134, 152, 193, 198-9, 209, 220, 225, 258
PAC（プライマリ・アダルト・ケア） 247-51
PCAP（出産援助制度） 148-9, 152-4, 161, 172, 195, 197

PDP（処方薬単体プラン） 44, 81, 87-90, 92-4, 104-6, 108-11
PFFS プラン 67, 94-5
POS プラン 23, 27, 30, 67, 187, 226-7
PDP 地域保険市場 81
PPO プラン 23, 26-8, 30, 35, 44, 67, 74-5, 84, 225-7, 240-1
PSO プラン 67
RDS（退職者薬剤補助金） 84-85, 90, 95
SHBP（州政府職員医療給付制度） 227-8, 233
SHBP（州政府職員医療給付プラン・ジョージア州） 19, 233-9
SHE（セルフ・ヘルプ・フォー・ディ・エルダリー） 104, 121-4, 126, 128-32, 134, 136
SHIP（州医療保険アウトリーチ支援制度） 16-7, 117-21, 124-6, 130, 134-5
SHOUT（学生医療アウトリーチ） 195, 197
SMI 信託基金 41-2, 96
SNP（特別ニーズ・プラン） 84, 95
SPAP（薬剤扶助制度） 64, 119-20
SSI（補足的保障所得） 49-50, 149, 193
TANF（貧困一時家族扶助） 49, 156, 167, 172-3
TRICARE（トライケア） 47, 239-44
UCR（一般的, 慣習的, 合理的な料金） 22
1942 年安定化法 221
1965 年社会保障法修正法 39, 49
1974 年被用者退職所得保障法（ERISA） 29, 221
1985 年統合包括財政調整法（COBRA） 223
1990 年包括財政調整法（OBRA 1990） 117
1996 年個人責任就労機会調整法（PRWOR-A） 166
1997 年均衡予算法（BBA） 53, 56, 62, 65-71, 157
1999 年メディケア・メディケイド・SCHIP 均衡予算修正法（BBRA） 72
2000 年医療改革法 153
2000 年メディケア・メディケイド・SCHIP 給付改善保護法（BIPA） 72
2003 年処方薬改善現代化法（MMA） 16, 29, 59, 73, 77, 80, 84, 87, 90-1, 93, 95-6, 112, 115, 119, 233
2005 年赤字削減法（DRA） 56
2007 年メディケア・メディケイド・SCHIP 延長法（MMSEA） 56, 119-20
2008 年メディケア改善法（MIPPA） 119-20
2009 年 CHIP 再承認法（CHIPRA） 53-4, 56
2010 年患者保護アフォーダブルケア法（PPACA） 19, 96, 263

［あ行］

アメリカン・ドリーム 156, 209
一般的, 慣習的, 合理的な料金 ⇨ UCR
医療保険相談支援制度 ⇨ HICAP
医療保険パートナーシップ ⇨ HIP
ウェイバー制度 50-1, 54, 147, 151, 153-4, 156, 159, 163, 167, 171, 186, 194, 204-5, 217, 248-9, 250, 253, 259
ウェルケア社 109, 111
ウェルポイント社 220
ウォール街（ニューヨーク市） 146
ウォルマート社 105
エトナ HF プラン 20-1, 27-9, 31-3, 36-7, 232
エトナ OA プラン 20-1, 23-6, 29, 31-3, 36-7, 232-3
エトナ社 9, 23, 29, 220, 231, 252

［か行］

会計検査院 ⇨ GAO
カイザー・パーマネンテ社 25, 106-111, 220, 225, 250, 253-5
学生医療アウトリーチ ⇨ SHOUT
家族医療扶助 ⇨ MA4F
家族計画給付制度 ⇨ FPBP
カバレッジ・ギャップ 82-3
カリフォルニア・ヘルス・アドヴォケイツ ⇨ CHA
カリフォルニア保健医療財団 133
議会予算局 ⇨ CBO

索引

危険選択　68
競争入札　85-6
クイーンズ（ニューヨーク市）　180-5, 188-90
クリーム・スキミング　68-9
ケアファースト BC/BS 社　21-2, 26-7, 34
健康償還口座　⇨ HRA
健康貯蓄口座　⇨ HSA
言語的制約　18, 117, 120, 122, 178, 217-8
高額定額控除型医療プラン　⇨ HDHP
国民医療支出　60-1, 212-3
国民皆保険　1, 14, 174

[さ行]

サンフランシスコ・チャイニーズ・ホスピタル協会　108, 131
自家保険　221-2
シグナ社　9, 220, 234-8
社会保障税　1-2, 39-40, 42, 44, 221
社会保障庁　126
社会保障年金　1, 39-41, 44
州医療保険アウトリーチ支援制度　⇨ SHIP
州政府職員医療給付制度　⇨ SHBP
州政府職員医療給付プラン（ジョージア州）　⇨ SHBP
出産援助制度　⇨ PCAP
消費者主導型医療プラン　⇨ CDHP
処方薬単体プラン　⇨ PDP
「人種のるつぼ」　17, 139, 147, 177, 197-9, 203
申請支援制度　18, 194-7, 201-8
スタテン島（ニューヨーク市）　180-3, 185, 188-90
セルフ・ヘルプ・フォー・ディ・エルダリー　⇨ SHE
先住民医療サービス　⇨ IHS
セント・アグネス病院　257-8
租税支出　3, 15
租税優遇措置　3, 15, 29-30, 220-1

[た行]

退役軍人省保健医療制度　⇨ CHAMPVA
退職者薬剤補助金　⇨ RDS
『タバコ・ロード』　235

地域保健センター　159, 200, 256
チャイナタウン（サンフランシスコ市／郡）　101, 103, 108, 121, 133
チャイニーズ・ホスピタル　108, 130-1
チャイルドヘルスプラス　17, 157, 170, 178, 195
チャイルドヘルスプラス A　⇨ CHPA
チャイルドヘルスプラス B　⇨ CHPB
調整後1人当たり平均費用　⇨ AAPCC
チルドレンズ・メディケイド　157, 170
定額払い制　24-5
低所得者保険料補助制度　⇨ LIS
出来高払制　⇨ FFS
ドーナツ・ホール　82
特別ニーズ・プラン　⇨ SNP
トライケア　⇨ TRICARE

[な行]

内国歳入庁　29, 221
二重対象者　3, 47, 62, 84, 141

[は行]

ハーレム（ニューヨーク市）　18, 146, 180, 192, 194
非営利組織　⇨ NPO
ヒスパニック　101, 103-4, 112, 127, 133-4, 136
ヒューマナ社　105-6, 111, 220, 231, 238
被用者退職所得保障法　⇨ ERISA
貧困一時家族扶助　⇨ TANF
ファミリーヘルスプラス　⇨ FHP
福祉改革　13
福祉国家　3, 14, 123, 233
不法滞在（者）　14, 17-8, 139, 149, 153, 161-2, 172, 179, 218, 257
プライマリ・アダルト・ケア　⇨ PAC
プライマリケア医師　147, 152, 186-7, 251
フリーケア　3-4, 8, 13, 19, 149, 171, 211, 218, 256-9, 262
ブルークロス　21-2, 27, 30, 55, 74-5, 107, 219-20, 222
ブルークロス・ブルーシールド協会（BC-BSA）　220

283

ブルーシールド　21, 27, 30, 55, 219-20, 222
ブルックリン（ニューヨーク市）　180-5, 188-90, 206, 259
ブロンクス（ニューヨーク市）　180-5, 188-91, 193, 209
ヘルシー・ニューヨーク　⇨ Healthy NY
ヘルス・アシスタンス・パートナーシップ　⇨ HAP
ヘルスネット社　106, 109-11, 242-3
保険数理価値　55
保健病院公社　191
補足的保障所得　⇨ SSI
（メディケアの）補足保障　46-7, 60-2, 65, 89-91, 128, 217, 240, 242
ボランティア　116, 118, 122-3, 132-3, 135-6, 195, 244
ボルティモア・ブリッジ・プログラム　⇨ BBP
ボルティモア・ヘルスケア・アクセス　255

[ま行]

マンハッタン（ニューヨーク市）　146, 180, 182-5, 188, 190, 194
ミッション（サンフランシスコ市／郡）　101, 103-4
ミッション・ドロレス協会（サンフランシスコ市／郡）　101, 134
民間出来高払制（PFFS）プラン　67, 94-95
無保険（者）　3-6, 15, 141-5, 149, 167, 174, 199, 201-2, 204, 213-4, 251, 256-7
メディカル　128, 131
メディギャップ保険　47-8, 61-4, 90-1, 118-9, 128
メディケア HMO　67
メディケア・アドバンテージ　47, 91
メディケア・プラス・チョイス　67
メディケア・メディケイド・サービス・センター　⇨ CMS
メトロプラス社　191
メリーランド州適格医療センター　⇨ MQ-HC

[や行]

州薬剤扶助制度　⇨ SPAP
ユナイテッドヘルスケア社　106, 109, 234-8, 252
要扶養子ども家族援助　⇨ AFDC

[ら行]

リージョナル PPO プラン　84, 86, 94-5, 107
連邦医療補助率　⇨ FMAP
連邦適格医療センター　⇨ FQHC
連邦政府職員医療給付制度　⇨ FEHBP
連邦補助金　12, 17, 49-50, 52-3, 56-8, 117-20, 150-1, 153, 155, 159, 162, 170-1, 173, 196, 205-6, 209, 257

[わ行]

割引診療　3-4, 8, 13, 19, 149, 171, 211, 218, 256-9, 262
割増連邦医療補助率　⇨ eFMAP

著者紹介

櫻　井　　潤
さくらい　じゅん

北海道医療大学看護福祉学部専任講師．1978年川崎市生まれ．2003年東京大学大学院経済学研究科修士課程修了．東京大学大学院経済学研究科博士課程（単位取得）を経て、2004年より現職．著書に「ブルックリンの芸術活動と地域主導の医療保障：公民協働の医療保障システムと芸術都市ニューヨークの芸術政策」渋谷博史・片山泰輔編『アメリカの芸術文化政策と公共性：分権性と民間活用』昭和堂、2011年、『グローバル化と福祉国家と地域』（共編著）学文社、2010年など．

アメリカの財政と分権 第5巻
## アメリカの医療保障と地域

2012年6月25日　第1刷発行

定価（本体3600円＋税）

著　者　櫻　井　　潤
発行者　栗　原　哲　也
発行所　㈱日本経済評論社
〒101-0051 東京都千代田区神田神保町3-2
電話 03-3230-1661／FAX 03-3265-2993
E-mail: info8188@nikkeihyo.co.jp
振替 00130-3-157198

装丁＊渡辺美知子　　　太平印刷社／高地製本

落丁本・乱丁本はお取替いたします　Printed in Japan
Ⓒ SAKURAI Jun 2012
ISBN978-4-8188-2220-7

・本書の複製権・翻訳権・上映権・譲渡権・公衆送信権（送信可能化権を含む）は、㈱日本経済評論社が保有します。
・JCOPY〈㈳出版者著作権管理機構　委託出版物〉
本書の無断複写は著作権法上での例外を除き禁じられています。複写される場合は、そのつど事前に、㈳出版者著作権管理機構（電話 03-3513-6969、FAX 03-3513-6979、e-mail: info@jcopy.or.jp）の許諾を得てください。

渋谷博史監修

# アメリカの財政と分権
【全8巻】

---

第1巻　**アメリカの分権と民間活用**　　渋谷博史・根岸毅宏編
　　　アメリカの分権システムの本質を，民間活用の側面に焦点を当てて解明する．

第2巻　**アメリカの分権的財政システム**　　加藤美穂子著
　　　政府間財政関係の分権的構造を，州の側の主体性に視点をおいて分析する．

第3巻　**アメリカの教育財政**　　塙武郎著
　　　教育財政システムにおける本質的な分権性を，具体的な事例に基づいて実証する．

第4巻　**アメリカの公的扶助と就労支援**　　久本貴志著
　　　福祉国家のアメリカ的特質を，労働市場の構造変化の下における就労支援に見出す．

第5巻　**アメリカの医療保障と地域**　　櫻井潤著　　　　　　　　3600円
　　　地域市場とコミュニティ組織と政府部門の相互関係から医療保障システムをみる．

第6巻　**アメリカの年金システム**　　吉田健三著
　　　年金システム（社会保障年金と雇用主提供年金）の形成・発展プロセスの分析．

第7巻　**アメリカの国際援助**　　河﨑信樹著
　　　パクス・アメリカーナの切り口から21世紀の国際援助の急拡大を分析．

第8巻　**アメリカの財政民主主義**　　渡瀬義男著　　　　　　　　3600円
　　　制度基盤（会計検査院，議会予算局，議会調査局）に焦点を当てる実証研究．

---

日本経済評論社